MEMPRAKTIKKAN PRINSIP-PRINSIP DOA

MEMPRAKTIKKAN PRINSIP-PRINSIP DOA

David Pawson

ANCHOR RECORDINGS

Hak cipta © 2024 David Pawson Ministry CIO

Hak cipta David Pawson sebagai penulis karya ini telah ditegaskan olehnya sesuai dengan Copyright, Designs and Patents Act 1988.

Seluruh hak dilindungi oleh undang-undang.

Diterbitkan pertama kali di Inggris oleh Anchor, yang merupakan nama dagang dari David Pawson Publishing Ltd, Synegis House, 21 Crockhamwell Road Woodley, Reading RG5 3LE.

Bagian apa pun dari penerbitan ini tidak boleh diproduksi ulang atau disebarkan dalam bentuk apa pun atau dengan cara apa pun, baik secara elektronik atau dengan mesin, termasuk fotokopi, rekaman atau penyimpanan informasi dan sistem penyalinan apa saja, tanpa izin sebelumnya secara tertulis dari penerbit.

Beberapa bagian diambil dari *The Book of Common Prayer*, dengan hak cipta milik Crown, yang diproduksi ulang dengan izin dari pemegang hak paten Crown, Cambridge University Press.

Untuk mendapatkan materi pengajaran David Pawson lainnya, termasuk DVD dan CD, kunjungi:
www.davidpawson.com

UNTUK MENGUNDUH MATERI GRATIS:
www.davidpawson.org

Untuk mendapatkan informasi lebih lanjut, kirimkan email ke: **info@davidpawsonministry.com**

ISBN 978-1-913472-83-2

Dicetak oleh Ingram Spark

PENDAHULUAN

Buku ini disusun berdasarkan materi khotbah berseri. Karena materi aslinya berasal dari bahasa lisan, pembaca akan merasakan gaya yang berbeda dari gaya tulisan saya biasanya. Semoga hal ini tidak mengurangi isi dari pengajaran Alkitab yang terdapat di buku ini.

Sebagaimana biasanya, saya meminta pembaca untuk membandingkan segala sesuatu yang saya katakan atau tuliskan dengan apa yang tertulis dalam Alkitab, dan jika menemukan hal yang bertentangan, untuk selalu mengandalkan pengajaran yang jelas dari Alkitab.

David Pawson

Daftar Isi

Pendahuluan		5
1.	Doa kepada Bapa	9
2.	Doa melalui Sang Putra	47
3.	Doa di dalam Roh	69
4.	Doa Melawan Iblis	93
5.	Doa Bersama Orang-Orang Kudus	119
6.	Doa Sendiri secara Pribadi	147
7.	Doa untuk Orang Lain	167
8.	Doa tanpa Penghalang	187

1

DOA KEPADA BAPA

Saya sudah muak dengan orang-orang yang berkata bahwa kita ini hanyalah hewan. Dengan begitu seringnya ajaran yang demikian disuarakan, tak heran banyak orang sungguh-sungguh berperilaku seperti hewan di hutan. Mungkin Anda masih ingat bahwa dalam bukunya yang berjudul *The Naked Ape* (Kera sebagaimana Adanya) dan *The Human Zoo* (Kebun Binatang Manusia), ahli zoologi Desmond Morris mengamati perasaan dan perilaku hewani dalam diri manusia. Almarhum Johnny Morris, sesama ahli zoologi dan pemandu acara televisi, melakukan hal yang sama pula dengan cara yang lebih halus, yaitu menunjukkan perasaan dan perilaku manusiawi pada hewan. Keduanya menyandingkan dunia hewan dan dunia manusia secara berlebihan, padahal Alkitab menyatakan dengan jelas bahwa kita ini bukan hewan. Kita memang bernapas dengan udara yang sama, memiliki sistem pencernaan yang serupa, tetapi kita berbeda dari hewan. Jika kita berkata kepada seseorang bahwa dia adalah hewan, kita harus menerima ketika dia berperilaku sebagai hewan. Namun, saya sendiri berpendapat hal itu merupakan hinaan kepada dunia hewan, karena kita umat manusia ini sebenarnya lebih buas terhadap satu sama lain daripada perilaku hewan yang selama ini diketahui. Kita dapat turun ke tingkat keliaran yang paling rendah yang hewan pun tidak lakukan, serta naik ke tingkat kemuliaan yang hewan tidak mungkin capai.

Para filsuf telah memperdebatkan perbedaan antara hewan dan manusia selama bertahun-tahun. Sebagian berkata bahwa hanya manusialah yang dapat menciptakan alat, tetapi ada pemudi yang hidup bersama koloni simpanse di Afrika (omong-omong, dia adalah pemudi Kristen, dan dia pergi ke sana membawa Alkitab) lalu menemukan bahwa simpanse membuat berbagai alat. Alhasil, perbedaan itu tidak lagi muncul di buku-buku pelajaran antropologi. Sebagian lain berkata, "Manusia dapat tertawa." Menurut saya, hiena juga tertawa meski dengan caranya sendiri, dan tertawa bukanlah perbedaan kita dari hewan. Sebagian lain berkata, "Manusia saling berbicara," tetapi kita terus menemukan lebih banyak petunjuk tentang komunikasi antarhewan; bahkan ikan-ikan pun saling berkomunikasi. Sebagian juga berkata bahwa keunikan manusia terletak pada fakta bahwa manusia dapat memasak makanan, serta tentu hewan belum menemukan atau menggunakan api. Namun, saya yakin bahwa satu-satunya perbedaan mendasar di antara semua hewan di dunia dan saya sebagai manusia penulis buku ini adalah: manusia ***berdoa***. Anjing peliharaan yang jinak seperti Snoopy pun tidak pernah berhubungan dengan kuasa yang lebih tinggi! Tokoh-tokoh lain dalam animasi itu, Charlie Brown dan Lucy, pernah duduk lalu bertanya-tanya tentang bintang-bintang, tetapi Snoopy si anjing peliharaan tidak pernah melakukan hal itu. Lagi pula, meskipun banyak pemikiran dan perasaan manusia juga tertanam di dalam pikiran dan hati anjing, Charles M. Schulz, pencipta dan pengarang cerita-cerita seri kartun Peanuts (yang selama bertahun-tahun sebelumnya adalah guru Sekolah Minggu di gereja tetapi sayangnya kemudian menjadi agnostik dan hal ini tampak pada cerita-cerita karyanya) tidak pernah mengarang cerita bahwa Snoopy memikirkan hal-hal yang bersifat agama atau rohani. Hal yang demikian tentunya terlalu tidak mungkin dipercaya. Saya bisa saja berbicara tentang dunia ini kepada anjing peliharaan saya. Saya bisa berbicara tentang berjalan-jalan, tulang, sisa makanan, dan hal-hal lainnya, dan memang dia akan mengerti; tetapi saya tidak bisa berdoa bersama anjing peliharaan saya. Dia pun tidak pernah menunjukkan tanda-tanda keinginan untuk berdoa sama sekali!

Berdoa adalah aktivitas unik umat manusia, yang sudah ada

dan dilakukan sejak awal mulanya. Sejauh sejarah umat manusia dapat ditelusuri, ditemukan bahwa pada zaman purba manusia yang hidup dengan cara paling sederhana serta primitif pun percaya akan keberadaan kuasa yang lebih besar, Tuhan yang mulia yang tinggal di atas di langit, dan manusia dapat berbicara kepada-Nya. Ketika mengunjungi Selandia Baru, saya sangat takjub oleh kepercayaan spiritisme yang masih kuat di tengah-tengah orang Maori. Bahkan, saya sampai bergidik karenanya. Saya merasa terhina saat maskapai penerbangan Selandia Baru memberi saya sebuah patung berhala hijau dari bahan plastik (*Tikki*); pada zaman teknologi maju seperti sekarang saya masih dianggap perlu diberi benda "pembuang sial" sebelum terbang. Maaf saja, saya tidak bermaksud menghina negara Anda jika Anda orang Maori, karena kami pun melakukan hal yang sama di negara kami. Orang Maori percaya kepada banyak dewa: dewa langit, dewa laut, dewa sungai, dan dewa gunung. Namun, saya kagum saat membaca bahwa ketika manusia pertama kali menjejakkan kaki ke Selandia Baru, seribu tahun yang lalu, ternyata mereka hanya percaya kepada satu Tuhan, dan itulah Tuhan yang tinggal di atas di langit yang bernama *Yah*, yang merupakan bagian pertama dari nama *Yahweh*, yaitu nama Tuhan sendiri.

Hal yang sama juga terjadi di tengah-tengah orang Aborigin di Australia. Hal yang sama juga terjadi di tengah-tengah orang pigmi *(di Afrika -- catatan penerjemah)*. Para ahli antropologi telah menemukan bahwa penyembahan kepada unsur-unsur di bumi merupakan tambahan yang muncul kemudian, yaitu kecemaran pada pengetahuan awal manusia yang asli bahwa ada satu Tuhan di atas di langit, kuasa di balik bintang-bintang yang kita bisa berhubungan dan berbicara kepada-Nya.

Selanjutnya, di sepanjang zaman manusia pun berdoa. Berdoa menjadi aktivitas yang naluriah. Menurut saya, kebanyakan orang (setidaknya, di negara ini, dan sepertinya benar jika saya katakan di seluruh dunia juga) berdoa dengan berbagai cara. Mereka tahu bahwa manusia tidak mampu mengatasi masalahnya sendiri.

Mereka berusaha menggapai ke atas, dengan cara sesamar atau sekabur apa pun, dengan cara berdoa.

Demikianlah, kita manusia berdoa, dan ini adalah bagian dari naluri kita. Namun, yang akan saya bahas dalam tulisan ini adalah doa orang Kristen, yang bukan naluriah melainkan berbeda. Orang Kristen berdoa secara berbeda dari rahib Tibet yang memutar roda doanya, atau orang Muslim yang bersujud di atas sajadahnya dengan menghadap arah Mekkah. Ada banyak perbedaan yang nyata dalam doa, dan doa orang Kristen bersifat unik. Doa-doa yang lain bersifat naluriah saja dan telah tersebar di sepanjang sejarah umat manusia, dengan berbagai bentuknya, tetapi doa orang Kristen berbeda dan saya akan menjelaskan perbedaannya.

Yang pertama, bagi banyak manusia di dunia, doa adalah urusan pribadi. Di sisi lain, doa bagi orang Kristen tidak pernah sekadar urusan pribadi. Ada sisi doa yang penting sehingga orang Kristen tidak mungkin berdoa sendirian saja! Jika Anda membandingkannya dengan Islam (yang sedang berusaha menyebarkan ajarannya di Inggris), Anda akan menemukan bahwa dalam agama Islam orang bisa saja berdoa sendirian. Orang Muslim percaya bahwa Muhammad adalah rasul dan nabi Allah, tetapi mereka sebenarnya tidak membutuhkan Muhammad, karena orang Muslim dapat berdoa kepada Allah. Nah, orang Kristen tidak bisa melakukan yang demikian. Unsur paling minim yang harus ada untuk orang Kristen dapat berdoa adalah empat sosok, dan tanpa keempat sosok ini tidak mungkin orang Kristen dapat berdoa. Empat sosok yang harus ada ini adalah: diri sendiri, Bapa, Putra, dan Roh Kudus. Kita berdoa kepada Bapa, melalui Sang Putra, dan di dalam Roh. Yang bukan demikian bukanlah doa Kristen sama sekali. Itulah sebabnya saya berkata bahwa setidaknya harus ada empat sosok yang terlibat dalam doa kita, dan orang Kristen tidak mungkin berdoa sendirian saja.

Lebih jauh lagi, begitu kita mulai berdoa, Iblis akan tertarik dan melibatkan diri. Inilah salah satu alasan mengapa doa merupakan suatu pertempuran dan masalah penting. Doa melibatkan lima sosok ini! Lagi pula, Anda akan menemukan bahwa Iblis tidak pernah muncul sendirian. Saat berdoa Anda akan menemukan, jika Anda sungguh-sungguh menembus masuk ke alam surgawi, bahwa ada banyak pihak yang terlibat masuk, lalu Anda akan berperang bukan melawan darah dan daging melainkan melawan kuasa-kuasa dan roh-roh jahat di udara. Kalimat ini, yang terdapat dalam Efesus pasal 6, ada dalam konteks berdoa. Banyak pihak dan sosok yang akan terlibat masuk. Jumlah yang lebih banyak biasanya memberikan keamanan yang lebih kuat, dan ada banyak janji dalam Alkitab bagi orang Kristen, bahwa jika dua atau tiga orang di antara kita bersepakat di bumi (artinya, tentang apa pun juga), doa kita akan menjadi berkuasa.

Demikianlah, tidak ada doa yang hanya urusan pribadi sendirian saja, dari satu sosok ke satu sosok lainnya, dalam kekristenan. Di agama-agama lain memang ada, tetapi doa orang Kristen tidak pernah merupakan urusan pribadi yang sendirian. Doa Kristen selalu merupakan peristiwa yang bersifat publik. Dalam doa, kita maju ke garis depan, memasuki arena, dikelilingi begitu banyak saksi, berperang melawan kuasa-kuasa dan roh-roh jahat, kepada Bapa melalui Sang Putra dan di dalam Roh. Iblis ada di bawah tumit kita dan para anteknya ada di belakangnya. Para malaikat pun tertarik dan melibatkan diri, ketika seorang pendosa bertobat. Maka, doa merupakan urusan yang amat sangat publik.

Dalam buku ini, saya akan memberikan beberapa kiat praktis untuk membantu Anda. Pernahkah Anda memerhatikan bahwa, ketika Yesus mengajarkan cara berdoa "secara pribadi" Dia berkata, "...masuklah ke dalam kamarmu, tutuplah pintu dan berdoalah kepada Bapamu..."? "Bapamu" yang disebut Yesus itu adalah Bapa yang disebut saat Yesus mengajarkan cara berdoa, yaitu Bapa kami, bukan Bapa-Ku atau Bapaku. Yesuslah satu-satunya yang menggunakan istilah "Bapa kami". Ketika Anda berdoa sendirian, Anda diajar untuk menutup pintu dan meminta untuk *kami* diberi makanan *kami* yang secukupnya. Yesus menunjukkan dengan jelas dalam ajaran-Nya bahwa doa tidak pernah merupakan urusan pribadi yang sendirian. Doa selalu merupakan urusan di hadapan orang lain, bagian dari sebuah keluarga, dan bagian dari kumpulan bersama. Bahkan sebenarnya, untuk kebutuhan Anda dalam hal apa pun, pasti ada sesama anggota keluarga Tuhan yang membutuhkan hal yang sama saat itu, dan Anda dapat mendoakan orang itu selagi Anda sendiri berdoa. Itulah sebabnya pada berbagai kesempatan upacara pemakaman, dalam doa pertama yang saya ucapkan serta saya pimpin bagi para pelayat yang berduka, saya menyebutkan bahwa ada upacara-upacara pemakaman lain yang sedang berlangsung pula dan ada orang-orang lain yang sedang berduka pula. Saat kita berduka karena kehilangan orang terkasih yang meninggal, kita bisa menjadi terlalu terfokus pada duka kita sendiri, padahal ada pula orang lain yang sedang berduka.

Selain itu, ada perbedaan yang lain. Bagi banyak kelompok di dunia, doa merupakan meditasi, tetapi bagi orang Kristen doa bukanlah meditasi. Doa merupakan percakapan. Saya harus benar-benar menjelaskan hal ini, karena konsep doa sebagai meditasi, yaitu sebagai bentuk yang lebih "tinggi" daripada doa biasa, telah menyusup masuk ke lingkungan orang-orang Kristen selama berabad-abad. Konsep itu awalnya lahir dari paham mistisisme dunia Timur, bukan merupakan konsep yang alkitabiah. Gagasan konsep itu adalah: jika Anda masih berada di tingkat meminta dalam doa dan pembicaraan dengan Tuhan, itu berarti Anda masih ada di tingkat dasar dalam berdoa; jika Anda bisa berhenti meminta ini-itu dan bisa menguasai keterampilan untuk berpikir saja tentang ini-itu, itu berarti Anda telah naik ke tingkat meditasi dalam berdoa; lalu Anda juga bisa bergerak naik ke tingkat yang lebih tinggi lagi, yaitu jika Anda menguasai meditasi transendental yang melampaui kemampuan manusiawi dan mengosongkan pikiran, maka itulah tingkat yang sempurna!

Ada pula bentuk lainnya selain meditasi transendental. Paham mistis Kristen lainnya memiliki konsep yang terbalik dengan meyakini bahwa berbicara kepada Tuhan dan meminta ini-itu merupakan doa tingkat rendahan. Mari saya ajak Anda memeriksa kebenarannya dalam Alkitab. Amati setiap ucapan Yesus tentang doa, maka Anda akan melihat bahwa 95 persen di antaranya adalah berbicara dan meminta. 95 persen! Bagi Yesus, doa adalah berbicara dan meminta, bukan berpikir. Dalam kehidupan kekristenan pun ada meditasi, yaitu meditasi di dalam Firman Tuhan, bukan mengosongkan pikiran dan membiarkan apa pun muncul di dalam pikiran itu. Meditasi Kristen adalah merenungkan hukum-hukum Tuhan siang dan malam. Meditasi dalam kekristenan adalah meditasi yang berisi materi tertentu; ini bukanlah doa. Berdoa adalah berbicara kepada Tuhan dan meminta ini-itu kepada-Nya, jika kita mengacu pada ajaran Yesus sendiri. Inilah bentuk doa yang termulia, bukan yang paling rendahan.

Bahkan, jika Anda mempelajari kehidupan doa Yesus sendiri, Anda akan menemukan buktinya. Pelajari doa Yesus di taman Getsemani, pelajari Yohanes 17, yang merupakan catatan doa Yesus yang paling utuh yang kita miliki, lalu hitunglah berapa hal yang Dia minta. Yesus bukan bermeditasi dalam doa-Nya; Dia berbicara dan meminta, di seluruh doa itu. Maka, itulah inti doa Kristen. Mari kita sadari hal yang sangat sederhana ini, bahwa berbicara kepada Tuhan tentang kebutuhan kita serta kehendak-Nya adalah berdoa. Ketika para murid Yesus berkata, "Tuhan, ajarlah kami berdoa," Yesus tidak memberikan sebuah sistem meditasi kepada mereka. Yesus memberikan baris-baris kata yang sederhana untuk mereka ucapkan dengan mulut, bukan untuk dipikirkan. Yesus tidak berkata, "Apabila kamu berdoa, berpikirlah," tetapi, "Apabila kamu berdoa, katakanlah ..." Lalu, Dia mengajarkan enam hal dalam ucapan doa itu, dengan salah satunya berupa *meminta*. Ada tiga hal yang Tuhan ingin untuk murid-murid-Nya meminta, dan tiga hal yang Dia ingin mereka meminta untuk diri mereka sendiri; tetapi seluruh doa itu adalah berbicara dan meminta, karena itulah doa. Kebenaran itu sangat nyata meski juga sangat sederhana. Saya menunjukkannya karena orang Kristen pun kadang terjebak di dalam konsep meditasi mistik dan berpikir harus naik ke tingkat doa yang lebih tinggi. Doa itu sederhana. Doa adalah anak yang berbicara kepada Bapanya tentang kebutuhannya. Itulah inti doa.

Saya bisa melanjutkan penjelasan ini dengan menegaskan bahwa tidak ada perintah di dalam Alkitab untuk berpikir (sebagai doa) atau bahwa perkumpulan (doa bersama) kita lebih baik diisi dengan pujian saja tanpa ada permohonan sama sekali. Tuhan menyukai doa dan pujian, dan Dia tidak menganggap yang satu lebih mulia daripada yang lainnya atau mempertentangkan keduanya. Justru, kitalah yang kadang berpikir bahwa kalau kita hanya memuji Tuhan tanpa meminta apa pun Tuhan pastilah lebih senang dan berkenan, daripada kalau kita membawa sederetan permintaan. Padahal, Dia adalah Bapa yang sangat suka jika kita datang mengungkapkan kebutuhan kita. Yesus pun berkata, "Datanglah kepada Bapa dan katakan apa yang kamu butuhkan," karena itulah yang Bapa ingin dengar.

Ada seorang pemain biola terkenal dan putranya belajar bermain biola pula. Namun, putranya itu belajar dari pemain biola lain yang tidak seahli sang ayah. Seseorang bertanya kepada sang ayah, "Mengapa Anda tidak mengajari putra Anda sendiri?" Sang ayah, pemain biola terkenal itu, berkata, "Karena dia tidak pernah meminta kepada saya." Putranya itu tidak pernah meminta. Sebagai ayah, sang pemain biola menunggu-nunggu untuk putranya meminta, "Ayah, tolong ajari aku." Itulah pula yang Tuhan nantikan, agar kita meminta kepada-Nya. Kita bisa memuji Dia saat menerima jawaban-Nya. Pelajari saja ajaran Tuhan kita tentang doa, dan temukan bahwa isinya adalah berbicara dan meminta.

Berikutnya, ada saran yang kedua. Akan jauh lebih mudah untuk berdoa saat tidak ada orang lain jika Anda berdoa dengan bersuara. Apakah Anda terganggu oleh pikiran yang sulit berfokus? Cobalah mengucapkan kata-kata. Kata-kata dapat diucapkan dengan teratur, tidak seperti pikiran yang sering beterbangan tanpa fokus. Ini jelas sekali dan Anda dapat mencobanya. Salah satu alasan mengapa banyak orang Kristen kesulitan berdoa dalam pertemuan doa bersama adalah karena mereka tidak pernah berdoa dengan bersuara secara pribadi. Mereka tidak pernah terbiasa dengan suara mereka sendiri, sehingga mengalami rintangan psikologis ganda saat akan berdoa di hadapan orang lain: berdoa di hadapan orang lain sekaligus berdoa di hadapan diri sendiri. *"..jika engkau berdoa,"* kata Yesus, *"masuklah ke dalam kamarmu, tutuplah pintu dan berdoalah . .."* Betapa sederhananya! Bagaimana mungkin kita tidak menangkap kebenaran ini? Sayangnya, kebanyakan orang Kristen yang saya layani melalui konseling dan khotbah di Inggris berdoa dengan cara *berpikir*, dan hal itu sulit dilakukan, jauh lebih sulit daripada berdoa dengan berbicara. Lagi pula, Yesus berkata kita harus *berbicara* kepada Bapa kita . Saya berusaha agar penjelasan ini tetap sederhana. Mungkin Anda berpikir saya membesar-besarkan hal yang sudah jelas, tetapi saya ingin membantu secara praktis. Jika Anda sudah memahami semua yang saya jelaskan, puji Tuhan, saya akan mencoba mengejar tingkat pemahaman Anda, tetapi saat ini saya ingin memulai penjelasan di tingkat pemahaman orang banyak.

Begitu Anda menyebut tentang topik doa, orang-orang berkata, "Coba lihat, apakah dia akan membahas masalah doa." Nah, sekarang saya ingin memulai dengan keuntungan doa. Memulai dengan masalah tidak ada gunanya. Saya bersama istri pernah membaca beberapa buku sebelum kami menikah, dan buku-buku itu memang bermanfaat, tetapi kami akhirnya tiba di titik "terlalu banyak membaca". Kami jadi berpikir, "Betapa banyaknya potensi masalah dalam pernikahan!" Kami terlalu banyak membaca tentang masalah, lalu menjadi khawatir tentang semua masalah itu. Maka, kami mulai memikirkan keuntungannya. Itulah sebabnya, saya ingin agar Anda berkonsentrasi pada keuntungan doa, bukan masalah doa. Masalah memang ada, kesulitan memang ada, dan kita akan membahasnya pula dalam kelanjutan buku ini, tetapi mari memulai dengan keuntungannya: kehormatan mulia bahwa kita dapat berdoa.

Beberapa waktu yang lalu, saya sedang berdiri di tepi jalan di kota London, lalu sebuah mobil Rolls Royce berwarna merah marun yang indah bergerak mendekati lampu lalu lintas, yang berjarak hanya kira-kira semeter dari posisi saya. Saya awalnya melihat mobil itu, lalu berpikir untuk mencari tahu siapa yang ada di dalamnya. Ternyata, dalam jarak hanya semeter dari posisi saya itu, ada Yang Mulia Ratu Elizabeth di dalam mobil itu! Saya belum pernah merasa semalu itu sebelumnya. Saya jadi salah tingkah. Sang ratu memandang ke arah saya dan saya melambaikan tangan dengan ragu, lalu beliau membalas lambaian itu. Namun, ada kaca yang tebal di antara saya dan beliau, serta jarak itu tetap memisahkan kami berdua. Kemudian, beliau melanjutkan perjalanan. Misalnya, sang ratu menurunkan kaca jendela mobil lalu berkata, "Halo," atau misalnya beliau juga berkata, "Ini kartu nama saya, silakan datang mampir menemui saya kapan-kapan," atau, "Ini kartu nama saya, jika Anda membutuhkan sesuatu Anda bisa menelepon saya," bukankah itu hal yang luar biasa, meskipun mustahil? Anda mungkin tertawa, tetapi saya perlu beri tahukan bahwa jika ada saluran telepon ke Istana Buckingham yang dapat kita hubungi setiap saat, itu pun sama sekali tidak sebanding dengan kehormatan untuk kita dapat berdoa. Yang sang ratu miliki tidaklah sampai seujung kuku yang Tuhan miliki. Itulah keuntungan doa. Itu bukanlah masalah. Itulah titik awal kita: saluran koneksi khusus yang terbuka setiap saat. Kadang-kadang saya takjub sendiri ketika memikirkan bahwa saya bisa memejamkan mata, atau bahkan membiarkan mata saya terbuka, berkata, "Tuhan," lalu langsung terkoneksi dengan Dia. Jika Tuhan membuka kesempatan untuk satu kali wawancara saja dalam seumur hidup kita, bukankah itu pun suatu keuntungan yang istimewa? Satu wawancara saja pun keuntungan yang istimewa!

Ini bukanlah persoalan menguasai cara-caranya secara mekanis, melainkan mempraktikkan kehadiran. Banyak orang mencari-cari metode berdoa, dan itulah yang kemudian berkembang menjadi ritual. Hal yang demikian itu tidak berkembang menjadi hubungan. Bahkan, saya berani berkata bahwa Alkitab sama sekali tidak menyebut-nyebut tentang hal yang kita sebut "saat teduh". Alkitab berkata *"berdoalah senantiasa"*, bukan "lakukanlah kegiatan saat teduh". Coba Anda pikirkan implikasi-implikasinya. Bayangkan saya, sebagai suami, berkata kepada istri saya, "Aku akan mengasihimu setiap hari Rabu dan Jumat malam pada jam 9.30 tepat. Kamu akan mendapat waktuku selama setengah jam penuh, dan aku akan memasang beker untuk jadwal itu." Bagaimana? Itukah hubungan? Saya yakin bahwa doa bukanlah persoalan menguasai cara-caranya secara mekanis atau memiliki sebuah metode, melainkan *mempraktikkan kehadiran*. Jelas, saya mengutip perkataan Brother Lawrence, yang mempraktikkan kehadiran dalam hadirat Tuhan saat sedang berada di dapurnya, sambil menggosok panci dan wajan. Baginya, berbicara kepada Bapa dan meminta kebutuhannya adalah hal yang sangat alamiah.

Demikianlah, doa merupakan keuntungan, bukan masalah. Jika Anda ingin melakukannya, Anda akan menemukan caranya. Jika ada pemuda di gereja yang melihat-lihat dan tertarik kepada seorang gadis, tentu dia akan menemukan cara untuk mendekati gadis itu. Dia akan menyusun langkah-langkahnya sendiri; mengirimkan surat untuk si gadis, berada di teras gedung gereja setelah acara kebaktian, atau mengirimkan ungkapan cinta saat perayaan Valentine bulan Februari. Pokoknya, dia pasti melakukan *sesuatu*. Yang penting adalah orang yang disasarnya itu, bukan tempatnya atau hal apa pun yang lain. Tuhanlah yang penting, bukan metode kita mendekati-Nya.

Bagi banyak orang, doa adalah "undian keberuntungan", tetapi bagi orang Kristen, doa adalah urusan iman. "Undian keberuntungan" yang saya maksud adalah bahwa banyak orang menganggap doa sebagai permainan nasib; seolah Tuhan berdiri di hadapan tong besar di acara undian keberuntungan berhadiah di surga. Kita pun menaikkan doa-doa kita lalu Tuhan memasukkan semua doa itu ke dalam tong besar itu, memutar dan membolak-balikkan tong, lalu mengambil salah satu doa dari dalamnya, yang mudah-mudahan berisi nama dan alamat kita serta permohonan yang kita doakan. Orang-orang yang telah menaikkan banyak doa tetapi baru menerima satu-dua jawaban saja cenderung menganggap doa sebagai undian keberuntungan semacam ini, seperti lotre. Sebelum Anda menganggap saya sedang berolok-olok, izinkan saya memberitahukan sesuatu yang pernah saya terima melalui pos. Sesuatu itu adalah sebuah surat yang berjudul "Pikirkan tentang Doa", dan di bawah judul itu tertulis, "Percayalah kepada Tuhan dengan segenap hatimu, maka Dia akan menerangi jalanmu." Selanjutnya, tertulis pula,

"Doa ini dikirim kepada Anda untuk keberuntungan Anda, dari lokasi asalnya di Belanda." (Mohon maaf, saya tidak bermaksud menyinggung, tetapi memang itulah lokasi asalnya!) "Doa ini telah sembilan kali berkeliling dunia. Kini, keberuntungan ini dikirimkan kepada Anda. Anda akan menerima keberuntungan dalam waktu empat hari setelah menerima surat doa ini. Ini bukanlah lelucon. Keberuntungan akan tiba pada Anda melalui pos. Kirimkan dua puluh salinan surat doa ini kepada teman-teman yang menurut Anda membutuhkan keberuntungan. Jangan kirimkan uang, dan jangan menyimpan surat doa ini. Surat doa ini harus dikirim tidak lebih dari 96 jam setelah diterima. Ada polisi di Amerika Serikat yang telah menerima uang 7.000 Dolar karenanya, dan seorang pria menerima 60.000 Dolar lalu kehilangan uang itu karena memutuskan rantai pengiriman surat doa." [Keberuntungan yang sulit sekali!] Lalu, ada bagian yang lebih serius. "Saat berada di Filipina, Jenderal W [siapa pula orang ini?] meninggal enam hari setelah menerima surat doa ini dan tidak melanjutkan pengirimannya." "Namun, sebelum meninggal dia menerima uang 775.000 Dolar, dari hadiah yang dia menangkan, tetapi harus ditinggalkannya begitu saja."

Jelas sekali, Anda sama sekali tidak perlu mengindahkan surat yang tidak masuk akal seperti itu! Itu hanyalah tong kosong yang nyaring bunyinya; kata-kata tak berguna tanpa faedah! Yang saya sampaikan di sini adalah bahwa banyak orang merasa meminta ini-itu kepada Tuhan adalah usaha coba-coba saja, yang "siapa tahu berhasil". Namun, bagi orang Kristen, doa bukanlah undian keberuntungan. Doa adalah urusan *iman*. Ada kepastian di dalamnya. Jika ada satu prinsip saja yang mengeluarkan unsur "keberuntungan" atau "siapa tahu" dari doa, itulah prinsip harus kita perhatikan sekarang: prinsip iman. Meskipun ada pula prinsip-prinsip lainnya, saya akan berkonsentrasi pada prinsip iman.

Yesus berkata, *"Percayalah kepada Allah."* Atau, jika diterjemahkan dari bahasa Yunaninya, *"Tetaplah beriman kepada Tuhan."* Beriman bukanlah hal yang dilakukan sekali saja lalu selesai, misalnya pada hari pertobatan. Kita harus *tetap terus* beriman kepada Tuhan. Inilah fondasi doa, yang harus ada sebelum doa menjadi sesuatu yang lebih dari sekadar "siapa tahu berhasil".

Sebagian orang berasumsi bahwa yang saya maksud ini berarti kita harus percaya bahwa kita akan menerima apa yang kita minta. Padahal, perkataan "percayalah kepada Tuhan" itu bagi saya penuh dengan segala macam makna lainnya. Percaya akan menerima adalah hal yang ketujuh dalam urutannya. Ada enam hal yang perlu Anda percayai lebih dahulu sebelum Anda dapat percaya akan menerima jawaban doa.

Berikut ini adalah tujuh hal yang secara gabungan membentuk iman percaya kepada Tuhan, yang mendatangkan jawaban atas doa.

1. Kita harus percaya bahwa Tuhan itu ada.

Pernahkah Anda membacanya dalam Ibrani 11? Siapa pun yang datang kepada Tuhan harus percaya bahwa Tuhan itu ada. Inilah unsur iman yang pertama, jika kita hendak berdoa dalam iman. Kita harus percaya bahwa Tuhan itu ada. Kaum ateis berkata bahwa Tuhan itu tidak ada, dan kaum agnostik berkata mereka tidak dapat tahu Tuhan itu ada atau tidak. Kaum ateis tidak berdoa sama sekali. Kaum agnostik masih berdoa ketika dalam situasi terjepit, tanpa tahu apakah doa itu akan dijawab atau tidak. Orang Kristen bisa berkata, "Saya percaya bahwa Tuhan itu ada." Berbicara dengan diri sendiri tidak ada gunanya. Sebagian orang berpikir bahwa kita perlu waktu meditasi dengan sugesti diri setiap hari, tetapi saya sama sekali tidak tertarik untuk berbicara dengan diri sendiri. Yang pertama, saya tidak suka mendengarkan hal-hal yang akan saya bicarakan. Saya bukan orang yang pandai bercakap-cakap dengan diri sendiri. Lalu, terlalu banyak berbicara dengan diri sendiri adalah hal yang sangat berbahaya secara mental! Jika doa adalah berbicara dengan diri sendiri, saya tidak mau berdoa. Kita harus percaya bahwa Tuhan itu ada. Inilah langkah yang pertama.

Masalah pertamanya adalah bahwa secara jasmani saya tidak dapat tahu bahwa Tuhan itu ada. Saya tidak keberatan berbicara dengan orang yang dapat saya lihat, yang lengannya dapat saya sentuh, atau bahkan yang aromanya dapat tercium oleh saya. Namun, dalam doa kita berbicara dengan sosok yang tidak dapat dilihat, didengar, disentuh, dicium aromanya dan dikecap rasanya; maka, doa terasa kurang nyata.

Lalu, kemampuan mental saya pun tidak sanggup memberi tahu saya bahwa Tuhan itu ada, karena para filsuf besar di dunia saja gagal bersepakat tentang eksistensi Tuhan. Mereka telah mengerahkan segala daya intelektual yang mereka miliki. Mereka menyimpulkan, berargumen dengan logika, tetapi tetap saja tidak sanggup memberi tahu kita apakah Tuhan itu ada atau tidak. Secara jasmani dan secara mental kita tidak mampu tahu pasti eksistensi Tuhan, maka kita kembali ke area spiritual: iman. Inilah satu-satunya area kesadaran yang dapat menegaskan kepada kita bahwa Tuhan sungguh ada. Apakah Anda memperhatikan bahwa saya tidak menyebut tentang *perasaan*? Salah satu masalah mendasar dalam hal iman terungkap dalam pernyataan yang diucapkan banyak orang: "Saya tidak bisa *merasa* bahwa Tuhan ada." Coba tunjukkan di dalam Alkitab, di mana dikatakan bahwa kita perlu merasa bahwa Tuhan ada! Alkitab hanya berkata kita perlu percaya (beriman) bahwa Tuhan itu ada. Kadang kita akan merasakan kehadiran Tuhan begitu dekat sehingga seolah kita bisa menyentuh-Nya, tetapi sering kali tidak demikian. Alkitab tidak mempermasalahkan apakah Anda merasakan kehadiran Tuhan atau tidak. Alkitab hanya mempertanyakan, "Apakah engkau percaya bahwa Tuhan ada?" *Bukan merasa.* Ini bukanlah persoalan "siapa pun yang berdoa harus *merasa* bahwa Tuhan ada"! Firman Tuhan itu cukup, dan Tuhan selalu menepati perkataan-Nya. Maka, oleh iman, entah kita merasa atau tidak, kita dapat berkata, "Bapa kami, yang ada di surga, Engkau ada."

2. Kita harus percaya tidak hanya bahwa Tuhan itu ada, tetapi juga Tuhan itu sosok pribadi, bahwa Dia itu *memiliki sosok*, Dia bukan sekadar *sesuatu*.

Ada banyak istilah atau sebutan yang orang gunakan untuk Tuhan. Beberapa tahun lalu, seorang uskup di Woolwich memopulerkan suatu istilah dalam bukunya yang berjudul *Honest to God* (Jujur kepada Tuhan), yaitu "dasar keberadaan diri kita". Bagi saya, sulit sekali untuk berbicara kepada "dasar keberadaan diri kita". Sebagian orang lain menyebut Tuhan "kuasa kehidupan". Berbicara kepada "kuasa kehidupan" pun sama saja sulitnya. Itu seperti berbicara kepada stopkontak listrik di dinding; bukankah di situ ada daya listriknya? Nah, semua istilah itu hanyalah sesuatu, bukan sesosok pribadi. Sebelum dapat berdoa, kita harus percaya bahwa Tuhan itu ada, sekaligus bahwa Dia adalah sosok pribadi, bukan sekadar sesuatu. Kebanyakan orang berkata, "Memang, ada sesuatu yang lebih besar daripada semesta ini, ada kekuatan di luar sana." Namun, kita tidak berdoa kepada suatu kekuatan. Kita berdoa kepada Tuhan, yang merupakan sosok pribadi. Doa tidak nyata jika dilakukan kepada suatu kuasa atau kekuatan saja. Uskup tadi mengakui bahwa sejak dia percaya Tuhan sebagai dasar keberadaan dirinya, kehidupan doanya menjadi hancur berkeping-keping karena dia tidak tahu lagi kepada siapa dia berdoa. Dia mempertahankan percakapan dengan dasar keberadaan dirinya; dengan kata lain, dia berbicara kepada dirinya sendiri.

Seorang mahasiswa Universitas Hukum di Guildford yang berbincang dengan saya tentang topik ini berkata, "Tuhan? Tuhan hanyalah nama untuk perasaan keagamaan saya," dan dia sungguh-sungguh berpendapat demikian.

Saya pun menjawab, "Wah, tentu kamu tidak bisa berdoa kepada perasaan keagamaanmu sendiri."

"Betul, tidak bisa. Saya tidak berdoa," lanjutnya.

Maka, saya percaya bahwa Tuhan itu sesosok pribadi. Mengapa? Karena Alkitab memberi tahu saya bahwa saya diciptakan menurut gambar Tuhan, dan saya merasa, berpikir, serta bertindak. Tuhan pun merasa, berpikir, dan bertindak. Saya adalah sosok pribadi, dan Tuhan pun adalah sosok pribadi.

Saya tidak menjadikan Tuhan sesuai gambaran diri saya; sayalah yang diciptakan sesuai gambar-Nya. Namun, ada aspek penting di sini bahwa saya dan Tuhan saling "mirip", dan tentu kita dapat berbicara kepada sosok pribadi lain yang mirip dengan kita. Saya telah mendengar orang-orang berkata, "Saya tak dapat melanjutkan percakapan dengan orang itu lagi, dia sangat berbeda pandangan dengan saya, dan sifat kepribadian serta latar belakangnya pun berbeda. Saya tidak bisa berbicara apa adanya dengan dia. Dia terlalu jauh berbeda dengan saya." Sebaliknya, puji Tuhan karena oleh iman, saya dapat percaya bahwa dalam aspek ini Tuhan "mirip" dengan saya. Tentu, ada banyak aspek lain yang berbeda antara Tuhan dengan saya, tetapi pada intinya saya dapat mengenal Tuhan karena Dia adalah sesosok pribadi, bukan sesuatu tanpa sosok. Pengertian itu membutuhkan langkah iman yang besar. Tuhan bukanlah *sekadar* seseorang. Perhatikan bahwa saya tidak menyebut bahwa Tuhan itu ***seseorang***, tetapi saya berkata kita harus percaya bahwa Tuhan itu ***sosok pribadi***, yang bermakna jauh melebihi sekadar seseorang, karena Tuhan memang jauh lebih dari sekadar seseorang. Tuhan adalah tiga pribadi, dan Dia senantiasa tahu cara-Nya berkomunikasi sebagai tiga pribadi itu, karena ketiga pribadi-Nya itu semuanya berkomunikasi.

Bagi saya, hal itu merupakan perbedaan paling menarik di antara Allah dan Yahweh, Bapa Tuhan kita Yesus Kristus. Tuhan umat Islam hanyalah satu pribadi, dan itulah sebabnya tidak bersifat kasih. Dia tidak mungkin kasih karena satu pribadi sendirian tidak mungkin bersifat kasih. Maka, pernyataan "Tuhan adalah kasih" tidak ada di dalam Alquran tetapi ada di dalam Alkitab. Jika Allah adalah Tuhan, ini berarti ada suatu masa ketika Tuhan sendirian saja tanpa ada pribadi lainnya. Bagaimana mungkin Allah mengasihi jika sendirian? Apakah Anda dapat memahami maksud saya? Tuhan adalah sosok pribadi. Bapa berbicara dengan Anak, Anak berbicara dengan Bapa, sejak kekekalan; maka, Tuhan itu sosok pribadi, dan saya bisa ikut masuk ke dalam pembicaraan-Nya itu. Saya bisa ikut serta karena saya diciptakan sesuai gambar-Nya dan saya bisa berkomunikasi serta berbicara. Tuhan berkomunikasi; Tuhan adalah kasih. Gambarannya seperti ketiga pribadi Tuhan, ketiga sosok-Nya (saya tidak tahu lagi istilah yang paling tepat karena konsep ini terlalu mulia melebihi kata-kata), merentangkan tangan lebar-lebar dan berkata, "Ayo berkomunikasi dengan kami, kami ini sosok pribadi," serta bercakap-cakap tentang sikap-Nya ini sebelum menciptakan kita, manusia.

3. Berikutnya, kita harus mengambil langkah iman dan *percaya* bahwa Tuhan dapat mendengar.

Saat berkhotbah di gereja, saya menggunakan sistem pengeras suara agar seluruh jemaat dapat mendengar. Saya juga bisa berbicara melalui telepon lalu didengar dari jarak yang amat jauh. Ketika saya berada di Selandia Baru, saya bisa terhubung dengan istri saya di Inggris dalam waktu beberapa detik saja, bahkan kami mengobrol melalui satelit-satelit di luar angkasa tanpa ada penundaan berarti di setiap pertanyaan maupun jawaban. Luar biasa! Manusia di bumi pun bisa berbicara dengan manusia yang sedang berada di bulan dengan sedikit saja penundaan waktu. Nah, sebelum terlalu jauh keluar dari topik, saya akan memberi tahu Anda bahwa sejak awal mulanya, manusia yang berdoa dapat didengar sampai di surga yang tertinggi. Perlu iman yang besar untuk percaya bahwa Tuhan dapat mendengar kita masing-masing, di tengah-tengah jutaan suara manusia lainnya. Masalahnya ada dua. Pertama, ada masalah jarak: sejauh apa lokasi Tuhan itu? Tuhan ada di surga, langit yang tertinggi. Di mana lokasinya? Saya tidak tahu sama sekali. Saya hanya tahu bahwa suara saya dapat terdengar sampai langit tertinggi itu! Lalu, masalah yang kedua adalah jumlahnya. Pernahkah Anda berada di dalam ruangan yang berisi begitu banyak orang yang semuanya berbicara sampai Anda tidak bisa mendengar perkataan orang? Jika Anda memiliki kondisi yang membutuhkan penggunaan alat bantu dengar, Anda akan mengerti, karena banyak alat bantu dengar tidak dapat mengarahkan fokus; semuanya akan terdengar, setiap suara batuk, bunyi-bunyian lain, suara manusia, semuanya. Akan sulit sekali bagi kita untuk berfokus pada satu orang saja yang ingin kita dengarkan. Saya jadi bertanya-tanya, berapa orang yang Tuhan sedang dengarkan saat ini? Dia mendengar setiap kata. Ada lebih dari delapan miliar manusia di bumi saat ini, tetapi Tuhan mendengar setiap kata yang diucapkan.

Dia tahu setiap kata bahkan sejak kita belum mengucapkannya. Dia tahu ketika kita bangkit dari duduk, Dia tahu ketika kita duduk, dan Dia mendengar setiap kata. Dia mendengarkan setiap kata saat ini, di surga di langit tertinggi. Memang perlu iman untuk percaya, tetapi itu benar. Pengetahuan itu terlalu ajaib bagi saya, terlalu tinggi, dan saya tidak sanggup mencapainya. Saya tidak mampu mendengar lebih dari satu orang pada suatu waktu, tetapi Tuhan adalah Tuhan.

4. Pengertian ini membawa saya ke hal yang berikutnya: iman bahwa Tuhan pasti mendengarkan.
Mampu mendengar dan benar-benar mendengarkan adalah dua hal yang berbeda. Kadang saya disebut pendengar yang buruk, dan saya tahu itu benar. Saya tidak punya masalah pendengaran, tetapi kadang bermasalah dalam hal mendengarkan. Namun, iman berkata bahwa Tuhan tidak hanya sanggup mendengar doa kita, tetapi juga Dia pasti mendengarkan doa kita.

Yang luar biasa, kita berpikir kita berhak didengar. Kita merasa punya hak untuk hidup, menikmati kesehatan, mengalami kebahagiaan, sehingga kita juga merasa punya hak untuk menuntut berbagai hal ini dari Tuhan, seolah-olah Tuhan adalah "jaminan kesejahteraan" kita! Sebenarnya, hak didengar apa yang kita miliki? Punya hak apa kita ini untuk menuntut agar Tuhan benar-benar mendengarkan kita? Banyak orang berkata kepada saya, "'Kan saya tidak pernah minta dilahirkan di dunia, saya tidak menciptakan diri saya sendiri. Tuhanlah yang menciptakan saya... Maka, saya punya hak untuk meminta kesehatan dan kebahagiaan dari Dia." Tidak, kita tidak punya hak semacam itu. Saya akan menjelaskan alasannya, yang sangat sederhana. Alasannya adalah, ketika Tuhan menciptakan dunia ini dan menciptakan kita, Dia berkata, "Semua ini sangat baik, sekarang engkau harus menjaganya supaya tetap baik," lalu kita semua melanggar perintah Tuhan itu. Itulah sebabnya, kita telah kehilangan hak untuk didengar. Kita tidak punya hak lagi. Dalam belas kasihan-Nya, Tuhan tetap mendengarkan. Oleh iman, Anda dapat percaya bahwa Tuhan tidak hanya akan mendengar perkataan Anda tetapi juga Dia akan sungguh-sungguh mendengarkan.

Sadarkah Anda betapa banyaknya penghalang yang ada di antara Tuhan dan diri Anda? Jika selama usia 30 tahun Anda melakukan satu dosa saja setiap harinya, ada 10.000 dosa yang terkumpul sebagai penghalang di antara Tuhan dan Anda! Nah, hak didengar apa yang Anda miliki? Anda hanya punya hak untuk didengar jika Anda membereskan dosa-dosa Anda itu.

Meski demikian, Tuhan tetap mendengarkan kita. Dia suka mendengarkan, bukan karena keadaan diri kita tetapi karena sifat-Nya sendiri. Tuhan suka mendengarkan karena Dia adalah sosok pribadi yang adalah kasih. Dia suka mendengarkan kita menyampaikan kebutuhan kita kepada-Nya.

5. Selanjutnya, kita harus percaya bahwa tidak hanya Tuhan pasti mendengarkan, tetapi juga dia pasti menjawab.

Percakapan yang hanya satu arah tentu merupakan hal yang menyedihkan, bukan? Bayangkan Anda berbicara sendirian saja tanpa dijawab: "Cuacanya bagus sekarang ini. Kemarin juga cuacanya bagus, ya... Semoga besok cuacanya juga bagus..." Percakapan satu arah membuat kita harus terus berbicara sendirian. Doa kepada Tuhan adalah percakapan, bukan meditasi, dan percakapan itu bersifat dua arah. Percaya bahwa Tuhan pasti menjawab merupakan bagian dari iman yang kita butuhkan. Percayalah kepada Tuhan: bahwa Dia ada, bahwa Dia itu sosok pribadi, bahwa Dia mendengar, bahwa Dia benar-benar mendengarkan, bahwa Dia menjawab, bahwa Dia memiliki mulut dan telinga. Namun, penting agar kita tidak mendikte Tuhan dengan jawaban doa yang kita inginkan.

Ada saran praktis dari saya dalam hal ini. Jika Anda sejak awal mengatur bagaimana Tuhan harus menjawab doa Anda, hampir pasti Anda akan tidak menangkap jawaban asli-Nya. Tuhan sering mengubah cara-Nya menjawab doa. Ada banyak cara Tuhan menjawab doa, dan saya baru tahu sebagian saja. Pertama, Tuhan bisa menjawab dengan menggetarkan udara sehingga telinga jasmani kita mendengar suara-Nya. Tuhan mampu melakukannya, tetapi jika Dia melakukannya, suara-Nya akan terdengar seperti deru guruh, maka syukurlah Dia tidak menggunakan cara itu sering-sering! Tuhan mampu menggetarkan udara. Kita tahu bahwa ketika Tuhan berbicara suara-Nya menyerupai deru guruh, karena dalam beberapa bagian Alkitab disebutkan bahwa orang-orang menceritakan suara yang mereka dengar ketika Tuhan berbicara. Ada orang-orang yang menangkap perkataan-Nya, "Inilah Anak-Ku yang kukasihi, kepada-Nya Aku berkenan." Jika Tuhan selalu berbicara dengan cara demikian, tentu orang-orang yang menyukai cara ibadah yang tenang dan teratur tidak akan datang ke gereja lagi!

Kedua, Tuhan bisa berbicara kepada kita melalui pembacaan Alkitab yang kita lakukan. Pada saat-saat tertentu, ayat tertentu dalam Alkitab seolah melompat keluar, seolah ditulis khusus untuk kita, dengan tinta berkilau serta mencantumkan nama dan alamat kita. Namun, betapa fatalnya jika kita berusaha mendapat jawaban Tuhan dengan cara yang sama seperti yang lalu terus-menerus.

Ketiga, Tuhan dapat berbicara kepada kita pula melalui suara batin kita, yang begitu jelas sehingga kita berpikir seolah mendengarnya dengan telinga jasmani kita. Kadang, saat jemaat keluar dari gereja setelah acara ibadah, ada orang yang berkata kepada saya, "Tahukah Bapak, saat tadi Bapak berkata... itu adalah perkataan Tuhan kepada saya!" Saya biasanya ingat apa saja yang saya katakan dalam khotbah saat setelah berkhotbah, dan saya tahu bahwa saya tidak mengatakan hal yang orang itu maksud. Namun, dia yakin saya mengatakannya. Sebenarnya, yang terjadi adalah Tuhan berbicara begitu jelas di dalam hati orang itu, dia mendengar suara Tuhan itu, dan dia berpikir sayalah yang mengatakannya karena secara jasmani dia sedang mendengarkan saya berkhotbah sehingga bersikap terbuka untuk mendengarkan Tuhan juga.

Keempat, Tuhan dapat berbicara melalui situasi kita dengan cara-cara yang menakjubkan. Kelima, Dia dapat berbicara melalui orang lain, baik melalui perkataan nubuat langsung maupun melalui ucapan biasa dalam percakapan. Yang terpenting adalah bagaimana pun cara Tuhan menjawab, bahkan kapan pun waktunya Dia menjawab, kita harus percaya bahwa Dia menjawab doa kita. Kadang Dia baru menjawab di saat-saat terakhir, tetapi iman percaya bahwa Tuhan akan menjawab tepat waktu, bukan mendikte bagaimana dan kapan Dia harus menjawab.

MEMPRAKTIKKAN PRINSIP-PRINSIP DOA

Kadang Tuhan menjawab seketika itu juga. Dalam perjalanan hidup saya sendiri, ada beberapa titik penting yang membawa jalan saya mengarah ke menjadi seorang pengkhotbah, dan di semua titik itu saya melihat berbagai macam cara Tuhan berbicara. Saat saya berpikir untuk mulai memasuki bidang pelayanan, pada suatu pagi saya berkata, "Tuhan, Engkau harus menjawab saya sebelum tengah hari ini jika Engkau memang ingin saya masuk ladang pelayanan."

Hari itu, saya minum kopi bersama seorang teman pada sekitar pukul sebelas - kami berdua sedang menjalani masa pelatihan menjadi petani dan peternak. Tiba-tiba tanpa sebab, teman saya itu berkata, "Eh, David, menurutku kamu nanti ujung-ujungnya akan menjadi pengkhotbah, bukan petani."

Saya keluar meninggalkan teman saya itu, ke jalanan, lalu tak sengaja menabrak seorang pensiunan hamba Tuhan. Dia menatap saya langsung dan berkata, juga tiba-tiba tanpa sebab, "David, kapan kamu akan masuk ladang pelayanan?" Itulah Tuhan, yang berbicara melalui orang lain, sejelas yang saya minta, termasuk sebelum tengah hari itu.

Saya juga terpikir akan saat ketika saya berhadapan dengan fakta bahwa saya menjadi menyimpang dalam denominasi yang menaungi pelayanan saya sebagai hamba Tuhan. Penyimpangan itu adalah dalam topik mendasar, yaitu baptisan. Saya harus disidang di hadapan komite doktrin yang terdiri dari para ahli teologi dalam denominasi itu, dan hal itu sangat membuat saya gelisah. Kira-kira dua minggu sebelum sidang itu, saya sedang berlibur di desa nelayan kecil di tepi pantai Northumberland, dan seorang nelayan tampil di mimbar lalu membaca Firman Tuhan dari kitab Ibrani: *"Aku tidak akan takut. Apakah yang dapat dilakukan manusia terhadap aku?"* Saat nelayan itu berbicara, seluruh rasa takut saya lenyap. Kami kehilangan pekerjaan, rumah, tunjangan pensiun, dan segala sesuatu lainnya, tetapi Tuhan telah berbicara. Firman-Nya menjadi hidup dan rasa takut saya lenyap.

Saya juga teringat akan suara Tuhan berikutnya, yang saya dengar melalui situasi, ketika Gereja Baptis Gold Hill berkata, "Kami mengundang Anda untuk menjadi gembala, apakah Anda bersedia?"

Saya menjawab, "Maaf, saya tidak bisa datang sebelum tanggal 30 April tahun depan. Itu kemungkinan waktu yang tercepat..." Saat itu masih bulan November.

Mereka lalu berkata, "Betapa menariknya! Kami sedang membangun pastori yang baru, dan kepala proyeknya berkata bahwa pastori itu akan selesai dibangun pada tanggal 30 April mendatang." Benar saja, pastori itu selesai dan kami pindah ke sana tepat pada tanggal 30 April. Sangat tepat!

Saya juga teringat ketika kami pindah ke Guildford, ketika gereja itu dua kali menyurati saya dan berkata, "Bersediakah Anda datang ke Guildford dan menjadi gembala?" Saya membalas surat mereka dengan perkataan semacam, "Tidak ada hal apa pun yang mengarahkan saya untuk melakukan apa pun di sana." Namun, pada suatu pagi saat saya masih berada di kasur karena merasa tidak enak badan, ada kata "Guildford" di dinding kamar bagian atas. Saya jadi bertanya, "Tuhan, apakah seharusnya saya tidak menolak undangan itu?" Lalu, istri saya masuk ke kamar membawa nampan berisi sarapan saya. Ada surat-surat juga di nampan itu, dan surat yang teratas adalah amplop bercap pos Guildford. Istri saya pasti ingat ketika saya mendatanginya setelah membaca surat itu, lalu saya berkata, "Kita akan pergi ke Guildford." Kami merenungkan kembali semuanya dan melihat bahwa Tuhan berbicara melalui seribu satu cara. Yang terpenting adalah kita percaya bahwa Dia pasti menjawab, tanpa mendikte Dia bagaimana dan kapan Dia harus menjawab. Mudah-mudahan penjelasan ini cukup praktis bagi Anda!

6. Adalah hal yang sangat penting pula bahwa kita percaya Tuhan sanggup bertindak.

Kita juga harus percaya bahwa Dia adalah Tuhan yang hidup, yang aktif mengendalikan situasi, serta bahwa doa mengubah berbagai hal, bukan hanya mengubah manusia. Saya akan menyampaikan sebuah pelajaran filsafat yang sederhana kepada Anda. Ada tiga filosofi yang kita bahas di sini: teisme, deisme, dan monisme. Kaum teis berkata bahwa Tuhan menciptakan dan mengendalikan seluruh semesta. Kaum deis berkata bahwa Tuhan menciptakan seluruh semesta tetapi tidak mampu mengendalikannya; seolah Tuhan menciptakan jam tangan lalu memutar kunci pernya, dan kini semesta berjalan dengan kendali dari dirinya sendiri. Kaum monis berkata bahwa semesta ini menciptakan dirinya sendiri dan mengendalikan dirinya sendiri. Filosofi monisme tidak membuka ruang sama sekali bagi doa, tetapi filosofi deisme telah menyebar luas di dalam Gereja. Kaum deis berkata kita dapat berdoa tentang orang-orang karena Tuhan dapat mengubah manusia, tetapi kita tidak dapat berdoa tentang hal-hal karena Tuhan tidak lagi berkuasa mengendalikan hal-hal itu. Misalnya, kita tidak dapat mendoakan cuaca, karena cuaca dikendalikan oleh hukum alam. Kita dapat mendoakan diri sendiri, misalnya berdoa agar kita sabar, atau mendoakan orang lain yang sedang sakit. Di sisi lain, kaum teis berkata bahwa Tuhan bukan hanya menciptakan; Dia juga mengendalikan.

Suatu saat, saya sedang mendengarkan lagu *Elijah* karya Mendelssohn, sebuah karya gubahan musik yang tiada tara untuk orkestra, yang sebelumnya juga pernah saya dengarkan ketika di daerah Ein Gev di Danau Galilea pada malam hari Minggu Paskah. Sambil memandang taman, saya berpikir tentang Elia. Saya lihat kondisi taman itu sangat kering, sehingga saya berpikir, "Mana mungkin nabi di Inggris berani berkata kepada Tuhan, 'Tuhan, hentikan hujan selama tiga setengah tahun, sampai kami sadar akan kesalahan kami,'" Beberapa bulan saja hujan berkurang, kami sudah mulai cemas! Dengan doa, Elia si orang benar itu menghentikan hujan selama tiga setengah tahun. Bayangkan apa dampaknya di Inggris jika hal itu terjadi! Kita memang lebih khawatir; kita cenderung langsung berlutut dalam doa untuk meminta hujan begitu air tidak mengalir dari keran. Sebaliknya, Elia justru melihat kebutuhan sejati bangsanya ketika dia berkata, "Tuhan, hentikan hujan selama tiga setengah tahun."

Saya ingat ketika diterpa angin di gurun pasir yang panas dan merasa angin itu membuat segalanya kering. Saat itu, saya jadi berpikir bagaimana keadaannya jika kondisi kering seperti itu berlangsung selama tiga setengah tahun. Pernah pula, saya berada di Gunung Karmel, tepat di titik Elia menantang nabi-nabi Baal. Saya memotret awan sebesar kepalan tangan yang saat itu tepat berada di atas posisi saya. Elia percaya bahwa Tuhan sanggup mengendalikan dan sanggup bertindak, yaitu bahwa Dia adalah Tuhan yang hidup.

Demikian pula dengan Watchman Nee. Bersama seorang anak lelaki, Watchman Nee pergi untuk menginjil di pulau di luar wilayah daratan raya Tiongkok. Di sana, mereka menemukan bahwa masyarakat di pulau itu menganut keyakinan soal kesuburan serta menyembah dewa yang dipercaya mengirimkan hujan. Ada prosesi arak-arakan yang dilakukan tiap tahun untuk penyembahan itu, dengan patung berhala dewa itu digotong oleh imam melewati jalan-jalan. Prosesi itu dilakukan pada musim kering, dengan masyarakat setempat berjalan mengikuti arak-arakan patung berhala di bawah sengatan sinar matahari sambil berdoa meminta agar sang dewa menurunkan hujan beberapa minggu setelahnya. Dan, kemudian memang turun hujan. Watchman Nee dan anak lelaki yang membantunya itu memberitakan Injil, tetapi tidak ada dampaknya. Mereka pun berdoa tentang hal itu, lalu si anak lelaki, yang berusia 14 tahun, berkata kepada Watchman Nee, "Mengapa kita tidak melakukan pelayanan 'Elia' saja kepada mereka?"

Watchman Nee sendiri merasa imannya masih kurang mantap untuk hal itu, tetapi dia setuju. Maka, mereka berdoa agar hujan turun tepat pada hari arak-arakan mengguyur si patung berhala. Selama beberapa minggu setelah doa itu, langit tetap biru tanpa awan. Pada pagi hari jadwal prosesi arak-arakan, langit pun tetap biru tanpa awan, sehingga iman Watchman Nee dan anak itu sedikit goyah. Namun, awan mulai muncul ketika prosesi dimulai dengan patung berhala mulai turun ke jalan untuk diarak. Awan itu meluas dengan cepat dan hujan mulai turun. Segera saja, hujan makin deras sehingga imam yang menggotong patung berhala terpeleset dan patung berhala itu jatuh lalu pecah! Sang imam cepat-cepat memasang kembali bagian-bagian yang copot lalu mengumumkan kepada masyarakat bahwa ada kesalahan tanggal prosesi, serta prosesi akan ditunda sampai beberapa minggu setelahnya.

Watchman Nee berkata, "Hujan tidak akan turun sampai pada hari Anda mengarak patung berhala itu lagi. Pada hari itulah nanti akan turun hujan." Benar saja, itulah yang kemudian terjadi; dan seluruh pulau itu menjadi percaya kepada Tuhan. Nah, kita harus percaya bahwa Tuhan tetap memegang kendali, bahwa Dia sanggup bertindak, dan Dia sanggup mengubah segala sesuatu, bukan hanya mengubah manusia.

Suatu ketika, kami akan mengadakan kebaktian fajar merayakan Minggu Paskah untuk pertama kalinya di gereja Guildford. Kami berkumpul dalam pertemuan doa pagi pada hari Sabtu sebelumnya, lalu merasa tertekan karena ramalan cuacanya buruk. Kebaktian fajar itu akan menjadi yang pertama di kota kami, setahu kami, dan kami sungguh mengadakannya untuk memuliakan Tuhan. Kami pun berdoa, "Tuhan, Engkau adalah Penguasa atas cuaca." Kami berdoa agar kemuliaan-Nya dinyatakan, bukan demi suksesnya kebaktian yang kami adakan atau demi pamor hebat untuk organisasi kami; bukan seperti mendoakan cuaca yang bagus untuk acara tamasya Sekolah Minggu. Kami berdoa meminta kemuliaan Tuhan dinyatakan pada kebaktian fajar yang pertama itu. Pada hari Minggu pagi keesokan harinya itu, matahari bersinar dengan amat cerah, bahkan menjadi rekor sinar matahari paling cerah selama enam belas tahun terakhir di kota Guildford. Apakah kita ingin menganggap hal itu kebetulan belaka? Silakan saja jika Anda menganggapnya kebetulan, tetapi saya lebih memilih untuk hidup dalam rangkaian "kebetulan" semacam itu, yang membutuhkan iman bahwa Tuhan memegang kendali; Tuhan bukan menciptakan dunia lalu membiarkan segala sesuatunya berjalan menurut hukum alam. Hukum alam ada di bawah kendali dan kedaulatan Tuhan, seperti peraturan sekolah yang ada di bawah wewenang kepala sekolah. Penguasa yang berdaulat sanggup mengubahnya kapan saja sekehendak-Nya.

7. Kebenaran terakhir yang perlu kita percayai ialah: Tuhan akan memberikan apa yang kita minta.
Mungkin kebenaran inilah yang Anda pikirkan sebagai yang pertama kali akan saya sebutkan ketika membahas berdoa dalam iman. Namun, saya menyebutkannya sebagai yang terakhir. Semua kebenaran sebelumnya tadi perlu dipercaya lebih dahulu: bahwa Tuhan itu ada, bahwa Tuhan itu sosok pribadi, bahwa Tuhan mendengar, bahwa Tuhan pasti mendengarkan, bahwa Tuhan akan menjawab, dan bahwa Tuhan sanggup bertindak. Hanya setelah kita yakin percaya akan keenam kebenaran itulah, kita dapat berdoa dalam iman bahwa kita akan menerima apa yang kita minta; sebab, iman yang demikian itulah yang diganjar dengan jawaban doa. Yesus berkata, *"Karena itu Aku berkata kepadamu: Apa saja yang kamu doakan dan minta, percayalah bahwa kamu telah menerimanya, maka hal itu akan diberikan kepadamu."* Ini adalah pernyataan yang amat sangat tegas. Saudara Yesus, Yakobus, berkata dalam tulisannya bertahun-tahun setelah itu, *"Hendaklah ia memintanya dalam iman, dan sama sekali jangan bimbang, sebab orang yang bimbang sama dengan gelombang laut, yang diombang-ambingkan kian ke mari oleh angin."* Jangan bimbang. Inilah masalahnya: kebimbangan timbul, kekhawatiran masuk. Akankah yang didoakan ini terjadi? Akankah semuanya baik-baik saja? Menurut ajaran Yesus, kekhawatiran adalah kesaksian fitnah tentang Bapa surgawi kita. *"... hai kamu yang kurang percaya."*

Saya mempunyai banyak sekali kisah tentang hal ini; memilih

yang mana yang sebaiknya diceritakan lebih dahulu cukup sulit. Saya teringat akan kisah pemuda pembajak ladang di Lincolnshire yang bernama John Hunt, yang belajar membaca Alkitab sendiri sambil meletakkan Alkitab pada posisi yang dipertahankan seimbang di atas tongkat kemudi alat pembajak sambil dia bekerja membajak ladang. Selain belajar membaca Alkitab, John Hunt juga belajar bahasa Yunani dan Ibrani dengan cara yang sama. Pada usia 26 tahun, John Hunt pergi ke Tonga dan Fiji sebagai misionaris pertama, lalu dalam waktu sepuluh tahun membawa masyarakat di kedua pulau itu menjadi pengikut Kristus. Dia lalu meninggal pada usia 36 tahun, dalam kondisi keletihan setelah segala pekerjaannya. Dalam perjalanan kapal menuju Fiji saat awal mulai pelayanannya, suatu ketika kapal terbentur batu karang dan sisi dasarnya mulai terkoyak. Saat itu, pulau Fiji sudah mulai terlihat dari posisi kapal. Sepertinya, perjalanan mereka yang begitu jauh itu telah menjadi sia-sia karena seisi kapal itu akan tenggelam begitu saja. Tidak ada lagi harapan. Namun, John Hunt berlutut di dek kapal dan berkata, "Tuhan, kami datang untuk memberitakan Injil-Mu. Tibakan kami ke tujuan." Saat membuka mata, dia kaget dan ngeri melihat gelombang berukuran raksasa datang seolah hendak menelan mereka semua (gelombang itu bersumber dari sebuah gunung berapi di bawah laut Samudera Pasifik). Ternyata, gelombang raksasa itu bukan menelan kapal mereka; gelombang itu mengangkat sisa kapal mereka dan mendorongnya sejauh lebih dari 1,5 kilometer lalu meletakkannya tepat di pantai pulau Fiji. Setiap orang turun dari kapal dengan aman. John Hunt percaya dengan imannya!

Nah, saya sendiri kadang merasa agak tertekan jika membaca buku tentang jawaban doa. Bagaimana dengan Anda? Kita membaca kisah George Müller dan Hudson Taylor, lalu kita jadi ingin merangkak pergi dan menyerah. Sebenarnya, ada dua hal yang jangan dilakukan dengan iman, serta dua hal yang perlu dilakukan dengan iman. Mari bersikap praktis. Inilah hal-hal yang jangan dilakukan dengan iman. Jangan coba-coba ***merasakan*** iman. Perasaan kita dapat naik-turun, dan memang perasaan manusia secara alamiah pasti berubah-ubah. Jika kita melekatkan iman pada perasaan, iman kita akan menjadi naik-turun pula. Sebaliknya, lekatkan perasaan pada iman, maka perasaan kita akan mengikuti iman kita. Lekatkan iman pada fakta, bukan sebaliknya. Demikian pula, jangan coba-coba memaksakan iman. Setelah membaca kisah tentang George Müller, Anda lalu memaksakan diri untuk membuka panti asuhan yang besar! Iman tidak bekerja jika dipaksakan. Lalu, apa yang seharusnya kita lakukan dengan iman? Yang pertama, iman perlu distimulasi, lalu dilatih agar makin kuat. Lakukan stimulasi iman dengan mendengarkan jawaban-jawaban doa lainnya.

Ada seorang remaja pria di jemaat gereja saya, yang mengalami sedikit masalah saat mengikuti acara tamasya sekolah. Dalam perjalanan dengan bus, dia ingin makan buah jeruk yang ada di dalam paket makan siang yang diberikan. Masalahnya, di mana dia harus menaruh kulit jeruk itu nantinya? Asbak-asbak di dalam bus sudah penuh semua dan dia tidak ingin memasukkan kulit jeruk itu di dalam sakunya. Yang dilakukannya kemudian menarik. Dia berdoa, dalam iman, meminta Tuhan untuk mengurus masalah itu. Lalu, seorang teman menepuk bahunya dan bertanya, "Mau kamu apakan kulit jeruk itu?"

Dia bertanya balik, "Memangnya kenapa kamu bertanya?"

"Soalnya aku suka makan kulit jeruk," jawab si teman, "Bolehkah kulit jerukmu itu kuminta?"

Remaja pria yang telah berdoa sungguh-sungguh itu lalu berjalan sekeliling bus dan bertanya kepada semua teman lainnya, "Kamu suka makan kulit jeruk?" Setiap teman yang ditanya menjawab "tidak". Luar biasa; lucu tetapi bagi saya amat menguatkan iman; remaja pria itu hanya meminta pertolongan tentang masalah yang kecil, tetapi Tuhan mendengar dan Tuhan membereskannya. Masalah itu sama saja dengan masalah ketika Tuhan kita mengubah air menjadi anggur saat tuan rumah malu karena kehabisan anggur pada pesta pernikahan di Kana di

Galilea.

Lakukan stimulasi iman dengan mendengarkan jawaban-jawaban doa serta dengan membaca Alkitab. Di dalam Alkitab, ada dunia tempat manusia berbicara dengan Tuhan dan Tuhan berbicara dengan manusia. Dunia itu nyata; fakta, bukan fiksi; bukan buku teks sains tetapi juga bukan mitos. Di dunia itu, orang-orang yang nyata membawa kebutuhan-kebutuhan yang nyata kepada Tuhan, meminta pertolongan-Nya atas kebutuhan-kebutuhan itu, dan mendapat jawaban pemenuhannya. Makin banyak Anda membaca Alkitab, makin dalam Anda akan hidup di dalam dunia itu dan makin serupa pula perilaku Anda dengan perilaku orang-orang di sana.

Lakukan stimulasi iman. Jangan coba-coba merasakannya, jangan coba-coba memaksakannya, tetapi lakukan stimulasi, lalu latihlah kekuatan iman itu dari dalam. Saya belajar hal itu dari seorang misionaris Prancis. Dia berkata kepada saya, "David, jangan pernah berdoa dari area di luar iman Anda," lalu saya berpikir, "Apa pula maksudnya?"

Bukankah Tuhan sanggup melakukan jauh melebihi yang kita doakan dan yang kita pikirkan? Itulah yang dikatakan Paulus dalam Efesus pasal 3. Apakah Anda tidak tahu ada lagu rohani yang liriknya berbunyi '***Therefore thou art coming to a King, large petitions with thee bring***' (Maka datanglah ke hadapan Sang Raja, dan bawalah segala permohonan dan doa)?

Saya pun menjawab misionaris itu, "Apa maksud Anda? Tuhan sanggup melakukan segala sesuatu."

Dia menjelaskan, "Ya, Tuhan sanggup, dan Dia serong melakukan lebih dari yang kita doakan atau pikirkan, tetapi kita harus belajar berdoa dari area iman kita."

"Saya belajar tentang hal ini dari tetangga sebelah rumah saya," lanjutnya. "Saat tetangga saya itu pindah ke rumah itu, saya memasukkan dirinya ke dalam daftar doa saja lalu berdoa tiap hari untuk dia, supaya dia bertobat, tetapi tidak ada hasilnya. Akhirnya saya bertanya kepada Tuhan, 'Mengapa, Tuhan? Engkau tidak menjawab doa saya sama sekali. Saya sudah berdoa tiap hari untuk tetangga saya.' Tuhan menjawab saya, 'Karena engkau tidak percaya dengan yang kaudoakan itu.' Saya menjawab lagi, 'Tapi Tuhan 'kan sanggup melakukan segala sesuatu,' Tuhan menjawab kembali, 'Aku tahu aku sanggup, tetapi engkau tidak percaya.'"

Misionaris itu melanjutkan perbantahan itu, "Saya percaya, Tuhan... Lagi pula bagi Tuhan 'kan tidak ada yang mustahil," lalu Tuhan menjawab pula, "Engkau tidak percaya. Engkau tidak bisa membayangkan tetanggamu itu menjadi orang Kristen, 'kan?" Akhirnya si misionaris mengaku, "Benar, saya tak bisa membayangkannya!" Maka, dia bertanya apa yang harus didoakannya, lalu Tuhan berkata, "Doakan hal yang engkau percaya akan terjadi." Lalu dia berdoa agar terjalin percakapan yang baik dengan tetangganya itu. Dalam waktu tak sampai seminggu setelah itu, mereka mengobrol melewati pagar halaman depan masing-masing rumah. Selanjutnya, dia berdoa agar dia bisa masuk ke rumah tetangganya itu, padahal dia belum pernah melakukannya sebelumnya. Tak lama kemudian, si tetangga mengundangnya untuk datang minum kopi bersama. Setelah itu, dia berdoa agar si tetangga membuka topik yang berkaitan dengan agama dan menanyakan di mana dia beribadah pada hari Minggu. Setelah itu, dia berdoa agar dapat mengajak si tetangga mengikuti suatu kegiatan yang cocok di gereja, dan agar si tetangga bersedia ikut.

Dapatkah Anda melihat latihan iman yang dilakukannya itu? Misionaris itu melatih kekuatan imannya dari dalam. Dia berdoa dari dalam area imannya, dan seiring dengan latihan iman yang dilakukannya dari dalam itu, imannya bertumbuh. Pada akhirnya, dia berkata, "Tuhan, pertobatkan tetangga saya itu," dan si tetangga pun bertobat.

Nah, jangan coba-coba merasakan iman Anda; jangan paksakan iman Anda; tetapi lakukan stimulasi iman dengan mempelajari jawaban doa, khususnya dalam Alkitab, dan latih iman Anda dari dalam dengan cara berdoa dari dalam area iman Anda. Lebih baik berdoa untuk hal kecil yang Anda percaya, agar ketika Tuhan menjawabnya iman Anda bertumbuh meski sedikit, sehingga Anda lalu berdoa untuk hal yang lebih besar.

Sering kali, orang mendoakan hal-hal semacam, "Tuhan, lakukan kebangkitan rohani di kota kami!" Saya ingin menghentikan doa itu dan berkata kepada orang yang mendoakannya, "Apa yang Anda bayangkan saat mengucapkan doa itu? Apa yang menurut Anda akan terjadi? Dapatkah Anda membayangkan yang Anda doakan itu terjadi? Bukankah lebih baik mulai dengan mendoakan hal yang Anda dapat percaya akan terjadi, yaitu yang dapat Anda lihat terjadinya dengan mata iman meskipun belum terjadi dan terlihat oleh mata jasmani?" Mulailah dari dalam area iman kita, lalu melatih kekuatan iman kita dari dalam.

Mari kita lihat sisi objektif iman. Sisi objektif ini adalah sifat Bapa. Iman harus memiliki sesuatu untuk diimani, yang dipercaya dengan yakin... dan iman manusia bertemu dengan sifat Tuhan sebagai Bapa. Inilah keunikan doa Kristen, yang tidak ada di agama atau keyakinan atau ajaran lain mana pun di dunia. Suatu hari, para murid mendengar Yesus berdoa. Para murid itu adalah orang-orang yang dibesarkan dengan diajar mengucapkan doa, maka mereka tahu *apa* yang harus diucapkan dalam doa, tetapi saat mendengar Yesus berdoa mereka menangkap sesuatu yang berbeda. Setelah Yesus selesai berdoa, murid-murid itu datang berkerumun dan berkata, "Tuhan, ajarlah kami berdoa." Mereka tidak berkata, "Tuhan, ajarkan *cara* berdoa kepada kami," karena memang yang mereka minta itu bukanlah metodenya. Yang mereka katakan adalah, "Tuhan, tolong ajari kami untuk berbicara dengan Tuhan seperti yang Kaulakukan. Ajarlah kami berdoa." Yesus pun menjawab, "Ya, Aku akan mengajarmu berdoa." ***"Ketika kamu berdoa, katakan 'Bapa' . . ."*** Bagi orang Yahudi, ini revolusi. Bagi siapa pun di luar budaya Yahudi, ini di luar nalar. Tanyakan saja kepada orang-orang yang tidak bergereja tetapi mengaku percaya Tuhan, lalu hitung berapa dari mereka yang biasa menyebut Tuhan sebagai "Bapa". Tidak ada. Mereka akan berkata, "Oh, saya percaya Tuhan, kok... Jangan kira saya tidak percaya Tuhan." Namun, mereka tetap saja tidak menyebut Tuhan sebagai "Bapa". Tentu saja tidak, karena mereka bukan anak Tuhan.

Di dalam agama Yahudi pun, yang paling mendekati kebenaran yang utuh daripada keyakinan lainnya, yang merupakan landasan serta titik awal untuk pengenalan akan kebenaran yang utuh, orang terlalu takut menyebut nama Tuhan dengan sembarangan sehingga sampai saat ini menolak menyebut nama Tuhan. Saat di Israel, saya bertanya tentang hal ini kepada seorang pria Yahudi. Saya mencoba mendesaknya untuk mengucapkan nama Tuhan, tetapi sekuat apa pun saya mendesak dia tetap tidak mengucapkannya. Saya berusaha untuk menjaga kepekaan dalam hal-hal lain, tetapi soal yang satu ini saya benar-benar mendesak, "Saat saya berkhotbah, saya tidak tahu cara mengucapkan nama Tuhan. Tolong beri tahu saya pengucapannya." Dia lalu mengajarkan bahasa Ibrani kepada saya, dan berkata bahwa saya dapat menyebut nama "Eliahu", "Moishe", tetapi tidak boleh menyebut "Yeshua", saya harus mengucapkan "Meshiah" dan bukan "Messiah", "Izra" dan bukan "Ezra". Saya pun berkata, "Baik. Nah, bagaimana dengan nama Tuhan, bagaimana mengucapkannya?" Dia menatap saya seolah saya telah menampar pipinya, lalu berkata, "Saya akan tunjukkan huruf-hurufnya," dan menunjukkan keempat huruf itu kepada saya, yang sebenarnya sudah saya ketahui. Saya bertanya lagi, "Bagaimana pengucapannya?" Dia menjawab, "Orang Yahudi tidak mengucapkannya." Saya berkata, "Kalau misalnya diucapkan, bagaimana pengucapannya?" (Biasanya saya berhasil mendesak orang untuk menjawab, tetapi kali itu saya gagal total.) Dia berkata, "Kadang kami menggunakan kata 'Tuhan' atau 'Nama itu'" "Kami berkata 'Berbicaralah kepada Nama itu, Nama itu akan mendengar, dan Nama itu akan menjawab.'" Lalu, dia berkata selanjutnya, "Saya tidak akan mengucapkan nama itu."

Nah, situasi tradisi dan budaya seperti itulah yang dialami Yesus ketika Dia berkata, "Ketika kamu berdoa, katakan 'Ayah'," ("*abba*" berarti "ayah"). Setiap kali memimpin rombongan ziarah ke Israel, selalu ada semangat ketika kami mendengar kata itu diucapkan. Ada saja peserta ziarah yang bercerita, "Saya mendengar anak kecil berteriak '*abba, abba*'." "*Abba*" adalah kata pertama yang diajarkan kepada anak-anak Yahudi. Yesus datang dan mengajar murid-murid-Nya bahwa doa bukanlah metodenya, tekniknya, atau ritualnya. "Ketika kamu berdoa, katakan '*Abba*, Bapa', karena kamu adalah anak-Nya."

Nah, perhatikan juga penggunaan tangan sebagai gestur doa, karena selain mulut, tangan adalah anggota tubuh yang lebih sering digunakan dalam doa di dalam Alkitab daripada anggota-anggota tubuh lainnya, termasuk lutut. Kebanyakan gestur doa di dalam Alkitab adalah berdiri; ada pula yang berlutut, tetapi semuanya dengan mata terbuka - tidak ada doa dengan mata tertutup di dalam Alkitab. Rombongan ziarah kami melihat posisi tangan yang seharusnya ini ketika dilakukan oleh anak-anak kecil yang mengemis di Bukit Zaitun. "*Allo*," kata anak-anak kecil Arab itu, sambil menadahkan telapak tangan dengan posisi sedikit cekung untuk menerima apa pun yang kita letakkan. Hal itu akhirnya menjadi semacam olok-olok lucu di antara rombongan kami. Betapa anehnya jika kita mengajarkan sesuatu kepada anak kita yang tidak kita lakukan sendiri. Kita mengajar anak kita untuk berdoa dengan menggunakan tangan, tetapi posisi tangan itu salah. Ada banyak versi penjelasan yang telah saya ketahui tentang mengapa posisi tangan tertangkup adalah tepat untuk berdoa. Posisi tangan yang demikian itu sebenarnya adalah posisi salam hormat dari pihak yang lebih rendah ke pihak yang lebih tinggi. Sebagian orang berkata (tetapi saya tidak sungguh-sungguh percaya kenyataannya seburuk itu) bahwa kita telah menjadikan gerbang atau pintu masuk bergaya Gotik yang melengkung dengan sudut lancip di atas sesuatu yang sakral. Rupanya, memang ada orang-orang yang berpikir berdoa harus dilakukan di tempat ibadah dengan pintu yang semacam itu! Di dalam Alkitab, doa tidak demikian. Doa di dalam Alkitab adalah seperti *"allo"* anak-anak Arab tadi, dengan tangan menadah. Doa di dalam Alkitab adalah berkata "Bapa". Cobalah doa yang benar ini ketika Anda sendirian. Entah Anda berdiri, berlutut, duduk, atau berbaring, cobalah berdoa sambil menggunakan posisi tangan yang benar dan berkata, "Bapa, saya membutuhkan Engkau."

Para psikolog berkata bahwa kita harus tumbuh menjadi dewasa, keluar dari bayang-bayang trauma dengan ayah dan hidup mandiri. Hal itu jauh sekali dari kebenaran. Yang disebut menjadi dewasa itu sebenarnya hanyalah mengganti sosok ayah yang asli dengan yang baru. Yang perlu kita lakukan adalah mengganti sosok ayah jasmani kita dengan Sang Bapa surgawi. Itulah yang Yesus lakukan pada usia 12 tahun. Ketika itu, Yusuf tidak lagi mengasuh Yesus. Tangan kecil Yesus tidak lagi dipegang oleh tangan besar Yusuf. Yesus akhirnya dapat berkata, "Sekarang Aku bersama Bapa-Ku. Aku ada di dalam pekerjaan Bapa-Ku." Tumbuh dewasa bukanlah menjadi independen, melainkan meletakkan tangan kita sebagai anak ke dalam pegangan tangan Tuhan yang besar itu sebagai Bapa kita. Itulah sebabnya doa adalah hal yang sederhana. Itulah sebabnya Tuhan berkata, "Jika umat-Ku merendahkan diri dan berdoa..." Apa maksud-Nya? Maksud-Nya adalah mereka seharusnya menjadi seperti anak kecil dan menadahkan tangan lalu berkata... Seorang wanita anggota jemaat saya berkata bahwa ketika saya mengangkat tangan itu adalah gestur kaum fasis, yang membuatnya teringat akan pawai kampanye di Nuremberg. Kita terlalu takut mengangkat tangan, padahal di banyak bagian Alkitab berkata, "Bertepuktanganlah," dan "Angkatlah tanganmu yang bersih kepada Tuhan." Kita menjadikannya kiasan saja, kita memaknainya hanya secara rohani, tetapi Tuhan tahu kita hidup di dalam tubuh jasmani. Kita merupakan darah dan daging, dan tetap demikian sampai mati. Kita harus berdoa dengan seluruh keberadaan diri kita. Maka, gunakan saja tangan Anda, buka mata

Anda, dan katakan, "Halo, Bapa."

Saya tidak akan pernah lupa orang Kristen yang datang ke Haslemere bertahun-tahun lalu. Dia mengalami serangan jantung dan dibawa ke rumah sakit, lalu meninggal di sana. Saya sempat membesuknya selama minggu-minggu terakhir kehidupannya. Pada masa itu, jantungnya menunjukkan aktivitas-aktivitas yang aneh. Dokter memasang alat pacu jantung untuk mengatur aktivitas jantungnya, tetapi upaya itu tidak berhasil. Dia meminta saya berdoa untuknya agar Yesus mengendalikan aktivitas jantungnya, lalu Yesus menjawab doa itu. Sejak saat itu, jantungnya berdenyut secara teratur, sampai dia meninggal beberapa minggu setelahnya. Yesus menjawab doanya yang satu itu, tetapi tidak sepenuhnya. Memang pria itu tidak meminta apa pun yang lain, hanya agar Yesus mengendalikan aktivitas jantungnya. Namun, dia memiliki kekhasan yang jelas pada dirinya. Bukan tekniknya berdoa yang khas, melainkan bagaimana dia mempraktikkan hidup dalam hadirat Tuhan. Pada suatu hari saat saya datang membesuk, dia menatap saya dan berkata, "Oh, saya senang bertemu Anda. Saya baru saja selesai mengobrol asyik dengan Bapa." Betapa indahnya! Dia tidak berkata, "Saya baru saja selesai berdoa," atau "Saya baru saja selesai bersaat teduh." Saya tidak akan pernah lupa caranya menyebut "Bapa". Iman pria itu sungguh luar biasa, dan bertemu dengan sifat Tuhan sebagai Bapa.

Demikianlah, doa orang Kristen mulai dengan sebuah pernyataan: "Saya percaya akan Tuhan, Bapa yang Maha Kuasa." Berdoa kepada Bapa surgawi adalah hal yang mudah, yaitu berbicara, dan meminta, seperti anak kecil yang datang kepada ayahnya sambil berkata, "Aku butuh sesuatu dan aku percaya Ayah akan memberikannya kepadaku."

"Jadi, jika kamu yang jahat tahu memberi pemberian yang baik kepada anak-anakmu, apalagi Bapamu yang di surga!..." Seberapa jauh Bapa surgawi kita akan memberikan yang lebih daripada bapa jasmani kita? Anda dapat menggunakannya sebagai motto doa Anda sepanjang minggu ini. Seberapa jauh lebihnya?

DOA

*Bapa, Abba, Ayah, kami memang sudah dewasa, sudah bisa pergi ke mana-mana sendiri, tetapi kami masih anak kecil saat ini dan seterusnya. Kami membutuhkan Engkau. Tuhan, kami meminta dalam iman bahwa Engkau beserta kami dalam minggu ini, Engkau menjaga kami dan mengurus kami, Engkau memperhatikan kami, dan saat kami memiliki kebutuhan khusus apa pun kami tahu Engkau akan memberikannya karena Engkau mengasihi kami. Terima kasih untuk hak istimewa ini, bahwa kami bisa berbicara denganmu kapan pun, di mana pun, dan untuk kebutuhan apa pun. Semuanya ini adalah karena Anak-Mu sendiri telah menjadikan kami saudara, sehingga kami menerima izin untuk menyebut-Mu Bapa kami... yang di surga, dikuduskanlah nama-Mu. Datanglah Kerajaan-Mu. Jadilah kehendak-Mu, di bumi seperti di surga. Berikanlah kami pada hari ini makanan kami yang secukupnya dan ampunilah kami dari kesalahan kami, seperti kami juga mengampuni orang yang bersalah kepada kami; dan janganlah membawa kami ke dalam pencobaan, tetapi lepaskanlah kami dari yang jahat. Karena Engkaulah yang punya Kerajaan dan kuasa dan kemuliaan sampai selama-lamanya. **Amin.***

2

DOA MELALUI SANG PUTRA

Mari kita lihat bacaan berikut tentang Juru Selamat ajaib yang kita miliki (Ibrani 4:12 dan seterusnya).

Sebab firman Allah hidup dan kuat dan lebih tajam daripada pedang bermata dua mana pun; ia menusuk sangat dalam sampai memisahkan jiwa dan roh, sendi-sendi dan sumsum; ia sanggup menilai pikiran dan niat hati kita. Tidak ada suatu makhluk pun yang tersembunyi di hadapan-Nya, sebab segala sesuatu telanjang dan terbuka di depan mata Dia yang kepada-Nya kita harus memberikan pertanggungjawaban. Jadi, karena kita sekarang mempunyai Imam Besar Agung, yang telah melintasi semua langit, yaitu Yesus, Anak Allah, baiklah kita berpegang teguh pada pengakuan iman kita. Sebab Imam Besar yang kita punya, bukanlah imam besar yang tidak dapat turut merasakan kelemahan-kelemahan kita. Sebaliknya sama seperti kita, Ia telah dicobai, hanya saja Ia tidak berbuat dosa. Sebab itu, marilah kita dengan penuh keberanian menghampiri takhta anugerah, supaya kita menerima rahmat dan menemukan anugerah untuk mendapat pertolongan pada waktunya.

Sebab setiap imam besar yang dipilih dari antara manusia, ditetapkan bagi manusia dalam hubungan mereka dengan Allah, supaya ia mempersembahkan persembahan dan kurban karena dosa. Ia harus dapat mengerti orang-orang yang tidak tahu apa-apa dan sesat, karena ia sendiri penuh dengan kelemahan, yang mengharuskannya untuk mempersembahkan kurban untuk menebus dosa-dosa, bukan saja bagi umat, tetapi juga bagi dirinya sendiri. Dan tidak seorang pun yang mengambil kehormatan itu bagi dirinya sendiri, melainkan dipanggil oleh Allah untuk itu, seperti yang telah terjadi dengan Harun. Demikian pula Kristus tidak memuliakan diri-Nya sendiri dengan menjadi Imam Besar, tetapi dimuliakan oleh Dia yang berfirman kepada-Nya, 'Engkaulah Anak-Ku! Engkau telah menjadi Anak-Ku pada hari ini', sebagaimana Allah berfirman dalam nas yang lain, 'Engkau adalah Imam untuk selama-lamanya, menurut aturan Melkisedek.' Dalam hidup-Nya sebagai manusia, Ia mempersembahkan doa dan permohonan dengan ratap tangis dan air mata kepada Dia, yang sanggup menyelamatkan-Nya dari maut, dan karena kesalehan-Nya Ia telah didengarkan. Sekalipun Ia adalah Anak, Ia telah belajar taat dari apa yang telah diderita-Nya dan sesudah Ia disempurnakan, Ia menjadi sumber keselamatan yang abadi bagi semua orang yang taat kepada-Nya..."

Kita telah melihat doa kepada Tuhan dengan fokus pada dua aspek: iman dan sifat Bapa. Kini kita akan mulai melihat dari aspek arti berdoa ***melalui Yesus***.

Ingatkah Anda tentang doa singkat yang terkenal yang berjudul Vespers, yang ditulis oleh A.A. Milne, dalam adegan Christopher Robin berlutut di samping tempat tidurnya dan meminta agar Tuhan memberkati ibunya, ayahnya, dan dirinya sendiri? Saya menyebut doa itu doa yang kekanak-kanakan. Doa itu juga bukan doa Kristen. Siapa saja bisa mengucapkan doa itu, maka tokoh Christopher Robin dalam kisah itu bisa saja penganut agama Buddha, Hindu, atau agama apa pun lainnya. Tokoh "Christopher Robin" itu mungkin telah tumbuh besar dan menjadi pemilik toko buku di Devon. Di usia dewasanya, mungkin dia sudah muak mendengar orang-orang bertanya kepadanya, "Sudah berdoa atau belum?"

Ada doa lainnya yang mirip dengan doa Christopher Robin,

di kota Guildford. Seorang jemaat gereja menuliskannya setelah acara kebaktian pada suatu malam hari Minggu. Doa ini hanya dapat didoakan oleh orang Kristen. Saya menyebutnya doa anak kecil, bukan doa yang kekanak-kanakan.

Bukankah kita perlu menyebut Tuhan "Bapa" atau "Ayah"?

Ayah, aku takut dan ngeri. Ayah, kebaktian sudah selesai dan pendetanya bilang sesuatu tentang salah satu orang berdoa. Aku ingin berbicara denganmu, Ayah. Tapi... Aku jadi takut dan ngeri, Ayah.

Ada banyak orang, Ayah. Sepertinya semuanya memandang ke arahku. Aku jadi merasa takut dan tidak bisa bicara, lalu jadi berbicara hal yang aneh, Ayah.

Aku tidak mau mengecewakan... tapi aku tidak kenal orang-orang ini, Ayah. Aku tidak begitu menyukai mereka karena aku tidak kenal mereka. Mereka melakukan hal-hal yang berbeda dan aku tidak mengerti, Ayah. Tapi... Aku ingin menunjukkan kepada mereka gambar anak-anak bersama ayah mereka di bawah matahari yang cerah. Aku ingin menceritakan tentang Ayah kepada mereka, dan tentang aku sebagai anak-Mu. Karena aku bisa berlari ke arah-Mu sambil berkata, 'Lihat, Ayah, aku berlari...' sambil berlari ke pelukan-Mu, karena Engkau besar dan kuat dan tidak akan jatuh meski tertabrak aku. Aku bisa memeluk kaki-Mu dengan lenganku dan bisa menggandeng tangan-Mu, bahkan Engkau juga bisa mengayun-ayun aku di lengan-Mu, sambil Engkau berbicara dengan orang lain. Saat Engkau sibuk, Engkau tetap bisa mengangkat dan menggendongku dengan lengan-Mu, lalu aku mendengarkan suara-Mu berbicara. Aku ingin bisa memberi tahu mereka tentang semua itu, Ayah, tapi mereka tidak seperti Engkau. Mereka tidak sayang Engkau seperti aku sayang Engkau. Mereka tidak akan mengerti. Aku tidak sayang mereka seperti aku sayang Engkau, Ayah. Engkau yang spesial. Aku senang karena Engkau Ayahku dan aku tidak usah mencari ayah yang lain. Engkau Ayah terbaik yang pernah ada.

Perbedaan pertama di antara doa Kristen dan semua doa yang lain adalah **kita**, orang Kristen, bisa menyebut Tuhan "Bapa". Tidak ada orang lain di dunia yang mendapat izin untuk hal itu. Tidak ada orang lain di dunia yang berada pada posisi untuk hal itu. Yesus mengajar para murid-Nya untuk berdoa demikian, "Jika kamu berdoa, katakan, 'Bapa'..." [*Abba*, Ayah]. Perbedaan ini jauh sekali dengan doa seperti yang ditulis A.A. Milne, yang kekanak-kanakan dan asal saja berbicara dengan Tuhan, seperti siapa pun bisa berdoa terlepas dari agamanya. Jauh berbeda dengan doa yang tadi, yang menunjukkan pemahaman akan doa Kristen. Doa secara umum bersifat universal dalam hal waktu dan ruang, tetapi doa Kristen berbeda dengan doa-doa yang umum.

Beberapa tahun lalu saya menerima sebuah saran dari dewan oikumene gereja: "Mengapa seluruh umat manusia tidak bersatu saja dan bermeditasi tentang kuasa ilahi di balik semesta ini? Dengan cara ini, kita bisa menghubungkan agama Kristen serta perayaan Paskah, agama Buddha dan perayaan mereka, dan agama-agama lainnya. Kita bisa satukan semuanya bersama dengan meditasi tentang kuasa ilahi di balik semesta dan ini akan melepaskan kuasa yang besar di dunia." Jangan percaya saran itu! Doa Kristen tidak akan pernah bisa bercampur dengan doa-doa lainnya. Hanya orang Kristen yang bisa datang dan berkata "Ayah" atau "Papa", "*Abba*", "Bapa kami di surga", bahkan seperti anak kecil, "Peluk aku dan gendong aku, aku berlutut di sini."

Perbedaan yang mendasar di antara agama dan kekristenan adalah Kristus. Tidak ada agama lain yang memiliki Kristus, maka doa lain secara umum adalah doa tanpa Kristus. Doa Kristen justru berpusat pada Kristen. Saya akan mengemukakan lima hal tentang Kristus dalam konteks ini, yang merupakan hal-hal yang dimiliki orang Kristen dalam doanya, yang tidak ada pada orang-orang lain:

1. Orang Kristen memiliki *ajaran Kristus* tentang doa, dan itu adalah ajaran yang terbaik.
2. Orang Kristen memiliki *teladan Kristus* tentang doa, dan itu adalah teladan yang terbaik.
3. Orang Kristen memiliki *darah Kristus* dalam doa, dan itu adalah modal paling hebat untuk memohon.
4. Orang Kristen memiliki posisi dalam *doa syafaat Kristus*. Saat orang Kristen berdoa, Kristus berdua juga bagi dia, karena Dia hidup selama-lamanya untuk bersyafaat bagi kita.
5. Yang terakhir, dan inilah keunikan yang menjadi hak istimewa orang Kristen dalam doa yang lebih hebat daripada doa lain mana pun, orang Kristen memiliki *nama Kristus* yang dapat kita gunakan dalam doa.

Apa lagi yang masih kita butuhkan? Semua inilah yang membuat doa Kristen berbeda dengan doa-doa lainnya. Inilah yang menjadikan baptisan Kristen juga berbeda dengan semua bentuk penyucian atau pemurnian lainnya, karena baptisan Kristen adalah di dalam nama Yesus.

Yang pertama, *ajaran-Nya*. Wajar bahwa semua pemimpin agama mengajar pengikut mereka cara berdoa, dan memang mereka semua telah melakukannya dengan cara masing-masing. Buddha melakukannya, Muhammad melakukannya, Yohanes Pembaptis pun melakukannya. Pada suatu hari, para murid datang kepada Yesus dan bertanya, "Kami sudah berbulan-bulan bersama-Mu, tetapi mengapa Engkau belum juga mengajar kami untuk berdoa? Yohanes sudah melakukannya. Kami butuh ditolong untuk berdoa. Kapan Engkau akan mulai mengajar kami berdoa?" Lalu Yesus berkata, "Baik, Aku akan mengajar kamu berdoa," lalu demikianlah Yesus melakukannya. Saya yakin sebenarnya Yesus sudah menunggu-nunggu untuk murid-murid-

Nya itu meminta, maka itulah sebabnya Dia juga menunggu-nunggu Anda bertanya, "Tuhan, ajar aku, tolong aku, aku butuh ditolong." Tepat pada saat Anda meminta itulah Dia akan mulai mengajar Anda, tetapi Dia menunggu kesediaan Anda untuk datang sebagai murid. Begitu para murid meminta, Yesus mulai mengajar mereka.

Ajaran-Nya tentang doa adalah berbagai prinsip yang tidak tersusun rapi. Yesus tidak menyusun semuanya itu dalam bentuk buku panduan; Dia tidak berkhotbah panjang-panjang tentang doa atau menyampaikan khotbah berseri pada kebaktian Minggu malam tentang doa. Yang Yesus lakukan adalah memberikan berbagai petunjuk dan prinsip sejak saat itu, sambil mereka berjalan.

Dalam sebuah rombongan ziarah ke Israel, salah satu anggotanya berkata bahwa selama masa perjalanan ziarah dua minggu itu melintasi daerah Galilea mereka telah dimuridkan. Saya sangat tergugah dengan perkataannya itu; saya merasa itu adalah komentar yang sangat indah, karena kami menemukan bahwa secara alamiah tanpa pertemuan atau kebaktian yang diadakan secara khusus, kami membahas berbagai hal tentang Tuhan sehingga dengan demikian menerapkan pembelajaran yang didapat, kadang sambil mengambil dan mengamati sesuatu yang kami temui di tengah-tengah perjalanan, sama seperti saat Yesus mengajar. Itulah cara terbaik untuk belajar. Kini, saya akan menggabungkan berbagai ajaran-Nya dari berbulan-bulan masa itu, untuk Anda lihat dan coba terapkan, sehingga Anda dapat melihat seluruh pengajaran-Nya secara utuh. Yesus mengajarkan banyak hal tentang *bagaimana* cara berdoa; tetapi juga mengajarkan banyak hal tentang *apa* yang didoakan.

Yesus mengajarkan bagaimana cara berdoa
Yesus berkata bahwa kita harus berdoa dengan **ketulusan**. Memastikan bahwa doa kita berisi ketulusan adalah salah satu hal tersulit, apalagi dalam pertemuan-pertemuan doa berkelompok,

karena tidak mudah berdoa sesuai isi hati kita yang sesungguhnya. Namun, itulah sebabnya saya suka doa anak kecil yang kita bahas tadi. Doa itu berisi perasaan si pendoa yang sesungguh-sungguhnya. Doa itu tulus, doa itu nyata; tidak tersusun dalam struktur kata-kata yang rapi; tidak mengatakan hal-hal yang palsu. Hal pertama yang Yesus ajarkan dalam hal berdoa adalah kita harus berdoa dengan ketulusan, dan itulah sebabnya Dia mengajarkan bahwa ujian sebenarnya adalah doa kita saat sedang sendirian. Orang yang hanya mengucapkan hal-hal yang baik dan benar saat berdoa di hadapan orang lain adalah orang munafik. Yesus mengajarkan bahwa ukuran sebenarnya adalah apa yang kita katakan saat sedang sendirian, bagaimana kita berbicara dengan Tuhan saat itu, ketika tanpa buku doa dan tidak ada orang lain yang mendengar.

Yesus juga mengajarkan bahwa para murid-Nya harus berdoa dalam **kesederhanaan**. Dia berkata, "Jangan terlalu banyak berkata-kata." Saya yakin salah satu masalah terbesar dalam pertemuan doa bersumber dari orang-orang yang bisa berdoa, bukan yang tidak bisa berdoa, karena mereka yang bisa berdoa itu bisa berdoa terus tanpa berhenti! Saya ingat seorang saudara terkasih dalam pertemuan doa, yang berdiri untuk berdoa, lalu dia menginjak keran gas pada mesin radiator gas di aula gereja. Kami yang hadir saat itu mulai mencium bau gas. Dia terus saja berdoa tanpa ada tanda-tanda berhenti, dan saya jadi berpikir apakah saya bisa mengangkat kaki si pendoa lalu menutup keran gas itu, tetapi lalu dia berkata "amin"; kami semua langsung lari ke arah pintu keluar!

Yesus berkata, "Jangan berpikir doamu akan didengar karena kata-katamu panjang. Itulah yang dipikirkan oleh orang kafir, tetapi kamu jangan seperti mereka." Dia lalu mengajarkan kepada mereka doa yang singkat, bisa diucapkan dalam waktu satu menit saja. Dia mengajarkan bahwa kesederhanaan adalah kunci doa, sama seperti ketulusan. Doa yang sederhana tidak perlu didandani dengan banyak kata-kata indah; tidak perlu bertele-tele, tidak perlu heboh, tidak perlu banyak pepatah atau pantun. Saya juga ingat Gordon Bailey, yang saat berbicara tentang ketulusan dan kesederhanaan dalam hal doa, berkata, "Bisakah Anda membayangkan anak kecil yang jarinya terjepit pintu berkata, 'Papa, tolong cepat bantu aku!'?" Pasti tidak bisa. Kita perlu berbicara dengan Tuhan dengan cara yang sama dengan kita berbicara dengan ayah jasmani kita: tulus dan sederhana.

Kita perlu berbicara dalam **kerendahan hati**. Yesus menceritakan sebuah kisah tentang dua pria yang berdoa. Salah satunya sangat menikmati waktu doanya, dan dia berdoa *dengan dirinya sendiri*. Itulah sebabnya dia berpikir itu doa yang bagus, padahal doanya itu penuh dengan kata "aku" atau "saya". Dia berdiri di barisan depan dan berkata, "Tuhan, aku berterima kasih kepada-Mu karena aku tidak seperti orang-orang lain ini. Aku berpuasa dua kali seminggu, aku membayar persepuluhan dari segala sesuatu yang kumiliki." Yesus menceritakan bahwa pria itu sangat menikmati waktu doanya, tetapi hanya sejauh itulah jangkauan doanya. Doa itu hanya lahir dari pikirannya lalu menuju ke hatinya; dia menjadi amat senang dengan doanya. Namun, di barisan belakang, ada pria lain yang kondisinya buruk, yang memukul dadanya dan berkata dalam doanya, "Tuhan, kasihanilah aku, sebab aku ini orang berdosa." Tuhan berkata bahwa pria di barisan belakang itulah berhasil menjangkau Tuhan dengan doanya.

Berikutnya, berdoalah dengan **tekun**. Tetaplah bertahan, tetaplah mengetuk pintu itu. Ini bukan berarti Anda harus berdoa berpanjang-panjang, melainkan berdoa secara konsisten dan terus-menerus. Tetaplah meminta sampai Anda menjangkau Tuhan dan menerima jawaban-Nya.

Berdoalah dengan **bersungguh-sungguh**. Tetaplah berjaga-jaga, dan kadang, Anda perlu berpuasa. Yang penting bagi Yesus bukanlah panjangnya doa itu, melainkan kedalamannya.

Berdoalah dengan **kemurahan hati**. Bagaimana bisa Anda meminta Tuhan menunjukkan kasih-Nya kepada Anda jika

Anda sendiri tidak rela menunjukkan kasih-Nya kepada sesama? Bagaimana bisa Tuhan mengampuni Anda jika Anda sendiri tidak rela mengampuni sesama? Tidak bisa; lingkaran koneksinya tidak tersambung utuh, ada mata rantai yang putus. Anda hanya bisa menerima aliran kuasa dan kasih Tuhan ke dalam kehidupan Anda sejauh Anda rela mengulurkan tangan bagi sesama.

Berdoalah dalam **kesepakatan**. Ketika ada dua atau tiga orang bersepakat di bumi, Tuhan akan mendengarkan dan akan memberikan apa yang diminta. Salah satu cara yang baik untuk mengamankan doa kita adalah meminta orang lain untuk mendoakan hal yang sama bersama kita.

Yesus mengajarkan apa yang harus didoakan

Yesus mengajar para murid-Nya untuk mendoakan sesama. Menarik sekali bahwa Tuhan menggunakan contoh empat golongan orang perlu kita doakan, dan lucunya, yang kita sering lupa doakan. Golongan pertama tidak terlalu sering kita lupakan. Yesus mengajar para murid-Nya untuk mendoakan orang sakit, karena doa mengandung kuasa kesembuhan. Namun, golongan lain yang Yesus ajarkan untuk kita doakan adalah orang-orang yang dirasuk setan, yang terikat belenggu setan. Apakah Anda mendoakan golongan-golongan orang itu? Golongan ketiga yang Yesus ajarkan untuk kita doakan adalah para misionaris, yaitu pekerja-pekerja di ladang tuaian. Golongan keempat, menurut ajaran Yesus, adalah para musuh. Kita harus mendoakan musuh-musuh kita. Seberapa sering Anda mendoakan musuh Anda? Itulah golongan khusus yang Yesus perintahkan untuk kita doakan, dan Dia memberikan teladan yang sempurna dengan mati di kayu salib. 'Bapa, ampuni mereka, karena mereka tidak tahu apa yang mereka lakukan." Di dalam Alkitab, orang pertama yang mencontoh doa Yesus untuk musuh ini adalah Stefanus, dalam kondisi dirajam batu sampai akhirnya mati. Lalu, Yesus juga mengajar kita untuk mendoakan diri sendiri. Kita punya kebutuhan. Kita perlu mendoakan hal-hal praktis seperti kebutuhan sehari-hari dan pakaian. Kita perlu mendoakan pengampunan, karena setiap hari kita butuh diampuni. Kita perlu mendoakan pimpinan Tuhan. Kita perlu mendoakan diri kita saat mendapat godaan. Kita perlu mendoakan kuasa Roh Kudus. Semuanya ini perlu kita doakan bagi diri sendiri. Saya tidak tahu apakah Yesus juga pernah mengajar kita untuk mendoakan keamanan, kenyamanan, dan kerabat-kerabat kita; tetapi menurut saya tidak ada alasan untuk kita tidak mendoakan semua hal itu. Saya hanya menunjukkan hal-hal praktis yang Yesus ajarkan untuk kita doakan. Kita perlu memastikan untuk mendoakan hal-hal itu.

Yesus juga mengajar para murid-Nya untuk mendoakan kehendak Tuhan. Ada berbagai hal yang Tuhan inginkan. Dia ingin nama-Nya dikuduskan. Dia ingin kehendak-Nya terjadi. Dia ingin Kerajaan-Nya datang. Doakan hal-hal itu. Anda bisa membuat daftar dari Doa Bapa Kami berisi hal-hal yang perlu Anda doakan, untuk diri sendiri, untuk sesama, serta untuk kehendak Tuhan. Itu akan merupakan daftar yang baik. Nah, panduan pertama yang kita miliki dalam hal doa Kristen adalah ajaran Yesus sendiri. Sekarang, saya menyuruh Anda untuk mempelajari ajaran Yesus dalam Perjanjian Baru, lalu menandai setiap bagian yang Yesus katakan tentang doa dengan warna khusus yang sama. Anda akan belajar banyak hal dengan cara ini.

Dalam doa Kristen, kita tidak hanya memiliki *ajaran* Yesus, tetapi juga *teladan*-Nya. Yesus mempraktikkan apa yang Dia ajarkan. Saya tidak yakin saya menyukai kata "teladan", karena saya merasa Yesus berdoa bukan untuk menunjukkannya sebagai teladan atau contoh bagi kita. Menurut saya, Yesus berdoa karena Dia perlu berdoa. Namun, Dia memang merupakan teladan yang mulia. Saya akhirnya menyelidiki kehidupan Yesus untuk mencari polanya, lalu menemukan bahwa kehidupan doa Yesus tidak memiliki *pola*. Yesus memiliki pola kehadiran di sinagoge pada setiap hari Sabat, seperti pada umumnya dalam budaya-Nya saat itu. Namun, tidak pernah disebut bahwa Dia berdoa pada jam-jam tertentu setiap hari seperti yang biasa dalam budaya-Nya. Saya jadi bertanya-tanya, "Kapan tepatnya Yesus berdoa?" Saya lalu menemukan kejadian-kejadian Yesus berdoa. Berikut ini beberapa di antaranya.

Ketika menghadapi konflik yang hebat atau harus mengambil keputusan, Yesus berdoa. Ketika akan memilih dua belas rasul, Yesus berdoa semalaman. Ini bukan berarti Yesus selalu berdoa semalaman dan setiap malam, tetapi saat itu ada kebutuhan untuk mengambil keputusan penting, maka Yesus berdoa. Saya menemukan bahwa Yesus berdoa pada setiap waktu krisis dan momen penting kehidupan-Nya: baptisan-Nya, pemuliaan-Nya, sebelum kematian-Nya disalib.

Saya juga menemukan bahwa Yesus selalu berdoa ketika mengalami emosi yang penuh dan hebat, entah sukacita yang meluap-luap atau duka yang mendalam, semangat yang berapi-api, kemarahan yang meledak, atau sakit hati yang menusuk. Dia berdoa setiap kali emosi-Nya memuncak, apa pun emosi-Nya itu. Nah, ini salah satu petunjuk penting untuk kita berdoa: ketika kita merasakan emosi yang memuncak, kita perlu berdoa agar Tuhan menolong kita mengendalikan emosi itu. Ingatkah Anda ketika para murid kembali lalu berkata, *"Bahkan setan-setan pun takluk kepada kami,"* dengan emosi sangat bersemangat, heboh, dan penuh kegirangan? Yesus langsung mengubah kegirangan-Nya menjadi doa dan berkata, *"Aku bersyukur kepada-Mu, Bapa, Tuhan langit dan bumi, karena semuanya itu Engkau sembunyikan bagi orang bijak dan orang pandai, tetapi Engkau nyatakan kepada orang kecil."* Kegirangan itu begitu meluap-luap, sehingga Yesus harus berdoa.

Yesus belajar mengendalikan emosi dengan berdoa, dan membawa perasaannya langsung kepada Tuhan di dalam doa. Ini merupakan pola yang amat baik untuk kita ikuti, baik ketika kita sedang berada di puncak kegirangan maupun di dasar kesuraman.

Berikutnya, saya memperhatikan bahwa Yesus secara khusus berdoa ketika ada di tengah-tengah orang banyak, atau ketika sangat sibuk. Ketika ada banyak hal yang menekan dan mendesak diri-Nya, Yesus biasa mengambil waktu sesaat untuk berdoa dalam situasi itu.

Saya juga memperhatikan bahwa Yesus hampir selalu berdoa ketika akan mengerjakan mukjizat, ketika berhadapan dengan kebutuhan yang besar, ketika tahu bahwa ada kuasa yang akan keluar dari dalam diri-Nya, karena Dia membutuhkan pasokan sumber daya surgawi. Yesus berdoa sebelum menangani situasi yang ada.

Apakah pola yang saya tunjukkan ini jelas bagi Anda? Ini bukanlah pola rutin berdasarkan jam-jam tertentu, melainkan doa yang sejati yang terkait dengan kebutuhan yang nyata, situasi yang nyata, emosi yang nyata. Ini merupakan cara hidup, dan ini jelas tampak pada kehidupan Yesus. Dia mempraktikkan kehadiran, bukan menguasai cara teknisnya. Kadang Yesus berdoa pagi-pagi sekali, kadang pula larut malam, kadang semalaman, tetapi doa Yesus selalu terkait dengan kehidupan dan selalu sungguh-sungguh nyata.

Jika saya bertanya, "Di mana Yesus berdoa?" Yang saya temukan adalah, setiap kali memungkinkan bagi-Nya, Yesus menjauh dari orang-orang, dan karena Dia tidak punya rumah dan tidak punya kamar tidur sendiri, Yesus keluar ke alam terbuka. Selalu demikian. Saya menyarankan agar, jika masalah Anda adalah keluarga, atau Anda tinggal seatap bersama orang lain dan sulit mendapatkan ruang dan waktu sendirian, Anda berjalan ke alam terbuka bersama Yesus. Lakukan seperti yang Yesus lakukan; menjauhlah.

Semasa kehidupan-Nya sebagai manusia, Yesus tercatat dalam Alkitab berdoa dan menaikkan permohonan-Nya dengan seruan keras dan air mata, sehingga emosi-Nya yang terhubung dengan Tuhan itu terdengar.

Apa yang Yesus doakan? Yesus berdoa untuk orang lain. Kata-Nya, *"Tuhan, supaya mereka percaya bahwa Engkaulah yang mengerjakan ini, bahwa ini mendatangkan kemuliaan bagi-Mu.*

Aku berdoa untuk mereka." Dia juga berkata, *"Aku berdoa untukmu."* Namun, yang terutama, saya yakin Yesus berdoa untuk diri-Nya sendiri; dan jika Yesus saja butuh berdoa, adalah hal yang sembrono jika ada orang yang merasa tidak butuh berdoa. Yesus berdoa. Di mana? Kapan? Mengapa? Jawabannya ada di dalam Alkitab. Saya mengajak Anda untuk melihat doa Yesus di Yohanes 17. Inilah doa paling hebat yang Anda dapat dengar, sebuah doa Yesus yang utuh dan tercatat bagi kita. Yesus hanya peduli dengan dua hal: kemuliaan Bapa-Nya, dan pertumbuhan para pengikut-Nya. Doa yang luar biasa! Doa ini penuh dengan permohonan dan dicatat oleh pria yang 60 tahun setelahnya masih ingat dengan jelas setiap katanya, karena Yesus berdoa untuk kemuliaan Bapa-Nya dan pertumbuhan para pengikut-Nya. Ini merupakan dua hal yang sangat baik untuk didoakan.

Kita bukan hanya memiliki *ajaran* Yesus, bahkan *teladan* Yesus; kita juga memiliki *darah* Yesus ketika kita berdoa, karena memang kita amat membutuhkannya! Saya akan berikan sebuah ilustrasi kepada Anda. Kadang-kadang, saya melakukan suatu penanganan khusus pada mobil saya. Saya suka bekerja dengan tangan sendiri, dan pekerjaan demikian baik bagi saya. Kadang saya sudah berkotor-kotor dan berantakan dengan minyak, tetapi lalu baru sadar saya butuh sekrup atau baut tertentu. Lalu, apa yang saya lakukan? Saya mengetuk pintu dapur dan berkata, "Kamu ada rencana untuk pergi ke toko atau tidak?"

"Mengapa?"

"Yah, karena aku tidak bisa pergi ke toko sendiri dalam kondisi begini. Aku harus membersihkan diri cukup lama dulu, lalu baru bisa pergi membeli ini-itu. Sekarang aku kotor sekali, tidak bisa berjalan ke toko untuk membeli benda yang kubutuhkan." Ini ilustrasi yang sederhana dan agak lucu. Pernahkah Anda berpikir bahwa Anda sebenarnya tidak pantas datang kepada Tuhan dan meminta sesuatu kepada-Nya, karena Anda berantakan dan kotor? Nah, bagaimana caranya agar Anda pantas memasuki hadirat-Nya dan berdoa? *Siapakah yang boleh naik ke atas gunung*

Tuhan? - Orang yang bersih tangannya dan murni hatinya. Bagaimana seharusnya kondisi kita untuk tiba di hadirat Tuhan? Caranya sangat sederhana. Ada orang-orang yang menyebut ayat ini "sabun Kristen": *darah Yesus menyucikan kita dari segala dosa.* Ketika Anda berdoa, cucilah tangan Anda dan bersihkan hati Anda dengan darah Yesus.

Ada seorang tentara militer yang selalu mencuci tangan di kamar mandi sebelum membaca Alkitab. Saya sangat tersentuh mengetahui kebiasaannya itu, tetapi saya juga tidak merekomendasikannya untuk Anda lakukan. Namun, kebiasaan itu lahir dari kerinduan hatinya untuk datang kepada Tuhan dalam kondisi bersih. Ini hal yang sederhana. Kita memiliki darah Yesus, maka kita dapat datang memasuki hadirat-Nya tanpa takut; kita dapat mengenakan darah-Nya itu langsung meski kondisi kita kotor, lalu menjadi bersih, secara nyata. Siapa pun yang mengaku dosanya, Tuhan itu adil dan Dia akan mengampuni, lalu darah Yesus menyucikannya. Demikian pula, kita dapat dibersihkan menjadi suci.

Lalu, ada hal berikutnya. Kita memasuki alam yang juga berisi kejahatan. Kita memasuki alam surgawi dengan doa. Yang tidak dipahami banyak orang adalah Iblis bukan berada di dalam jurang neraka. Iblis ada di atas sana, di langit surgawi. Ini disebut dalam Efesus pasal 6. Begitu Anda masuk di dalam alam surgawi, alam roh, Anda akan sadar bahwa ada kejahatan di sana, dan Anda berada dalam pertempuran. Berdoa adalah tindakan maju ke garis depan pertempuran itu. Apa yang kita lakukan dengan hal itu? Di sinilah peran darah Yesus kembali penting. Tidak ada kuasa yang sehebat darah Yesus dalam perlawanan terhadap kejahatan. Tidak ada kuasa yang dapat menahan roh-roh jahat agar tidak maju menyerang kita selain darah Yesus. Darah Yesus bukan hanya menyucikan kita, melainkan juga melindungi kita dari segala kejahatan ketika kita berdoa dan berperang. Inilah hal lain yang tidak ada di agama lain mana pun, karena tidak ada agama lain yang memiliki darah Yesus.

Doa melalui Sang Putra

Yang keempat, kita memiliki posisi di dalam *doa syafaat* Yesus. Pada Hari Kenaikan Yesus, kita mengingat kembali hal yang paling ajaib. Orang-orang dan banyak ensiklopedia berkata bahwa Yuri Gagarin adalah orang pertama yang berhasil tiba di luar angkasa. Ini informasi sampah! Mungkin yang pertama adalah Henokh, dan Elia pun pernah naik ke luar angkasa. Yuru Gagarin jelas tidak. Yuri Gagarin harus membawa bungkusan bekal dari bumi, termasuk pasokan atmosfer bumi dan makanan, untuk pergi ke luar angkasa.

Namun, Yesus Kristus saat kenaikan-Nya (saya pun pernah berdiri di titik itu di Bukit Zaitun) naik langsung ke luar angkasa dengan cepat dan tanpa susah payah, seperti saya menuliskan buku ini. Yesus langsung naik ke luar angkasa, menembus langsung ke langit yang tertinggi, lalu duduk di ruang pusat kendali semesta. Di situlah kini Dia sedang duduk. Apa yang sedang Yesus lakukan di sana, selain mengendalikan segala sesuatu yang terjadi, mengendalikan semua pemerintah dan penguasa, memegang otoritas dan kuasa di langit dan di bumi, yang telah diberikan kepada-Nya? Yesus berdoa untuk Anda, untuk kita. Meski mungkin tidak ada orang lain yang berdoa untuk diri kita, Yesus berdoa untuk kita. Bukankah hal itu indah? Ketika kita berdoa, kita bersatu dalam doa dengan doa-Nya, karena Dia berdoa senantiasa dan bersyafaat selalu untuk kita. Di bumi pun Yesus melakukannya. Dia berkata, "***Simon, Simon, lihat, Iblis telah menuntut untuk menampi kamu seperti gandum, 32tetapi Aku telah berdoa untuk engkau.***" Apakah menurut Anda Yesus berhenti berdoa untuk Simon ketika Dia kembali ke surga? Sama sekali tidak. Yesus tetap saja terus berdoa. Yesus senantiasa hidup dan bersyafaat, maka kita selalu ada dalam posisi didoakan, dan kita sama sekali tidak perlu merasa terlupakan. Jika Anda orang Kristen, Kristus sedang bersyafaat untuk Anda. Dia sama sekali tidak melupakan satu pun dari semua pengikut-Nya, dan kita dapat memegang kebenaran ini.

Ada dua hal yang perlu kita catat di sini. Pertama, simpati

Yesus. Yesus berdoa dengan simpati yang amat dalam. Mengapa? Karena Yesus pernah menjadi dan memang manusia. Suatu ketika, seorang wanita beragama Katolik Roma datang menghadiri kebaktian di gereja kami. Kami mengobrol, lalu saya berkata kepadanya, "Mengapa Anda berdoa kepada Maria?" Wanita itu menjawab dengan tulus dan sederhana, "Karena Maria itu manusia." Nah, Yesus juga manusia, dan Dia mengerti. Kalau kita terlalu berfokus pada ketuhanan-Nya hingga melupakan kemanusiaan-Nya, seperti yang sering terjadi pada banyak orang Kristen, Anda perlu mencari-cari sosok manusia lain di surga, agar dapat merasa doa Anda dimengerti.

Saya tidak berdoa kepada Maria, karena memang saya tidak perlu berdoa kepada dia. Saya berdoa kepada Yesus, yang juga manusia dan yang mengerti kita. Yesus pun pernah dicobai, sama seperti saya, maka Dia memiliki simpati yang mendalam.

Suatu ketika, salah satu kawan saya mengadakan pertemuan ibadah di sebuah gereja Metodis di Australia. Pada akhir pertemuan, dia mengundang siapa pun yang memiliki kebutuhan untuk datang dan berlutut di depan pagar altar dan meminta Yesus untuk memenuhi kebutuhan itu. Lalu, seorang biarawati yang memakai jubah hitam dan putih maju dan berkata, "Tuhan Yesus, penuhi aku dengan Roh Kudus. Kalau tidak, aku akan adukan Engkau kepada ibu-Mu!" Doa yang luar biasa! Saya dapat memberi tahu Anda bahwa Yesus tidak mau wanita itu berdoa kepada ibu-Nya lagi, karena Dia langsung menjawab doa itu. Yesus memenuhinya dengan Roh Kudus, saat itu juga dan tepat di situ.

Yesus bersimpati dengan mendalam. Kita tidak membutuhkan siapa pun lainnya di surga. Kita tidak membutuhkan orang-orang kudus. Kita tidak membutuhkan siapa pun. Kita telah mempunyai satu Imam Besar yang agung, yang mengetahui segala kelemahan kita dan mengerti segala pergumulan kita, termasuk yang terburuk dan terhina, karena Dia telah melewati semuanya itu. Betapa istimewanya sosok yang kita miliki ini: Imam Besar yang bersimpati dan memberi pertolongan! Dia ada di pihak kita, tetapi

Doa melalui Sang Putra

Dia juga ada di pihak Tuhan. Hanya ada satu Perantara di antara Tuhan dan manusia: Yesus Kristus Sang Manusia. Dia kini berada di ruang pusat kendali semesta dan bersyafaat bagi kita.

"Karena itu, Ia sanggup juga menyelamatkan dengan sempurna semua orang yang melalui Dia datang kepada Allah. Sebab Ia hidup senantiasa untuk menjadi Pengantara mereka." (Ibrani 7:25)

"Kristus Yesus, yang telah mati? Bahkan lebih lagi: Yang telah bangkit, yang juga duduk di sebelah kanan Allah, yang malah menjadi Pembela bagi kita?" (Roma 8:34)

"... jika seseorang berbuat dosa, kita mempunyai seorang pengantara kepada Bapa, yaitu Yesus Kristus yang adil." (1 Yohanes 2:1)

Semuanya ada tercatat dalam tulisan setiap penulis Perjanjian Baru. Ada lagu yang berjudul ***Jesus the crucified pleads for me*** (Yesus yang Tersalib Itu Berdoa bagiku), dan judul ini amat tepat. Lagu yang sangat indah. (Ada lagu lain juga yang nadanya sangat indah; judulnya ***Crucifixion*** - Penyaliban, karya Stainer)

Anda masih memiliki satu hal lain di dalam doa Kristen, yang tidak dimiliki siapa pun lainnya. Pada suatu malam dalam sejarah, doa sepenuhnya berubah. Itulah malah sebelum Yesus mati. Lima kali pada malam itu, Dia mengatakan sesuatu tentang doa, yang mengubah doa bagi jutaan manusia. Sebelumnya, sepanjang masa tiga tahun kehidupan-Nya, Dia tidak pernah mengatakan hal-hal itu. Yesus berkata:

"Kamu bisa meminta apa pun kepada Bapa menggunakan nama-Ku, maka Aku akan melakukannya. Permintaan seperti ini mendatangkan kemuliaan bagi Bapa, karena apa yang akan Kulakukan sebagai Anak-Nya untukmu. Mintalah saja apa pun dalam nama-Ku, dan Aku akan melakukannya." (Yohanes 14:13-14, terjemahan bebas).

MEMPRAKTIKKAN PRINSIP-PRINSIP DOA

"Jikalau kamu tinggal di dalam Aku dan firman-Ku tinggal di dalam kamu, mintalah apa saja yang kamu kehendaki, dan kamu akan menerimanya." (Yohanes 15:7)

"Aku telah menetapkan kamu, supaya kamu pergi dan menghasilkan buah dan buahmu itu tetap, supaya apa yang kamu minta kepada Bapa dalam nama-Ku, diberikan-Nya kepadamu." (Yohanes 15:16)

"Pada hari itu kamu tidak akan menanyakan apa-apa kepada-Ku. Sesungguhnya Aku berkata kepadamu: Segala sesuatu yang kamu minta kepada Bapa, akan diberikan-Nya kepadamu dalam nama-Ku. Sampai sekarang kamu belum meminta sesuatu pun dalam nama-Ku. Mintalah maka kamu akan menerima, supaya penuhlah sukacitamu." (Yohanes 16:23)

Yesus telah mengajar murid-murid-Nya berdoa, tetapi sebelumnya Dia tidak pernah mengatakan hal-hal ini. Pada malam sebelum Dia mati, Dia mengajar mereka bahwa sejak saat itu ada hal baru di dalam kehidupan doa mereka. Sejak saat itu mereka harus menggunakan nama-Nya. Apa maksud-Nya? Konyol jika kita berpikir Yesus hanya memberikan label nama "Yesus" atau mantra "dalam nama Tuhan Yesus Kristus" untuk kita gunakan setiap kali berdoa sebagai jaminan bahwa doa kita akan dikabulkan. Itu sama saja dengan label di paket kiriman barang. Bukan itu maksud Yesus!

Penjelasan terbaik saya adalah melalui dua penggunaan nama yang paling umum, yang menurut saya akan menolong Anda untuk memahaminya. Pertama, bayangkan saya sedang mengulurkan buku cek saya di hadapan Anda. Pada saat itu, jika saya mengisi cek itu untuk Anda, cek itu pasti tidak ditolak. Lembaran kertas cek itu tidak bernilai kecuali ada nama tertentu yang tertulis di situ. Berikutnya, saya ingin Anda membayangkan dua hal lain. Saya ingin Anda membayangkan nama saya terkait dengan rekening yang sudah kehabisan saldo, sudah ada penarikan dengan jumlah berlebihan hingga saldonya minus, dan bank sudah menyurati saya untuk memberitahukan hal ini. Saya tidak bisa lagi menarik uang dari rekening itu. Dalam situasi seperti itu, jika saya menuliskan nama saya pun, lalu cek itu saya serahkan kepada Anda, tidak akan terjadi pencairan uang. Pencairan uang tergantung pada rekening yang terkait dengan nama yang tercantum di cek itu. Jika kondisi rekening saya saat itu baik-baik saja, saya dapat berkata kepada Anda ketika Anda memiliki suatu kebutuhan, "Saya akan berikan cek untuk Anda. Saya akan tuliskan nama saya di cek itu, lalu Anda bisa mengisi sendiri angka uangnya. Silakan, ambil saja cek ini, cairkan uangnya, supaya Anda bisa membereskan kebutuhan Anda." Cek tanpa nama yang terkait dengan rekening yang sehat tidak berguna sama sekali.

Sekarang, bayangkan prinsip ini pada "bank surga". Sederhananya, tidak ada nama lain mana pun yang terkait dengan rekening di bank surga. Tidak satu pun -- kecuali nama Yesus. Tidak ada nama lain yang memiliki saldo positif di surga; semua orang lain memiliki rekening bersaldo minus di surga. Dalam bahasa Inggris, bagian yang berbunyi "ampunilah kami dari kesalahan kami" dalam doa Bapa Kami berbunyi, *Forgive us our debts.* "*Debt*" berarti utang. Itu tepat, karena kita semua memang berutang kepada Tuhan. Kita telah menarik kebaikan Tuhan jauh lebih dari memberikan kebaikan kepada Dia, maka nama Anda dalam sebuah doa tidak akan meloloskan doa itu ke surga, karena saldo rekening surga Anda sudah minus. Nama Anda bahkan telah dicoret dengan garis merah ganda. Syukurlah, ada seseorang yang memiliki rekening bersaldo positif di surga, dan segala sesuatu adalah milik-Nya: Yesus. Segalanya adalah milik-Nya! Segala sesuatu adalah oleh Dia, bagi kemuliaan-Nya, harta emas dan perak adalah milik-Nya, hewan-hewan ternak di semua bukit adalah milik-Nya, dan saldo rekening-Nya di surga positif. "Jika kamu meminta dalam nama-Ku" berarti dengan "tanda tangan"-Nya, "cek" itu tidak akan ditolak. Saldo rekening surgawi Yesus positif, dan di surgalah letak harta yang sejati itu. Jika Anda menggunakan nama Yesus, Anda akan menerima apa yang Anda minta. Ini adalah janji yang luar biasa. Apakah ini berarti Yesus memberi kita buku cek yang siap diisi, yang setiap lembar ceknya telah ditandatangani dan dicap dengan meterai nama-Nya, maka kita bisa mengisi lembar-lembar cek itu sesuka kita, lalu menyetorkannya ke surga? Bukan itu artinya, dan tidak demikian cara kerjanya. Jika Anda pernah mencoba cara itu, tidak heran bahwa upaya Anda tidak berhasil.

Bertahun-tahun lalu, pada era menjelang keruntuhan Uni Soviet, ada 300.000 nama dalam petisi yang diajukan kepada pihak kedutaan besar Uni Soviet oleh seorang anggota parlemen, Michael Alison, tetapi petisi berisi hampir sepertiga juta nama itu ditolak oleh pihak kedutaan besar. Tidak ada satu nama pun dari semua nama itu yang dapat meloloskan petisi itu. Namun, bayangkan sesaat jika ada satu nama penting pada awal daftar nama dalam petisi itu, yaitu nama Brezhnev, sang pemimpin Uni Soviet pada saat itu. Tentu tidak mungkin nama-nama lain masih dibutuhkan. Satu nama itu saja cukup untuk meloloskan petisi kepada pihak kedutaan besar! Nama Yesus adalah seperti tanda tangan yang telah dibubuhkan di setiap lembar dalam buku cek, dan itulah tanda tangan yang paling Anda butuhkan dalam permohonan Anda.

Nah, kemudian, apa yang perlu Anda doakan dalam nama Yesus? Berdoa adalah membawa permohonan Anda kepada Yesus dan berkata, "Yesus, maukah Engkau menandatanganinya?" Anda hanya perlu satu nama dalam permohonan Anda, maka permohonan itu akan diterima, asalkan itu permohonan yang membuatnya senang untuk menandatanganinya. Jika permohonan Anda itu lolos kepada Bapa-Nya, dengan nama-Nya, Anda tidak membutuhkan nama lain mana pun. "Apa pun yang kamu minta dalam nama-Ku" membawa pertanyaan, "Apakah Anda dapat membuat Yesus menandatangani permohonan Anda?"

Ada permohonan-permohonan yang tidak mungkin Yesus

tanda tangani. Yakobus dan Yohanes adalah dua saudara nelayan. Mereka berdua ingin membawa permohonan mereka kepada Tuhan, lalu datang kepada Yesus meminta tanda tangan-Nya di permohonan itu. Mereka berkata, "Nanti saat Kerajaan Allah datang, kami ingin mendapat dua posisi utama, yaitu kursi utama kiri dan kursi utama kanan." Yesus tidak mungkin menandatangani permohonan itu dan meloloskannya. Maka, dua saudara itu tidak dapat mendoakan permohonan itu dalam nama Yesus, sehingga tidak berhasil membawa permohonan itu kepada Tuhan. Maka, berdoa *dalam nama Yesus* berarti berhenti sejenak dan bertanya, "Yesus, dapatkah Engkau menandatangani yang kuminta ini? Maukah Engkau mencantumkan nama-Mu di permohonan ini? Nama-Mu adalah satu-satunya nama yang akan meloloskan permohonan ini." Yesus mengajarkan, "Jika kamu bisa mendapatkan tanda tangan-Ku, kamu akan mendapatkannya."

Inilah masalah sekaligus keistimewaan doa Kristen. Jika Anda bisa membuat Yesus mencantumkan nama-Nya pada permohonan Anda, Anda pasti akan mendapatkannya. Ada banyak permohonan yang akan Yesus tanda tangani dengan senang hati jika kita membawanya kepada Dia. Ada banyak doa yang akan Yesus lanjutkan kepada Bapa dengan senang hati jika kita memintanya kepada Dia. Ada pula doa-doa lain yang akan dijawab Yesus, "Aku tidak mungkin menandatanganinya." Ada satu kejadian ketika Yesus sendiri tergoda untuk menaikkan permohonan, lalu Dia sadar bahwa Dia tidak dapat menandatangani permohonan-Nya sendiri. Dia berkata, *"Ya Bapa-Ku, jikalau sekiranya mungkin, biarlah cawan ini lalu dari hadapan-Ku."* Saat itu, Yesus sadar bahwa Dia tidak mungkin mencantumkan nama-Nya pada doa itu, maka Dia mengesampingkan doa itu dan menaikkan doa yang lain, *"... tetapi janganlah seperti yang Kukehendaki, melainkan seperti yang Engkau kehendaki."* Dia mencantumkan nama-Nya pada doa yang berikutnya itu, lalu Tuhan menjawabnya dan melakukan kehendak-Nya melalui Yesus.

MEMPRAKTIKKAN PRINSIP-PRINSIP DOA

Doa kita adalah dalam nama Yesus, dan nama itu bukanlah seperti cap meterai yang terbuat dari karet. Bapa tidak mungkin berkata tidak kepada tanda tangan Yesus pada sebuah permohonan, dan itulah sebabnya kita berdoa melalui Yesus kepada Bapa. Ada orang yang pernah berkata kepada saya, "Berdoa melalui Yesus kepada Bapa terasa seperti berjarak dan jauh dari Tuhan." Sebenarnya, justru sebaliknyalah yang terjadi. Jika Anda berdoa melalui Yesus, Anda akan merasa lebih dekat dengan Tuhan daripada tidak menggunakan nama-Nya. Mengapa? Karena Yesus *adalah* Tuhan. Itulah sebabnya Anda dapat berdoa kepada Yesus, orang-orang datang berdoa kepada Dia dan menyembah Dia, dan Yesus menerima penyembahan mereka - karena Dia adalah Tuhan. Maka, ketika kita berdoa melalui Yesus, kita bukan hanya berdoa melalui manusia yang bersimpati, melainkan berdoa melalui Anak Tuhan sendiri, yang berarti kita berdoa langsung kepada Tuhan.

Doa Kristen adalah melalui Yesus kepada Bapa; menggunakan nama Yesus, darah Yesus, melibatkan syafaat Yesus, berdasarkan ajaran Yesus, dan dari teladan Yesus. Itulah doa **Kristen**, berpusat pada Yesus **Kristus**. Intinya adalah Kristus, maka kita dapat datang dan berkata, "Bapa, Engkau adalah Bapa Yesus, dan melalui Yesus saya datang kepada-Mu." Tidak ada manusia yang dapat datang kepada Bapa, tetapi melalui Yesus, kita tiba kepada Bapa. Kita berkomunikasi dengan Tuhan. Sebagian orang berkata, "Saya kesulitan membayangkan rupa Tuhan, saya tidak dapat membayangkan-Nya. Memang kita diajar untuk menyebut Tuhan sebagai Bapa, tetapi saya tidak dapat melihat wajah-Nya. Bagaimana caranya melihat Dia?" Jawabannya: mulailah berbicara dengan Yesus. Mintalah Yesus untuk memperkenalkan Anda kepada Bapa-Nya, lalu lihatlah apa yang terjadi. Jangan langsung memanggil "Tuhan", panggillah dahulu "Yesus". Katakan saja, "Yesus, maukah Engkau membawa-Ku kepada Bapa-Mu, dan memberikan tanda tangan-Mu di permohonan ini?"

3

DOA DI DALAM ROH

Tidak ada bagian dalam Alkitab yang berkata bahwa doa itu mudah, karena memang doa bukanlah sesuatu yang alamiah. Doa hanyalah alamiah ketika dalam situasi darurat, tetapi dalam kehidupan normal sehari-hari dengan hal-hal yang sedang berjalan baik-baik saja doa itu tidak alamiah, bahkan suatu kesusahan yang berat. Ayat Alkitab justru berkata, "***Kita tidak tahu bagaimana kita harus berdoa...*** Kita mencoba berdoa, lalu menjadi sadar betapa kurangnya pemahaman kita akan doa. Tentu saja, jika Anda belum pernah mencoba berdoa, Anda mungkin berpikir Anda bisa berdoa; tetapi jika Anda sudah pernah mencoba berdoa, Anda tahu bahwa Anda tidak mampu berdoa. Kita membutuhkan pertolongan. Semasa kehidupan Yesus sebagai manusia, orang dapat mendatangi Yesus dan meminta pertolongan-Nya. Orang mudah saja berkata, "Tuhan, ajarlah kami berdoa, kami membutuhkan pertolongan." Namun, saat Yesus meninggalkan bumi, Dia berkata, "Lebih berguna bagi kamu, jika Aku pergi. Sebab jikalau Aku tidak pergi, Penolong itu tidak akan datang kepadamu. Dia akan menolongmu dengan lebih baik daripada yang Aku dapat lakukan." Yesus mengutus Roh Kudus, dan salah satu hal yang dilakukan Roh Kudus adalah menolong kita tepat pada titik kebutuhan terbesar kita, yaitu kebutuhan untuk berdoa. "***Sebab kita tidak tahu, bagaimana sebenarnya harus berdoa***"; tetapi kata-kata lainnya dalam ayat itu berbunyi, "***Roh membantu kita dalam kelemahan kita.***" Bukankah ini amat sangat indah?

Sadarkah Anda bahwa Tuhan tidak ingin Anda kesulitan, dan Dia ingin menolong Anda? Bapa ingin menolong dengan senantiasa mendengarkan kita, Anak ingin menolong dengan berdoa syafaat bagi kita senantiasa serta mencantumkan tanda tangan-Nya pada permohonan kita, dan semua pertolongan ini belum berakhir, Roh Kudus pun ingin menolong dengan membawa doa kita agar naik pada posisi yang benar. Pertolongan lain apa yang Anda masih butuhkan selain Roh Kudus sendiri berdoa di dalam Anda, Yesus menantikan untuk menangkap doa itu lalu meneruskannya, lalu Bapa menantikan untuk menerima doa itu? Orang Kristen telah memiliki segala pertolongan yang dibutuhkan, asal saja dia memanfaatkan semuanya itu.

Kata depan yang digunakan dalam konteks ini sangat penting: kita berdoa *kepada* Bapa, *melalui* Anak, *dalam* Roh Kudus, *melawan* Iblis, *bersama* orang-orang kudus, *oleh* diri kita sendiri.

Bagaimana cara kita berdoa di dalam Roh? Ada dua teks Alkitab. Di Efesus 6:18, sebagai kelanjutan dari pembahasan tentang selengkap senjata Allah, dikatakan, *"Dengan segala doa dan permohonan, berdoalah setiap waktu di dalam Roh,"* - ini bukanlah doa yang biasa-biasa saja, ini adalah *dengan* segala doa dan permohonan. Maka, berdoa di dalam Roh merupakan dimensi tambahan pada "segala doa dan permohonan". Mungkin kita tidak dapat menembus lebih daripada batasan segala doa dan permohonan kita, tetapi kini kita membahas dimensi tambahan, yaitu berdoa di dalam Roh, dengan segala doa. Dengan kata lain, dimensi tambahan ini harus ada pada setiap doa lainnya. Surat Yudas, yang singkat tetapi sangat menarik serta sangat relevan bagi kita saat ini, berkata, *"... berdoalah dalam Roh Kudus."* Sebenarnya, berdoa di dalam Roh adalah lebih penting daripada berdoa di dalam kamar tidur, di dalam gereja, atau di mana pun lainnya. Tempat terbaik untuk berdoa adalah di dalam Roh Kudus. Itulah tempat yang dapat langsung kita masuki, di mana pun kita berada: di kantor, saat menyetir di dalam mobil, di mana saja. Itulah lingkup doa; di mana pun gedungnya atau ruangannya, yang terpenting adalah lingkupnya - asalkan kita berdoa di dalam Roh.

Sebelumnya, saya telah menyebutkan banyak masalah yang

kita alami dalam hal doa. Ada masalah sulitnya berbicara dengan sosok yang tidak dapat kita lihat, dengar, atau sentuh; sulitnya mengetahui harus berkata apa saat sedang berdoa; sulitnya ketika kita ingin meminta sesuatu yang tidak benar-benar kita butuhkan atau mungkin bahkan yang buruk bagi kita; serta sulitnya berkonsentrasi karena pikiran yang berkeliaran. Daftar masalah semacam ini memang panjang sekali, tetapi salah satu masalah yang paling mendasar adalah sulitnya tahu harus berkata apa. Ketika para murid berkata, *"Tuhan, ajarlah kami berdoa,"* mereka berkata: Tuhan, ajarkan sebuah doa kepada kami. Tolong berikan serangkaian kata-kata doa untuk kami pakai. Tolong buatkan doa untuk kami, karena saat sedang berdoa kami sebenarnya tidak tahu harus berkata apa, kami tidak mengerti harus menyusun kata-kata yang bagaimana. Lalu, doa Bapa Kami diberikan sebagai jawaban atas permintaan itu.

Apa yang harus kita katakan? Di wilayah Timur Tengah, meskipun mungkin kita tahu akan berkata apa kepada seseorang, jika hendak menulis surat kita harus mendatangi orang yang duduk di sudut jalan yang memegang pena dan wadah tinta berbahan tembaga. Orang itu adalah tokoh yang mengagumkan: sang "penulis surat". Dia mempunyai kertas, dia mengambil pena, kita mendiktekan kata-kata ke telinganya, lalu dia menuliskan kata-kata itu untuk kita. Seorang penulis surat seolah berkata kepada kita: Anda tidak mampu mengungkapkan maksud Anda, katakan saja apa yang ingin Anda katakan, lalu saya akan menggubahnya untuk Anda dan mengirimkannya bagi Anda. Menurut saya, Roh Kudus adalah sang penulis surat ilahi. Roh Kudus menampung apa yang ingin kita katakan tetapi tidak dapat kita ungkapkan, menuliskannya untuk kita dan mengirimkannya bagi kita. Ini adalah hal yang amat indah; kita memiliki penulis surat yang tinggal di dalam kita setiap saat.

Doa di dalam Roh memiliki dua aspek yang berbeda. Saya akan menjelaskannya kepada Anda. Ada doa di dalam Roh, yang terjadi ketika Roh Kudus mengambil alih kendali atas pikiran kita dan memberikan kepada kita pikiran-pikiran yang benar, yang kemudian kita bertanggung jawab untuk mengungkapkannya. Itu merupakan salah satu jenis doa di dalam Roh: kita mendoakan apa yang diletakkan oleh Roh Kudus di dalam pikiran kita. Ada pula jenis doa di dalam Roh yang lainnya, yang terjadi ketika Roh Kudus tidak memakai pikiran kita sama sekali tetapi mengambil alih kendali atas mulut kita, lalu kita bertanggung jawab untuk menggerakkan mulut dan lidah kita. Pada jenis yang kedua ini, peran kerja sama kita hanyalah menggunakan mulut kita. Sekali lagi, pada jenis yang pertama, Roh Kudus bergerak di dalam pikiran kita dan kita mengambil tanggung jawab untuk menerjemahkan isi pikiran menjadi ucapan mulut kita. Pada jenis yang kedua, tanggung jawab kita adalah mengabaikan pikiran kita dan mengizinkan Roh Kudus menggerakkan serta menggunakan mulut kita. Jenis doa di dalam Roh yang kedua ini sangat sulit bagi sebagian orang, tetapi jika telah dikuasai, merupakan doa yang sangat indah. Keduanya merupakan doa di dalam Roh. Tanpa berdoa di dalam Roh, doa menjadi pemberitahuan saja kepada Tuhan tentang apa yang kita rasakan sebagai keinginan atau kebutuhan dalam situasi itu, yaitu keluar dari pikiran kita sendiri *dan* mulut kita sendiri. Kita bisa saja menaikkan doa itu melalui Yesus kepada Bapa. Namun, jika kita berdoa di dalam Roh, dengan salah satu dari kedua jenisnya, Roh Kuduslah yang memberikan pikiran yang tepat untuk diungkapkan, atau mengendalikan pikiran kita dan memberikan kata-kata yang tepat untuk diucapkan. Roh Kudus bukan berdoa *menggantikan* kita. Alkitab berkata bahwa Dia *membantu* kita dalam kelemahan kita; Dia bukan mengambil alih tanggung jawab itu menggantikan kita.

Ada satu masalah besar yang dialami banyak orang tentang berdoa di dalam Roh. Seorang wanita terkasih pernah berkata kepada saya, "Saya sudah lama berdoa untuk mendapat karunia doa di dalam bahasa lain." Saya pun bertanya, "Apa yang selama ini Anda lakukan?" Dia bercerita, "Yah, saya berlutut di samping tempat tidur, saya meminta berulang-ulang, lalu saya membuka mulut. Saya menunggu-nunggu agar ada sesuatu yang muncul, tetapi tidak ada apa-apa yang terjadi." Saya tidak kaget. Jika cara demikian itu juga Anda lakukan, Anda akan mengerti mengapa tepatnya tidak ada apa-apa yang terjadi. Roh Kudus tidak berdoa *menggantikan* kita. Dia *menolong* kita, bahkan sebenarnya Dia berdoa *bersama* kita. Kita perlu bekerja sama dengan Dia untuk berdoa di dalam Roh. Kata depan bahasa Yunani yang digunakan dalam Roma pasal 8, pada ayat yang berkata bahwa kita tidak tahu bagaimana sebenarnya kita harus berdoa dan Roh membantu kita dalam kelemahan kita, menunjukkan bahwa Roh bukan membantu *mengeluarkan* kita dari kelemahan itu, melainkan Dia menolong kita *di dalam* kelemahan itu dan dengan adanya kelemahan itu, serta memampukan kita untuk mengatasi kelemahan itu. Itulah peran indah yang Roh Kudus lakukan.

Sekarang, mari kita mengamati pengaruh Roh Kudus pada pikiran. Inilah yang saya sebut doa mental, yaitu doa di dalam pikiran, ketika pikiran kita sepenuhnya terlibat dengan pemikiran-pemikiran sadar, yang dengan cara tertentu diletakkan oleh Roh Kudus di dalamnya, entah melalui suatu kesan, suatu beban di hati, suatu ingatan, atau suatu situasi. Yang jelas, Tuhan sendirilah, Roh Kudus, yang telah meletakkannya di dalam pikiran kita untuk harus kita doakan. Ketika Anda tidak tahu apa yang harus didoakan, mengapa Anda tidak bertanya saja kepada Dia untuk memberi tahu Anda hal-hal yang harus didoakan? Ketika Anda tahu ada orang yang memiliki kebutuhan tetapi Anda tidak tahu kebutuhannya itu, mengapa Anda tidak bertanya saja kepada Dia untuk memberi tahu Anda kebutuhan orang itu? Anda akan takjub menemukan betapa seringnya Roh Kudus dapat meletakkan pemikiran tertentu di dalam pikiran Anda, yang sangat tepat untuk orang itu, meskipun itu bukanlah kebutuhan yang tampak jelas di luar.

Ketika kita berdoa di dalam Roh dengan doa mental demikian, otak kita terlibat dan pikiran kita aktif. Roh Kudus menolong kita bukan hanya dengan pikiran, melainkan juga dengan hati dan kehendak, maka seluruh diri Anda digerakkan. Namun, ada tiga masalah dalam hal ini. Yang pertama adalah masalah hati. Kadang kita tidak terlalu ingin berdoa. Sederhananya, kita cenderung melakukan hal-hal yang ingin kita lakukan. Di mana ada kemauan, di situ ada jalan. Inilah masalah yang pertama, yaitu hati. Kita kurang ingin berdoa. Yang kedua, masalah pikiran. Pikiran kita cenderung berkeliaran ke mana-mana, sulit berkonsentrasi. Saya pun sulit untuk tidak memikirkan pertandingan sepakbola kemarin! Masalah ketiga adalah soal kehendak. Ini semata-mata soal disiplin. Saya bisa mati-matian berusaha membangun keinginan dan perasaan, saya bisa mati-matian berusaha menjaga pikiran untuk tetap berfokus, dan saya bisa mati-matian berusaha mendisiplin kehendak saya. Namun, keinginan, fokus pikiran, dan tekad ini tidak akan mudah dikendalikan; kita harus memiliki kepribadian yang sangat kuat untuk mengendalikannya.

Tepat pada titik inilah Roh Kudus berkata, "Izinkan Aku menolongmu dalam ketiga masalah itu. Izinkan Aku memberimu hasrat untuk berdoa, pengertian dalam doamu, dan ketekunan dalam berdoa." Pernahkah Anda berpikir untuk meminta ketiga hal itu? "Tuhan, berikan kepada saya gairah sehingga hati saya ingin berdoa, pengertian supaya pikiran saya tahu apa yang harus didoakan, dan ketekunan supaya saya tetap berdoa dan meminta sampai menerimanya." Roh Kudus ingin terlibat dalam seluruh diri Anda, dan menolong Anda pada ketiga area masalah itu.

Kita akan selalu mengenali ketika orang berdoa di dalam Roh, meskipun pikiran mereka sendiri terlibat juga dan sedang berpikir keras. Tandanya ada tiga: Pertama, kehendak Bapa akan terjadi, karena Roh Kudus menolong kita dalam kelemahan kita dan berdoa bersama kita menurut kehendak Bapa. Perhatikan sesuatu yang inti di sini: jangan tambahkan kata-kata "jika itu sesuai kehendak-Mu" sebagai semacam penutup atau kalimat akhir wajib pada doa Anda. Sebaliknya, kita perlu mengenal kehendak Tuhan dan mendoakan kehendak Tuhan itu. Jika Anda berdoa di dalam Roh, Anda akan mengenal kehendak Tuhan. Roh Kudus berdoa menurut kehendak Bapa, dan ketika Dia menolong pikiran Anda dalam berdoa, Anda akan mengenali kehendak Bapa dengan jelas di dalam pikiran Anda. Anda akan membuktikan bahwa itu kehendak Bapa. Itulah yang baik dan berkenan dan sempurna.

Kedua, jika itu adalah doa di dalam Roh dan itu adalah doa mental, kemuliaan Yesus pun akan ada di situ. *"Ia akan memuliakan Aku,"* kata Yesus tentang Roh Kudus. Anda akan menemukan bahwa orang yang berdoa di dalam Roh dalam pikirannya akan meninggikan Tuhan Yesus. Itulah perubahan lain yang Dia kerjakan pada pikiran orang yang berdoa di dalam Roh.

Ketiga, jika orang berdoa di dalam Roh, Roh akan memasukkan dalam doa itu bukan kata-kata indah yang patut dikutip atau dicatat, melainkan gema Firman Tuhan, karena Roh Kuduslah yang menulis Alkitab. Dia tidak mungkin menentang diri-Nya sendiri. Dia akan menghunus pedang Roh itu dari ikat pinggang kebenaran, setiap kalinya, ketika orang berdoa di dalam Roh.

Nah, dapatkah kini Anda melihat lagi perbedaan antara doa orang tidak beriman, meskipun mungkin amat sangat tulus, dengan doa di dalam Roh Kudus? Orang yang tidak beriman akan mendoakan hal-hal yang dia rasa butuhkan saja. Dia akan mendoakan hal-hal yang diinginkannya, menyebut-nyebut Tuhan, bahkan mungkin berkata "dalam nama Tuhan Yesus Kristus" atau "jika itu sesuai kehendak-Mu", tetapi pikiran orang yang berdoa di dalam Roh jelas tentang kehendak Bapa dan kemuliaan Anak dan kebenaran Firman. Roh Kudus akan memunculkan ketiga tanda itu dalam doa.

Itulah pertolongan yang Roh Kudus ingin berikan kepada kita pada tingkat mental: mengarahkan pikiran kita dalam doa, memberikan gairah keinginan pada hati kita untuk berdoa, memberikan pengertian pada pikiran kita agar kita mengenal kehendak Tuhan, memberikan tekad yang kuat pada kehendak kita untuk terus meminta sampai kita menerima, memimpin kita untuk meninggikan Yesus, serta memunculkan kebenaran Alkitab serta mengupayakan kehendak Tuhan. Semuanya itu sangat tepat saling terkait dalam polanya. Artinya, kita berespons dan terbuka kepada Roh Kudus dalam pikiran kita, secara mental mendengarkan Dia untuk menangkap apa yang Dia katakan kepada kita, sehingga doa itu bukan menjadi doa mental *saya* melainkan doa mental-*Nya*, yaitu kita memikirkan pemikiran Roh Kudus menurut pimpinan-Nya sebelum kemudian kita mengungkapkannya. Nah, itulah salah satu bentuk berdoa di dalam Roh. Anda akan dapat mengenalinya dalam pertemuan-pertemuan doa dan di perkumpulan di gereja.

Bentuk lain berdoa di dalam Roh kini telah makin dikenal oleh banyak orang Kristen. Dalam bentuk ini, seperti yang dikatakan Paulus, pikiran kita menjadi "tidak berguna" atau "tidak menghasilkan apa-apa". Dengan kata lain, dalam bentuk doa di dalam Roh yang demikian tidak ada pikiran kita yang terlibat. Roh Kudus mengambil alih kendali pada tingkat yang lebih tinggi. Dia mengambil alih kendali pada area mulut, dan Dia mendoakan doa yang indah, yang tidak pernah Anda pikirkan sebelumnya. Kadang, melegakan juga ketika kita dapat berdoa dengan doa yang tidak pernah kita pikirkan sebelumnya, atau yang tidak pernah menjadi pergumulan kita dengan Roh dalam hal berusaha selaras dengan pikiran yang Dia berikan; khususnya ketika kita lelah dan kesulitan menyusun pikiran kita sendiri.

Inilah bentuk doa yang menjadi sangat berguna ketika kita sibuk melakukan hal lain dan membutuhkan konsentrasi mental kita pada hal lain. Contohnya, bentuk doa yang sebelumnya telah saya jelaskan tentu sangat berbahaya untuk dilakukan sambil menyetir mobil, karena saat itu pikiran kita harus berkonsentrasi pada kondisi lalu lintas. Itu sudah wajib! Melakukan doa mental sambil menyetir mobil, yaitu berusaha menangkap pikiran Roh Kudus ke dalam pikiran Anda sambil mengendalikan kendaraan, adalah hal yang berbahaya sebagai pengemudi kendaraan. Sama berbahayanya degnan kerasukan roh jahat! Namun, Anda dapat berdoa di dalam Roh menggunakan mulut saja, tanpa

Doa di dalam Roh

kehilangan konsentrasi mental sama sekali, dan berdoa sambil tetap menyetir mobil dengan aman, sambil mencuci, sambil melakukan pekerjaan, atau ketika tidak tahu harus mendoakan apa atau benar-benar kehilangan kata-kata. Menurut saya, ini adalah pertolongan Tuhan yang sangat manis dan penuh anugerah bagi doa kita. Betapa indahnya!

Bagaimana bunyinya doa yang tidak muncul dari pikiran manusia ini? Sebagian doa di dalam Roh terdengar seperti bunyi erangan. Bacalah kembali Roma pasal 8: "***Roh membantu kita dalam kelemahan kita, sebab kita tidak tahu, bagaimana sebenarnya harus berdoa.***" Bagaimana? Doanya berbentuk apa? Kata-kata apa yang keluar? ***Dengan keluhan-keluhan yang tidak terucapkan.*** Nah, "terucapkan" di sini dalam bahasa Yunani aslinya bukan berarti "dibunyikan" atau "disuarakan". Artinya adalah "***diungkapkan dengan kata-kata***". Pada hari Pentakosta, orang-orang percaya semuanya dipenuhi dengan Roh Kudus dan mereka mulai berbicara sebagaimana yang Roh Kudus berikan untuk mereka ucapkan. Itu bukanlah "kata-kata" belaka. Yang terjadi bukanlah Roh Kudus memaksa atau menyetir gerakan pita suara mereka, karena itu adalah tanggung jawab mereka sendiri, melainkan Roh Kudus mengarahkan gerakan lidah dan mulut mereka untuk menyusun suara menjadi kata-kata. Dan, itulah salah satu rahasia bentuk doa ini, bahwa kita bersuara dan Roh Kudus menyusun suara kita itu. Namun, Paulus juga menyebut tentang ***keluhan-keluhan yang tidak terucapkan***, dan kadang Roh Kudus memang memampukan kita berdoa dengan keluhan yang tidak mungkin diungkapkan dengan kata-kata, baik dalam bahasa kita sendiri maupun bahasa lain apa pun. Itu adalah suara erangan dan keluhan yang jelas, dan itu pun merupakan doa; bahkan, doa yang sangat kuat. Pernahkah Anda berdoa dengan jenis doa seperti itu, dengan hanya mengerang dan mengeluh? Bacalah Alkitab dengan cermat, maka Anda akan menemukan betapa seringnya Tuhan mendengar seruan mengerang dan mengeluh dari manusia.

MEMPRAKTIKKAN PRINSIP-PRINSIP DOA

Jika Anda pernah mengalami gempa bumi, tentu Anda pernah mendengar gemuruh erangan bumi dan batu-batu. Menjelang akhir zaman, gempa bumi akan makin sering terjadi, dan Roma 8, pasal yang sama yang memuat konteks doa berupa keluhan-keluhan yang tidak terucapkan itu, berkata bahwa seluruh ciptaan pun sedang mengeluh. Ada erangan dan keluhan yang datang dari alam sendiri, yang sedang menantikan agar Tuhan menebus sekalian alam, termasuk tubuh jasmani kita, dan mendatangkan langit yang baru dan bumi yang baru. Betapa besarnya hal yang kita bahas ini! Apakah pikiran Anda pun siap dengan hal yang sebesar ini?

Kadang, kerinduan, beban, dan hasrat kita sangat dalam hingga tidak dapat kita ungkapkan dengan kata-kata. Bahkan, Roh Kudus pun tidak dapat mengungkapkannya dalam kata-kata menggantikan kita, maka Dia memampukan kita untuk mengeluh dan mengerang. Itulah bentuk doanya.

Bentuk doa lain dalam Alkitab yang keluar dari mulut tetapi bukan keluar dari pikiran adalah helaan napas. Pernahkah Anda memperhatikan bahwa ada helaan napas di dalam Alkitab, dan bahwa Tuhan mendengarkan helaan napas itu? Pernahkah Anda menghela napas? Itu bisa jadi merupakan doa pula. Pengertian kita akan doa dapat menjadi terlalu sempit jika kita membatasinya dengan bentuk komunikasi verbal saja.

Air mata juga merupakan bentuk doa tersendiri. Ketika kita tidak dapat berkata-kata lagi dan Roh Kudus tidak memberikan kata-kata itu, kadang kita tidak bisa berbuat yang lain selain menangis. Pernahkah Anda berdoa seperti itu sebelumnya? Tanpa kata-kata, hanya air mata. Di wilayah Timur Tengah, jika seseorang meninggal, keluarga dan kerabatnya menangis meratapi orang itu, lalu mereka menampung air mata ratapan itu dalam botol-botol kaca kecil. Saat pemakaman, mereka meletakkan botol-botol berisi air mata ratapan itu ke liang kubur almarhum, bukan karangan bunga. Menurut saya, cara ini lebih bermakna daripada menggunakan karangan bunga. Pemazmur pun berkata,

"Taruhlah air mataku di dalam kirbat-Mu, ya Tuhan." Itulah doa! Tuhan memiliki kirbat, botol, untuk menampung tetesan air mata kita. Roh Kudus dapat memimpin kita untuk berdoa dengan segala bentuk doa, termasuk yang tidak terucapkan, yang tidak mungkin bisa diungkapkan dengan kata-kata: erangan, keluhan, air mata, helaan napas, yang semuanya tanpa kata-kata.

Kemudian, ada bentuk doa lain yang tidak melibatkan pikiran kita tetapi mengeluarkan kata atau frasa tertentu. Mari kita lihat beberapa contohnya. ***Abba***, misalnya. Pernahkah Anda menyerukan kata itu? Bukan "ayah" atau "papa" atau "bapak", atau kata lain yang merupakan terjemahannya ke dalam bahasa lain. Pernahkah Anda mendengar diri Anda sendiri benar-benar berkata *"Abba"*? Alkitab berkata Roh Tuhan bersaksi bersama dengan roh kita, bahwa kita adalah anak-Nya. Mengapa? Karena itu adalah Roh Anak Allah di dalam Anda, yang sedang memakai mulut Anda untuk memanggil Bapa-Nya sendiri dengan cara dan kebiasaan-Nya sendiri, yaitu dalam bahasa Aram: *"Abba"*. Itulah sebabnya, kata *Abba* tetap dipertahankan dalam bahasa Aram sesuai aslinya dalam Alkitab terjemahan bahasa lainnya. Yang dimaksud bukanlah ketika kita berseru "Ayah" atau "Papa" atau "Bapak", melainkan ketika kita berseru *"Abba"*, yaitu Yesus berseru kepada Bapa-Nya sendiri melalui mulut kita. Ketika kita berseru *"Abba"* seperti itu, kita dapat yakin kita adalah anak Tuhan. Ketika kita berseru *"Abba"*, kata kerjanya adalah "berseru", yaitu kata kerja yang digunakan dalam kisah saat para murid melihat Yesus berjalan di atas air lalu mereka ketakutan hingga terpaku dan berseru. Kata bahasa Yunani yang diterjemahkan menjadi "berseru" itu adalah *"**krazein**"*. Mereka ber-***krazein***! Galatia pasal 4 menunjukkan bahwa saat kita ber-***krazein*** *"Abba"*, roh Anak-Nya di dalam diri kita itu berseru memanggil Sang Bapa, melalui mulut kita, dalam bahasa-Nya sendiri.

Kata lain yang bisa keluar dalam doa adalah: ***Maranatha***, yang berarti "datanglah, Tuhan Yesus, datanglah kembali, datanglah segera". Pernahkah Anda mengucapkan kata itu di dalam doa tanpa memikirkannya lebih dahulu? Jika ya, itu berarti Roh Tuhan yang melakukannya.

Mari masuk ke titik intinya sekarang. Roh Kudus sanggup bukan hanya membuat kita mengerang dan mengeluh dan mengungkapkan kerinduan terdalam kita dengan semuanya itu, atau dengan helaan napas, dengan air mata, dengan kata tertentu yang keluar dari mulut kita dalam bahasa asli Yesus sendiri. Dia juga sanggup memberikan kemampuan sempurna dalam bahasa lain apa pun kepada kita. Ada satu istilah yang sangat tidak saya sukai, dan saya berharap istilah itu hilang dari setiap terjemahan Alkitab: "bahasa lidah". Makna yang terpancar dari istilah itu adalah celotehan kosong, yang sebenarnya jauh sekali dari kebenarannya, sehingga saya tidak heran bahwa banyak orang pun tidak menyukai konsepnya. Mengapa para penerjemah tidak menggunakan istilah yang tepat untuk makna sebenarnya? Menurut saya, karena para penerjemah itu pun tidak mengerti akan pengalaman yang dimaksud. Mereka hanya menebak-nebak. Karena kewajiban, mereka menerjemahkannya. Terjemahan bahasa Inggris dari kata bahasa Yunaninya berarti "bahasa". Apa salahnya kata "bahasa"? Tidak salah sama sekali. Nah, lain kali jika Anda menemukan istilah "bahasa lidah" (atau "bahasa roh"), coret saja dan tuliskan kata penggantinya: "bahasa". Anda akan aman karena artinya lebih tepat.

Pada hari Pentakosta, orang-orang percaya bersatu hati berkumpul di sebuah tempat. Mereka semua dipenuhi Roh Kudus lalu mereka semua mulai berkata-kata dalam bahasa-bahasa lain sesuai perkataan yang Roh Kudus berikan kepada mereka.

Iblis tidak menyukainya, karena hal itu membebaskan manusia dalam berdoa, dan karena setiap kata dalam doa yang merdeka itu adalah tepat. Itulah sebabnya Iblis siap melakukan apa pun yang dia sanggup untuk mencegah orang mengalaminya, termasuk membuat sebagian orang menjadi fanatik dalam hal pengalaman itu sehingga orang-orang lain justru terganggu dan "alergi" bahkan menentangnya dengan mengatakan pengalaman itu tidak diperlukan. Memang, hal-hal itu hanya terjadi pada sebagian orang; Anda tidak perlu memusingkannya atau mencari-cari. Saya sepenuhnya mendukung pandangan Rasul Paulus: *Aku suka, supaya kamu semua berkata-kata dengan bahasa lidah*, terutama orang-orang yang memiliki kapasitas mental yang lebih besar daripada yang lain. Saya sangat berharap Anda dapat memahami betapa sederhananya urusan ini: memberikan kepada Tuhan mulut kita dan mengizinkan Dia berdoa melalui kita serta membiarkan diri kita bebas dalam doa-Nya itu.

Itulah doa yang setiap katanya disediakan dari Tuhan bagi kita. Saat anak kita masih kecil dan kita sebagai orang tuanya berulang tahun, bukankah kita suka memberinya uang untuk membeli hadiah ulang tahun untuk kita? Kebanyakan orang tua melakukan hal semacam itu. Tuhan pun sama. Dia berkata, "Ini Kuberikan sebuah doa untuk engkau berdoa kepada-Ku." Doa semacam itu hanya dialami oleh mereka yang siap menjadi seperti anak kecil dan siap belajar untuk berkata-kata dalam "bahasa bayi"; dan merupakan karunia yang sangat indah. Biarlah saya ingatkan kepada orang-orang yang mengejek dan menentangnya: inilah karunia pertama yang Tuhan berikan kepada Gereja-Nya. Kepada orang-orang yang mengatakan ini adalah karunia yang "paling rendah", saya katakan bahwa ini adalah karunia yang terbaik untuk siapa pun mulai mempraktikkan karunia rohani. Ini adalah karunia yang sangat indah. Orang-orang percaya itu telah berkumpul setiap hari untuk berdoa bersama. Mereka telah menjadi jemaat doa. Bayangkan saja, 120 orang berkumpul setiap hari untuk berdoa. Sepuluh hari berturut-turun mereka telah berkumpul setiap hari untuk berdoa, dan mereka telah melakukan doa mental dengan pikiran mereka. Namun pada hari Pentakosta mereka berpindah dari doa mental ke doa yang sama sekali berbeda, ketika Tuhan mengendalikan mulut mereka, bukan pikiran mereka, dan mencurahkan Roh-Nya. Mereka terbebas dan mereka memuji-muji Dia.

Ini merupakan karunia yang utamanya diberikan untuk doa

pribadi. Saya akan senang sekali jika kita semua berbahasa lidah, tetapi saya teguh bertahan pada posisi yang sama dengan Rasul Paulus pula dalam hal ini: dengan penuh keyakinan, saya lebih suka berbicara di gereja dengan lima kata yang dipahami oleh jemaat daripada berbicara dengan sepuluh ribu kata dalam bahasa lain yang tidak dipahami. Inilah posisi saya yang tegas, yang alkitabiah. Dalam hal ini, saya yakin kegunaan utama karunia bahasa lidah adalah menolong saya agar bebas ketika saya sedang berada dalam kebuntuan.

Ada banyak kasus penyalahgunaan bahasa lidah, bahkan bahasa lidah yang palsu. Saya pernah menyaksikannya langsung di Selandia Baru, ketika ada orang di hadapan publik memamerkan karunia yang menurut dirinya dia miliki tetapi lalu terbukti berasal dari Setan. Orang itu berkata-kata dalam bahasa Maori, dan kami yang hadir mengetahuinya karena ada orang-orang Maori juga yang hadir di situ, tetapi ditemukan bahwa perkataan itu berisi hujat dan ucapan-ucapan najis. Itu pemalsuan, dan Iblis hanya memalsukan sesuatu yang ada versi aslinya. Iblis tentu tidak ingin repot-repot memalsukan sesuatu yang tidak ada. Ada batasan-batasan alkitabiah yang tegas untuk penggunaan karunia bahasa lidah di tengah-tengah kumpulan orang, karena jika saya berdoa dalam bahasa lidah (bahasa lain) sambil berkhotbah tentu tidak ada gunanya selain untuk diri saya sendiri. Bahasa lidah akan membangun diri sendiri, membebaskan pengucapnya, tetapi tidak akan memberi manfaat sama sekali kepada orang lain, kecuali ada orang yang menafsirkannya. Itulah sebabnya, perlu ada lingkaran doa dalam hal itu, dengan batasan maksimal dua atau sebanyak-banyaknya tiga orang yang mengucapkannya dalam sebuah pertemuan kumpulan. Di sisi lain, saya ingin membantu Anda dalam hal doa pribadi yang rahasia ini pula, bukan hanya dalam hal doa di tengah-tengah kumpulan dengan orang lain. Doa rahasia ini pun merupakan karunia yang utama.

Saya telah membaca banyak buku tentang kehidupan Rasul Paulus. Sebagian di antaranya memuat bab mengenai kehidupan doanya, dan memang kehidupan doanya luar biasa. Para penulis buku itu merangkum dari surat-surat tulisan Paulus pemikiran-pemikirannya dalam hal doa dan hal-hal yang dia doakan: agar para pembacanya dipenuhi dengan kepenuhan Tuhan, agar mereka dapat mengalami betapa panjangnya dan lebarnya dan tingginya kasih Tuhan itu. Namun, saya melihat bahwa sisi pengalaman doa dalam bahasa lidah ini terabaikan dalam buku-buku tentang Paulus itu. Yang mengagumkan, Paulus berkata dalam salah satu suratnya kepada jemaat di Korintus (jemaat "aliran" Pentakosta, khas termasuk dengan segala kekurangannya dan penyalahgunaan karunianya), *"Aku mengucap syukur kepada Allah bahwa aku berkata-kata dengan bahasa lidah lebih daripada kamu semua."* Di situlah kita temukan rahasia kuasa Paulus. Bagaimana mungkin Paulus bisa melewati segala sesuatu: dirajam batu, mengalami kapal karam, dipukuli, dicambuk 39 kali dalam berbagai kejadian? Bagaimana dia bertahan? Bagaimana dia bisa tetap kuat di dalam dirinya sendiri? Paulus berkata bahwa dia bersyukur kepada Tuhan bahwa dia memiliki cara doa yang demikian, dan dia menggunakan cara itu lebih daripada seluruh jemaat di Korintus menggunakannya. Inilah salah satu rahasia terdalam kehidupan Paulus. Ketika dia dipukuli dan keletihan, dia tahu dia dapat berdoa tanpa usaha mental dari pikirannya, dan bahwa Tuhan akan mengambil alih kendali. Tanyakan kepada diri Anda sendiri, bukankah kita akan menikmati karunia yang demikian? Saya pun bersyukur kepada Tuhan jika Anda telah menemukan kebebasan dalam cara doa yang demikian.

Ada banyak contoh kejadian yang mengagumkan tentang seseorang yang berkata-kata doa dalam suatu bahasa yang tidak dikenal atau dikuasainya lalu dikenali dan dipahami oleh penutur asli bahasa asing itu.

Salah satu kejadian nyatanya saya alami dalam pertemuan kelas pelatihan sebagai persiapan menjadi anggota jemaat. Bertahun-tahun lalu, saya melayani di sebuah gereja yang juga memiliki seorang diaken yang cerdas dan sukses membangun bisnis yang besar. Diaken itu tidak menyukai saya, dan kami tidak memiliki hubungan yang hangat satu sama lain. Setiap bulan Mei atau Juni, diaken itu sakit. Dia memang mengidap kondisi medis tertentu terkait cuaca musiman dan penyakit asma, maka pada masa-masa itu dia akan terbaring sakit selama sekitar enam minggu. Pada suatu tahun, ketika sedang sakit, dia meminta saya datang membesuk dirinya. Saya datang pada suatu hari Minggu petang dan sepanjang perjalanan menuju rumahnya saya terus memikirkan ayat dalam Yakobus pasal 5: "*Kalau ada seseorang di antara kamu yang sakit, baiklah ia memanggil para penatua jemaat, supaya mereka mendoakan dia serta mengolesnya dengan minyak dalam nama Tuhan ... hendaklah kamu... saling mendoakan.*"

Saat itu saya belum pernah melakukan hal semacam itu, tetapi saya berpikir, "Hmm... Dapatkah saya melakukannya untuk dia?" Saat tiba di rumahnya, saya berbicara dengan dia lalu dia menatap langsung ke mata saya dan berkata, "Apa pendapat Anda tentang Yakobus 5?"

Saya menjawab, "Wah, saya sejak tadi berpikir tentang ayat-ayat itu. Bagaimana menurut Anda?"

Dia berkata, "Maukah Anda melakukannya? Hari Kamis mendatang, saya harus pergi ke Swiss untuk urusan bisnis yang tidak dapat ditunda, dan saya sudah membeli tiket pesawatnya. Saya disuruh dokter berbaring saja dan beristirahat selama dua minggu, Padahal saya harus pergi. Maukah Anda melakukan pelayanan itu untuk saya?"

Saya berkata, "Akan saya pertimbangkan, akan saya pikirkan."

"Baik, tolong pertimbangkan," katanya.

Kemudian pada hari Rabu, istrinya menelepon saya dan berkata, "Suami saya ingin Anda datang dan melakukan pelayanan itu."

Saya pun menjawab, "Yah, memang saya rasa saya harus melakukannya."

Saya lalu menelepon beberapa diaken lain dan meminta kepada mereka, "Maukah Anda berpuasa dan berdoa hari ini lalu datang membesuk nanti malam bersama saya?"

Saya menyiapkan minyak zaitun dalam sebuah botol kecil, sambil merasa konyol sendiri. Lalu, saya pergi ke gereja dan mendekati mimbar tempat saya biasa berkhotbah. Saya berlutut dan mulai berdoa, "Saya tidak mampu berdoa untuk orang itu. Saya tidak ingin menolong dia." Itu adalah doa mental dari pikiran saya, dan pikiran-pikiran saya tentang dia itu salah. Setelah itu, tanpa saya mengerti bagaimana terjadinya, tanpa ada perasaan apa pun sama sekali dalam emosi saya, saya tiba-tiba mulai berdoa untuk diaken yang sakit itu secara berbeda dari doa saya untuk siapa pun di sepanjang hidup saya. Saya terus dan terus berdoa, dan seluruh pengalaman doa itu amat sangat nyata. Saya tahu saya sedang berdoa tepat menurut kehendak Tuhan atas diri saya. Setelah itu saya menemukan pada waktu-waktu kemudian bahwa dapat saya asumsikan saat itu saya berdoa dalam bahasa Mandarin: bahasa yang belum pernah sama sekali saya dengar atau saya kuasai atau saya rencanakan untuk pelajari. Tuhan mengenal semua bahasa di dunia serta semua bahasa malaikat (ada bahasa manusia dan ada bahasa malaikat); saya bahkan tidak tahu ada berapa banyak bahasa! Tentu saja, tanpa kasih, semua bahasa itu tidak berguna sama sekali, dan saat digunakan di tengah-tengah kumpulan orang, bahasa itu perlu ditafsirkan.

Setelah itu, saya melihat jam tangan saya dan langsung mengira pengaturannya salah karena terlalu cepat sejam. Padahal, yang terjadi adalah saya telah berdoa selama satu jam tanpa saya sendiri sadari. Saya tetap tidak merasakan "perasaan" apa pun, tetapi saya telah berdoa. Maka, saya berpikir, "Masih ada waktu setengah jam, saya akan melanjutkan berdoa." Tentu saja, bahasa lain tadi kembali mengalir, dan saya mampu berdoa untuk diaken itu. Pengalaman itu sangat indah dan melegakan, karena pikiran saya damai dan sepenuhnya beristirahat.

Pada malam harinya, saya mengunjungi si diaken itu dan kami menumpangkan tangan atas dia serta menuangkan minyak atas kepalanya. Dia terbaring di sana dalam kondisi pucat pasi dan sakit. Kami saling mengaku dosa dan mengalami pengalaman yang indah. Tahukah Anda apa yang terjadi setelah kami selesai melakukan semua itu? Tidak ada apa-apa yang terjadi. Diaken itu tetap berbaring saja, dia bahkan tidak sanggup duduk. Itulah ujian penting saya yang pertama. Saya lalu berdiri, memandang dia dan berkata, "Nah, Jimmy, kami telah melakukan segala hal yang kami dapat lakukan, segala hal yang dikatakan dalam Alkitab. Apakah tiket pesawat Anda masih siap dipakai untuk perjalanan besok?"

"Ya," jawabnya.

"Baik," kata saya, "saya akan mengantar Anda ke bandara besok." Kemudian saya pulang dan tidak bisa tidur sama sekali. Keesokan paginya, saya tidak berani menelepon diaken itu. Saya berusaha mempersiapkan khotbah saja, tetapi tidak mampu berkonsentrasi juga.

Telepon saya lalu berbunyi, dan suara si penelepon berkata, "Apakah Anda siap mengantar saya ke bandara?"

Saya bertanya balik, "Apakah Anda sudah baik-baik saja, Jimmy?"

"Saya aman."

"Anda sudah ke dokter?" saya bertanya lagi.

"Sudah, dan dokter bilang saya boleh pergi," jawabnya, "Bahkan, saya tadi juga sudah pergi ke tempat pangkas rambut, saya potong rambut. Pemangkas rambutnya bilang rambut saya agak berminyak dan menawari saya untuk dikeramas juga." Dalam obrolan dengan pemangkas rambut itu, Jimmy jadi bisa menceritakan kesembuhannya.

Nah, ada dua hal yang saya juga bisa ceritakan kepada Anda, yang sederhana tetapi indah. Pertama, sejak saat itu Jimmy tidak pernah lagi terganggu oleh penyakit demam musiman dan asma. Kedua, dan menurut saya ini yang jauh lebih indah, kami sekarang bersahabat baik. Ketika Tuhan menyuruh saya datang ke Guildford dan saya merasa tertimpa dilema yang besar serta tercabut dari akar, orang pertama yang saya datangi untuk

Doa di dalam Roh

bercerita adalah Jimmy sang diaken.

Itulah pengalaman saya menemukan jenis doa di dalam Roh yang Tuhan ingin untuk tolong bagi kita. Jika ada orang bertanya, "Haruskah saya berdoa dengan cara itu?" pertanyaan itu salah. Pertanyaan itu seharusnya diawali dengan "bolehkah", bukan "haruskah". Roh Kudus tidak akan memaksa kita melakukan apa pun yang kita sendiri tidak inginkan. Saya suka sekali jika ada orang yang bertanya, "Bolehkah saya...?" Sayangnya, sebagian orang rela susah payah kabur menghindari hal-hal yang belum diketahui, yang bagi mereka terkesan aneh, atau yang sekadar belum mereka pahami; padahal, segala pemberian yang diturunkan dari surga adalah baik dan sempurna, dan doa ini pun merupakan pemberian yang diturunkan dari surga. Jangan biarkan Iblis menghasut Anda dengan pemahaman yang salah. Mencegah dan menghentikan kita berdoa dengan cara yang Tuhan inginkan untuk kita gunakan adalah pekerjaan setan, dan memang musuh kita itu akan berusaha menanamkan segala macam skenario aneh demi menjauhkan Anda dari doa ini.

Pertanyaan praktisnya: bagaimana caranya? Saya akan menjawabnya dengan dua kata, dan saya merujuk pada kedua bentuk doa di dalam Roh, baik yang melibatkan pikiran kita maupun yang tidak. Demi ketenangan karena adanya dasar Alkitab yang jelas, saya sebutkan ayat dalam 1 Korintus 14. Paulus berkata, "*Aku akan berdoa dengan rohku, tetapi aku akan berdoa juga dengan akal budiku; aku akan menyanyi dan memuji dengan rohku, tetapi aku akan menyanyi dan memuji juga dengan akal budiku.*" Ada dua jenis doa, dan Paulus menunjukkan kepada kita bahwa dia melakukan kedua-duanya. Waspadai orang-orang yang hanya berdoa dengan bahasa lidah tanpa pernah berdoa dengan akal budi (pikiran); dan, waspadai pula orang-orang yang hanya berdoa dengan akal budi (pikiran) tanpa pernah berdoa di dalam roh.

Kembali lagi, bagaimana caranya? Ada dua kata jawabannya: "minta" dan "terima". Setiap orang yang menerima pertolongan dalam doa pada awalnya meminta lebih dahulu. Ada sebuah ayat dalam Lukas pasal 11, yang tidak mungkin berlaku pada orang non-percaya karena mereka bahkan tidak mengenal Roh Kudus. Ayat yang menyuruh orang untuk meminta Roh Kudus ini hanya berlaku pada orang percaya. Para pakar teologi berkata orang Kristen pasti telah memiliki Roh Kudus. Benar, kita telah memiliki pribadi Roh Kudus, tetapi kita selalu bisa meminta Dia menyatakan diri lebih dalam lagi. Ayatnya berkata, *"Jadi jika kamu yang jahat tahu memberi pemberian yang baik kepada anak-anakmu, apalagi Bapamu yang di surga! Ia akan memberikan Roh Kudus kepada mereka yang meminta kepada-Nya."*

Apakah Anda menginginkannya? Jika ya, mintalah sampai Anda menerimanya, seperti tetangga yang datang tengah malam dan menggedor pintu sampai bantuan diberikan kepadanya. Tuhan suka menjawab permintaan yang mendesak dan berulang-ulang.

Namun, ada sisi lainnya pula, dan di sisi lain inilah terletak masalah yang sering terjadi. Dalam permintaan ini ada unsur berserah, tindakan berserah, yaitu menyerahkan kendali dan mengizinkan Tuhan bekerja. Kebanyakan dari kita sangat tidak suka menyerahkan kendali atas diri kita kepada pihak lain, karena khawatir hal itu akan membuat kita kacau atau berantakan. Saya harus katakan bahwa pengendalian diri adalah buah Roh Kudus, dan pengendalian diri yang oleh Roh Kudus ini adalah jauh lebih baik daripada yang kita sendiri miliki; dan karunia sejati dari-Nya tidak pernah menghilangkan pengendalian diri dalam bentuk apa pun. Apa pun yang tanpa pengendalian diri bukanlah dari Roh Kudus. Paulus mengajarkan bahwa roh nabi tunduk kepada nabi. Maka, Roh Kudus bermurah hati untuk meletakkan karunia ini di dalam pengendalian diri kita. Kita sama sekali tidak perlu takut dilibas dengan hal-hal yang tidak dapat kita kendalikan. Anda dapat memutuskan sendiri untuk mengizinkan Roh Kudus mengambil alih kendali itu atau tidak, lalu jika Anda ternyata tidak menyukai apa yang terjadi ketika Dia memegang kendali,

Doa di dalam Roh

Anda dapat menghentikan Dia. Namun, biasanya kita tidak akan ingin menghentikan Roh Kudus.

Sekarang, kita akan merenungkan cara menerima. Jika saya memegang dan mengulurkan sebatang permen cokelat, tentu Anda akan tahu cara untuk menerimanya, bukan? Saya akan berkata: ini cokelatnya, minta saja, maka Anda akan mendapatkannya. Tentu Anda akan mengerti bahwa Anda perlu mendekat dan mengambilnya. Saya pernah berkhotbah untuk jemaat anak-anak di gereja; saat itu saya menjelaskan kasih karunia. Saya memegang sebatang permen cokelat dan berkata, "Ini cokelatnya, untuk anak pertama yang datang ke depan dan mengambilnya." Tidak ada satu anak pun yang bergerak. Mereka semua menatap ke depan, sampai akhirnya salah satu anak lelaki yang sangat nakal berlari ke depan, mengambil cokelat itu dengan cepat, lalu berlari kembali ke belakang. Dia menerima apa yang saya tawarkan itu. Masalah terbesar dengan banyak orang adalah mereka meminta tetapi tidak pernah menerima yang diminta. Menerima perlu tindakan aktif mengambil sesuatu. Artinya, kita perlu mengatasi rintangan psikologis, misalnya, berupa kekhawatiran kita untuk mendengar diri kita sendiri mengeluarkan suara-suara yang tidak kita pahami. Itu rintangan serius. Kita harus melakukannya saja, sampai berhasil melewati rintangan itu. Sebagian orang berjaya karena tidak pernah mengalami rintangan itu; mereka membuka mulut dan mulai bersuara begitu saja. Namun, banyak orang harus bertahan saja berbicara sampai Tuhan membawa mereka melewati rintangan itu. Saat itulah, Tuhan memberikan bahasa yang baru kepada mereka, dan Dia akan membuat mereka fasih dalam bahasa baru itu. Mungkin awalnya bahasa baru itu terasa seperti bahasa bayi, karena bunyinya tidak pernah terdengar keluar dari mulut mereka sendiri, tetapi ketika mereka terus mengucapkannya mereka akan menemukan ada bahasa yang memiliki tata bahasa, struktur, dan lain-lain, yang merupakan bahasa surgawi dari Tuhan yang diberikan-Nya untuk berbicara dengan diri-Nya.

Gambarannya mirip dengan situasi ketika Petrus berada di

perahu dan berkata kepada Yesus, "Bisakah aku berjalan di atas air?" Yesus tidak menjawabnya dengan menyuruh Petrus mengambil Alkitab, mengklaim janji-janji Tuhan yang tertulis di dalamnya, lalu berlutut di perahu dan berdoa, berdoa, berdoa, dan berdoa terus-menerus. Tidak. Yesus justru mengajak Petrus untuk datang mendekati-Nya dan melakukan saja hal itu. Yesus selalu melakukan hal semacam itu. Kepada pria yang terbaring di atas tilam, Yesus berkata, "Bangunlah, dan angkatlah tilammu." Dia tidak menyuruh pria itu membaca Alkitab dan merenungkan janji-Nya, lalu berdoa terus-menerus. Dia menyuruh pria itu langsung melangkah saja. Itulah cara kerja munculnya karunia rohani. Kita tidak akan tahu kita memiliki karunia kesembuhan sampai kita benar-benar bertindak dan menumpangkan tangan atas seseorang yang sakit.

Ketika roh kita menerima kesan yang kuat bahwa kita dapat melakukan sesuatu, mengapa tidak melangkah saja keluar dari "perahu" dan melakukannya? Demikian itulah cara kerja munculnya karunia rohani; itulah cara kita menerimanya. Alkitab tidak berkata bahwa karunia Roh Kudus itu seperti permainan piano yang ahli, tetapi mari kita andaikan saja demikian. Bagaimana Anda tahu Anda telah memiliki keahlian itu? Hanya ada satu cara untuk mengetahuinya: Anda harus duduk di hadapan sebuah piano, memainkan jari-jari Anda pada tuts piano, dan bermain saja. Anda akan langsung tahu seberapa Anda telah memiliki keahlian itu.

Saya ingin berbagi cerita tentang Muriel Shepherd, yang adalah konduktor kelompok paduan suara London Emmanuel Choir menggantikan almarhum suaminya, yang merupakan konduktor semasa hidupnya. Pada suatu malam, Edwin dan Muriel meminta agar Tuhan mencurahi dan memenuhi mereka dengan Roh-Nya. Saat itu, Muriel sama sekali tidak bisa bermain piano sama sekali tanpa bantuan lembar partitur. Sebagian pemusik mampu bermain musik dengan atau tanpa lembar partitur, tetapi kebanyakan mengandalkan salah satu dari pendengaran atau penglihatan, dan Muriel adalah pemusik yang mengandalkan penglihatan. Jika lembar partiturnya hilang atau tertinggal di rumah sedangkan dia telah berada di lokasi konser, harus ada pemain piano lain yang menggantikan dirinya. Namun, setelah dipenuhi Roh Kudus, Muriel meminta kepada Tuhan, "Tuhan, maukah Engkau memberikan kepadaku karunia bermain piano dengan pendengaranku?" Tengah malam itu, Tuhan berkata, "Aku sudah memberikan karunia itu kepadamu." Seketika itu, Muriel turun ke lantai bawah lalu duduk di depan pianonya. Tidak ada lembar partitur yang dia letakkan di depan tuts piano, tetapi dia bisa bermain piano! Sejak saat itu, dia bermain piano tanpa bantuan lembar partitur lagi. Nah, bagaimana caranya Muriel tahu bahwa karunia itu telah diberikan kepadanya? Dari sebuah janji yang ditulis di Alkitab? Dari pesan yang turun dari surga? Bukan. Muriel tahu ketika dia turun ke ruang tengah itu lalu memainkan jari-jarinya pada tuts piano. Demikianlah cara kita tahu pula segala karunia lainnya, termasuk karunia berdoa di dalam Roh. Kita meminta, "Tuhan, saya lemah, saya butuh pertolongan-Mu. Saya butuh Roh Kudus, karena saya tidak sanggup berdoa seperti yang seharusnya saya berdoa." Lalu, terimalah karunia itu, dan katakan, "Tuhan, saya percaya bahwa saat saya berdoa [jika Anda melakukan doa mental dengan pikiran Anda] Engkau akan meletakkan pemikiran-pemikiran yang tepat di dalam pikiran saya, yang akan memuliakan Engkau." Maka, Yesus akan dipermuliakan, dan Roh-Nya akan menunjukkan kebenaran dari dalam Firman-Nya. Namun, saya mohon, jangan berhenti di titik itu saja. Ada pula jenis doa lainnya, yang Anda dapat meminta, "Tuhan, saya sangat lelah malam ini, dan pikiran saya tidak mampu berpikir lagi. Tuhan, inilah mulut saya, saya akan bersuara saja, tolong berikan ucapan dan kata-katanya sehingga hasilnya adalah doa." Atau, "Tuhan, Roh Kudus, tolong saya untuk berseru atau mengeluh, atau mengerang... Yang pasti, tolong saya untuk berdoa, Roh Kudus."

4

DOA MELAWAN IBLIS

Inilah tulisan Paulus, yang saat itu sedang dipenjara karena imannya:

Akhirnya, hendaklah kamu kuat di dalam Tuhan, di dalam kekuatan kuasa-Nya. Kenakanlah seluruh perlengkapan senjata Allah, supaya kamu dapat bertahan melawan tipu muslihat Iblis; karena perjuangan kita bukanlah melawan darah dan daging, tetapi melawan pemerintah-pemerintah, melawan penguasa-penguasa, melawan kuasa-kuasa dunia yang gelap ini, melawan roh-roh jahat di udara. Sebab itu ambillah seluruh perlengkapan senjata Allah, supaya kamu dapat mengadakan perlawanan pada hari yang jahat itu dan tetap berdiri, sesudah kamu menyelesaikan segala sesuatu. Jadi, berdirilah tegap, berikatpinggangkan kebenaran dan berbajuzirahkan keadilan, kakimu berkasutkan kerelaan untuk memberitakan Injil damai sejahtera; dalam segala keadaan pergunakanlah perisai iman, sebab dengan perisai itu kamu akan dapat memadamkan semua panah api dari si jahat, dan terimalah ketopong keselamatan dan pedang Roh, yaitu firman Allah. Dengan segala doa dan permohonan, berdoalah setiap waktu di dalam Roh dan berjaga-jagalah di dalam doamu itu dengan permohonan yang tak putus-putusnya untuk semua orang kudus, juga untuk aku, supaya kepadaku, jika aku membuka mulutku, dikaruniakan perkataan yang benar, agar dengan keberanian aku memberitakan rahasia Injil, yang kulayani sebagai utusan yang dipenjarakan. Berdoalah supaya

MEMPRAKTIKKAN PRINSIP-PRINSIP DOA

dengan keberanian aku menyatakannya, sebagaimana seharusnya aku berbicara.
(Efesus 6:10–20)

Menurut saya, salah satu hal paling luar biasa, bahkan mengagetkan, yang ditemukan oleh orang Kristen adalah berdoa itu kadang lebih sulit setelah kita menjadi orang Kristen; sebelumnya saat kita belum menjadi orang percaya, berdoa terasa lebih mudah. Mungkin Anda pun mengalaminya. Saya pernah mengobrol dengan seorang wanita yang tidak pernah datang ke gereja sama sekali dan tidak pernah membaca Alkitab sama sekali, tetapi rajin berdoa setiap malam. Dia biasa berkata kepada orang-orang, "Saya sama saja dengan orang-orang Kristen yang baik itu, yang sering pergi ke gereja." Yang menarik bagi saya, dia tidak pernah merasa sulit berdoa. Dia tidak pernah merasa ada rintangan saat berdoa, dan dia biasa berdoa setiap hari. Saya pun berpikir bahwa jika wanita itu menjadi orang Kristen tentu dia jadi merasa kesulitan berdoa. Mengapa begitu? Ingatlah pembahasan kita sejauh ini: kita memiliki Bapa surgawi dan kita berdoa kepada-Nya; kita bisa beriman kepada Bapa surgawi kita itu; kita memiliki nama Yesus, teladan Yesus, ajaran Yesus, dan darah Yesus sendiri–ada begitu banyak pertolongan tersedia bagi kita-dan doa jauh lebih bermakna bagi orang Kristen daripada bagi orang-orang lainnya. Namun, doa pun dapat menjadi pertempuran yang lebih berat daripada semua hal lain sebelumnya. Kembali lagi ke catatan kita sebelumnya, doa Kristen itu bukan bersifat sendirian. Doa melibatkan Bapa untuk menolong, Anak untuk membawa doa melalui syafaat-Nya bagi kita, dan Roh Kudus, yang tahu bahwa kita tidak tahu cara berdoa dan harus berkata apa saat berdoa, yang sanggup menolong kita dengan pikiran dan perkataan kita. Meski demikian, doa adalah pertempuran, karena begitu kita mulai berdoa kita terlibat dalam masalah dengan Iblis, dan dia sangat membenci kita saat kita berdoa. Iblis tidak keberatan ada doa, tetapi dia membenci doa Kristen, karena doa semacam inilah yang membahayakan dirinya. Dia menentang doa Kristen, meski dia tidak punya masalah apa pun terhadap doa orang yang tidak percaya.

Ada pula seorang Amerika pemilik lahan yang memiliki budak, yang merupakan orang beriman. Si budak biasa berbicara kepada tuannya itu tentang Tuhan dan setan. Sang tuan berkata, "Oh, saya tidak pernah diganggu setan." Lalu pada suatu hari, tuan itu pergi untuk berburu bebek dengan senapan. Dia berhasil menembak dua ekor bebek yang terbang melintas, keduanya jatuh, tetapi salah satunya terkena tembakan dengan lebih parah sehingga mati terkapar begitu saja di tanah. Bebek yang satunya lagi masih hidup dan berusaha mengepakkan sayap untuk bangkit dan terbang kembali. Si budak berlari mendekati bebek yang mati untuk mengangkatnya, tetapi tuannya meneriakinya, "Jangan kejar yang mati, kejar yang hidup itu, yang berusaha terbang."

Budak itu berbalik dan menjawab, "Ah, sekarang saya mengerti mengapa Tuan tidak pernah diganggu setan. Saya melihat alasannya. Setan hanya takut kepada orang Kristen yang berusaha terbang dalam doa, yang setengah hidup. Setan tidak peduli dengan agama, doa atau apa pun. Dia hanya takut kepada orang Kristen yang sungguh-sungguh berdoa dalam nama Yesus, karena itulah yang berbahaya baginya. Itulah sebabnya setan menyerang orang Kristen yang begitu."

Saya sendiri punya teori: setan itu bertubuh pendek! Mengapa? Karena kita bisa memukulnya telak ketika kita berlutut! Itu lelucon saja... tetapi fakta seriusnya adalah kita tidak boleh meremehkan Iblis, dan jangan menjadikannya olok-olok belaka, karena benarlah pepatah yang berkata, "Iblis gemetar saat melihat orang percaya yang terlemah mulai berlutut untuk berdoa."

Saya pernah berkunjung ke sebuah gereja tua kecil di kampung Buckinghamshire, ketika gedungnya sedang didekorasi ulang. Cat dinding sebelumnya yang berwarna putih telah dikikis, dan ternyata ada lukisan di lapisan plesternya, di balik cat dinding itu. Saya sangat tertarik saat tahu bahwa lukisan itu menggambarkan gereja itu sendiri, dengan jemaat yang memenuhi ruangannya, mengenakan pakaian bergaya abad pertengahan di baris-baris kursinya. Saya lihat di lukisan itu ada gambar setan kecil di samping setiap anggota jemaat yang sedang beribadah itu, dan setan itu memegangi mulut si anggota jemaat. Gambar itu aneh, tetapi saya menangkap pesan pentingnya. Setan-setan kecil yang memegangi mulut jemaat itu ingin jemaat tetap diam, dan jemaat itu adalah orang-orang percaya yang "mulutnya terkunci"! Mungkin Anda pun menyadari masalah yang sama di banyak gereja lainnya. Lukisan itu tetap membayangi benak saya untuk waktu yang lama. Saya percaya bahwa ketika kita pertama kali mengenal Tuhan, kita pun jadi mengenal Iblis. Jika ada orang yang berkata, "Wah, saya tidak punya pengalaman apa-apa dengan setan, saya belum pernah bertemu setan," saya sejujurnya jadi bertanya-tanya apakah orang itu benar-benar telah berjalan bersama Tuhan, Karena Iblis memang bukan berdiam di neraka; dia ada di alam surgawi. Kitab Ayub pun menunjukkannya dengan jelas. Iblis berpatroli di bumi, tetapi tinggal di alam surgawi. Maka, kita berjuang melawan kuasa roh jahat bukan di alam neraka, melainkan di alam roh/surgawi, karena di situlah roh-roh jahat itu berada. Itulah sebabnya doa adalah sebuah pergumulan yang nyata.

Langkah pertama yang penting dalam peperangan adalah mengenal musuh kita. Kita harus mengenal musuh kita sebelum dapat memutuskan strategi yang tepat untuk menaklukkannya. Saya mengenal seorang pria yang ditembak mati dengan peluru pasukan Inggris pada Perang Dunia I, dan pria itu adalah prajurit Inggris juga. Salah satu peleton maju ke dalam hutan, tetapi jalur komunikasinya terkacaukan dan kabar tentang langkah maju itu tidak tersampaikan kepada sisa pasukan. Para prajurit Inggris melihat peleton yang maju melintasi hutan itu lalu menembak. Alhasil, prajurit yang saya kenal itu tewas. Pastikan bahwa Anda mengenal musuh Anda dengan benar. Jangan berdoa melawan manusia, karena memang kita tidak berjuang melawan darah dan daging. Manusia bukanlah musuh kita. Kita sedang berjuang melawan makhluk-makhluk tanpa tubuh jasmani. Kita berperang melawan Iblis sendiri, dalam doa, dan itu merupakan peperangan yang nyata.

Nah, saya akan menceritakan beberapa hal tentang Iblis, agar Anda mendapat gambaran yang jelas di pikiran Anda tentang musuh yang Anda perangi dalam doa. Orang Kristen tidak dipanggil hanya untuk mendoakan orang lain, tetapi juga untuk berdoa melawan kuasa-kuasa tertentu, yang dikepalai oleh Iblis sendiri.

Suatu kali, inspektur polisi Scotland Yard ditanya apakah dia percaya adanya sosok setan yang nyata. Langsung saja, dia berkata, "Tentu saja saya percaya."

Si penanya berkata, "Atas dasar apa Anda percaya adanya sosok setan?"

Jawabnya, "Yah, saya orang Kristen, saya percaya Alkitab, dan Alkitab berkata ada sosok setan, maka saya dapat percaya hal itu. Namun, saya juga punya bukti yang sangat kuat tentang adanya sosok setan."

"Bukti apa itu?" kata si penanya.

Sang inspektur melanjutkan, "Kadang di London ada ledakan kasus kejahatan yang baru, dan kami menemukan bahwa remaja-remaja lelaki yang masih sangat muda yang terlibat itu sebenarnya tidak memiliki kemampuan untuk merencanakan kejahatan yang mereka lakukan. Saat terjadi ledakan kasus kejahatan semacam ini, di dunia kriminal ada 'raja' baru. Katakanlah, namanya X. Kami pun membuka arsip baru tentang X. Kami tidak tahu nama aslinya, kami tidak tahu di mana dia tinggal, dan kami tidak tahu siapa dia. Namun, dari berbagai kejahatan yang didalanginya untuk dilakukan oleh para penjahat rendahan itu, kami menyusun gambaran karakternya, orang macam apa dia, dan kami tahu dia sungguh ada meskipun kami tidak pernah melihatnya dengan mata kepala kami sendiri. Dalam percakapan saya dengan orang-orang Kristen lainnya saya pun menemukan bahwa Iblis menebarkan pengaruhnya di antara mereka dan membuat mereka melakukan ini-itu. Saya lalu membuka arsip tentang X dan menambahkan pada gambaran itu tentang karakternya, strateginya, trik-triknya, serta cara pikirnya." Nah, sang inspektur itu sungguh memiliki banyak bukti bahwa sosok setan atau Iblis itu memang ada.

Saya juga dapat memberitahukan kepada Anda hal yang ditunjukkan dalam Alkitab tentang Iblis. Alkitab tidak menggambarkan sosoknya sebagai makhluk bertanduk dengan ekor berbentuk garpu yang tajam. Gambaran itu hanyalah membuat kita tertawa dan meremehkan keberadaannya. Pernahkah Anda menonton film *Life of Christ* karya Pasolini? Luar biasanya, film itu dibuat oleh sutradara film asal Italia yang juga seorang komunis. Adegan Tuhan Yesus dicobai Iblis masih sangat jelas dalam ingatan saya. Tuhan Yesus berada di padang gurun, dengan jubah tradisional khas negeri Timur. Saat itu saya berpikir, "Bagaimana Pasolini akan menggambarkan si Iblis? Apakah dia akan memakai cara mudah, dengan gambaran karikatur yang biasa itu?" Lalu, film itu menyorot ke kejauhan dan di seberang gurun itu ada sosok kecil yang berjalan dengan perlahan dan tenang, langsung menuju Yesus. Saat dia makin dekat, kita dapat melihat sosok itu: pebisnis yang tampak cerdas, berpenampilan baik, tampan, dan berpakaian rapi. Wah, itu sentuhan yang bagus sekali. Kita dapat merasakan bahwa sosok pria itu memegang kuasa besar di tangannya, memiliki segala harta kekayaan di dunia, dan hanya perlu menyuruh orang dengan sangat singkat agar orang itu bergegas melakukan perintahnya. Dia berjalan ke arah Yesus, dan saya merasa merinding. Saya berpikir bahwa Pasolini sungguh mengerti siapa itu Iblis. Pasolini tidak meremehkan atau mengolok-olok Iblis. Alkitab berkata bahwa Iblis itu sungguh ada sosok pribadinya. Alkitab selalu menyebutnya dengan kata ganti pribadi, "dia", bukan "itu".

Berikutnya, Alkitab berkata bahwa Iblis punya hati, pikiran, dan kehendak. Bukankah hati, pikiran, dan kehendak berarti kepribadian? Alkitab membahas perasaan, pemikiran, dan motif

Iblis. Bagi saya, semua itu berarti Iblis sungguh-sungguh ada sosok pribadinya. Maka, dia bukanlah sebuah kata yang samar-samar digunakan untuk mewakili seluruh kekuatan jahat yang ada di dunia. "Setan" bukanlah nama untuk naluri manusia yang paling rendah. "Setan" adalah sosok pribadi yang memiliki jati diri sendiri. Jika manusia tidak ada pun, Setan atau Iblis tetap ada. Dia adalah sosok pribadi dengan hati yang merasa, pikiran yang berpikir, dan kehendak untuk bertindak. Tuhan menuntut pertanggungjawaban moral Iblis untuk apa yang dia lakukan, dan hanya pribadi yang nyatalah yang dapat diminta pertanggungjawaban moral. Alkitab menyebut banyak nama Iblis: Lusifer, Beelzebub, Belial, Setan, Abadon. Semuanya itu nama-nama yang mengerikan jika Anda menyadari artinya masing-masing dalam bahasa Ibrani.

Lebih dari itu, Alkitab juga memberikan berbagai gambarannya. Salah satunya adalah "ular". Sebagian orang memang menyukai ular, meski saya sendiri tidak pernah sanggup memahami alasannya. Namun, Iblis merupakan ular yang licik. Dia juga digambarkan sebagai singa yang mengaum-aum dan naga. Maukah Anda berada sendirian di dalam ruangan bersama seekor ular, singa, atau naga? Begitu Anda berdoa dalam nama Yesus, Anda memasuki ruangan bersama ketiga makhluk itu, dan Anda tidak boleh meremehkan mereka sama sekali. Seperti gambaran-gambaran itulah Iblis itu. Demikian pula, ada gambaran tentang karakternya: pendusta, pembunuh, pemfitnah, pendakwa, musuh, perusak. Apakah Anda mulai merasakan betapa kejinya dia? Mengapa Iblis sekeji itu? Dari mana dia berasal? Tuhankah yang menciptakan dia? Ya, Tuhan menciptakan Iblis, tetapi sama seperti Tuhan menciptakan manusia pada kondisi awal yang baik lalu manusia memutuskan untuk menjadi buruk, demikianlah pula Tuhan menciptakan Iblis pada kondisi awal yang baik. Iblis telah mengenal kebaikan pada awalnya. Alkitab berbicara dengan sangat jelas bahwa Iblis merupakan malaikat, yaitu makhluk ciptaan pada tingkat yang lebih tinggi di atas manusia. Bagi saya, menarik sekali bahwa Billy Graham menulis buku tentang malaikat. 20 tahun sebelum itu, orang tentu tidak mau membeli buku tantang malaikat, tetapi ada sesuatu yang berubah. Kini, kita sadar akan adanya alam supernatural.

Nah, Iblis adalah malaikat, dan dia pernah berada di surga dengan Tuhan, dan awalnya dia baik. Lalu, mengapa dia memutuskan untuk memilih jalannya sendiri? Dia memutuskan hal itu dengan alasan yang sama dengan kita, manusia, saat memutuskan hal yang sama: mengingini sesuatu bagi dirinya sendiri, bukan bagi Tuhan. Iblis ingin bisa berkata, "Milikkulah segala Kerajaan dan kuasa dan kemuliaan, sampai selama-lamanya." Dia ingin mengubah satu kata dalam doa Bapa Kami, "milik-Mu", menjadi "milik-ku". Jika kita telusuri kembali pemberontakan manusia melawan Tuhan, kita akan menemukan motif yang sama: ingin berkata "milikku" dan bukannya "milik-Mu".

Maka, motif ini terutama adalah kesombongan, yang merupakan dosa, lalu berkembang menghasilkan kebencian, yang membawa sifat merusak, yang ingin menghancurkan alih-alih membangun. Itulah sebabnya Iblis sekarang memiliki peran eksklusif sebagai perusak di tengah-tengah masyarakat.

Yesus sendiri pun memperlakukan Iblis dengan benar-benar serius. Yesus tidak pernah mengolok-olok dia, menertawai dia, atau meremehkan dia. Coba saja amati sebutan-sebutan yang Yesus gunakan tentang Iblis. Yesus berkata dia adalah pangeran dunia ini. Saat Iblis menawari Yesus seluruh kerajaan di dunia, Yesus tidak menjawabnya dengan berkata bahwa seluruh kerajaan itu bukan miliknya, karena Yesus tahu pasti bahwa memang kerajaan-kerajaan itu milik Iblis dan Iblis berhak memberikannya. Jika kita renungkan, sebenarnya faktanya mengerikan sekali, bahwa dunia tempat kita hidup ini dikuasai dan diperintah oleh Iblis. Iblis adalah pangeran penguasa dunia ini. Mari kita lihat lebih lanjut lagi. Tahukah Anda sebutan lain apa yang Yesus gunakan tentang Iblis? Bukan hanya Iblis disebut-Nya pangeran penguasa dunia ini, tetapi juga "ilah" atas dunia ini. Satu-satunya sosok pribadi selain Bapa-Nya di surga yang Yesus sebut dengan istilah semacam ini ("Tuhan") adalah Iblis. Yesus mengajarkan bahwa Bapa Surgawi-Nya adalah Tuhan atas segala sesuatu, tetapi Iblislah ilah atas dunia ini. Hal ini berarti, sederhananya, Iblis bukan hanya mengendalikan dunia ini dan sanggup memanipulasi ilmu pengetahuan dan pendidikan dan politik untuk tujuan dan kepentingannya sendiri, tetapi jauh lebih daripada itu, Iblislah ilah atau "tuhan" yang nyata yang disembah oleh kebanyakan orang di bumi, entah secara sadar atau tidak sadar. Di balik begitu banyak agama, begitu banyak aktivitas, Iblislah yang sedang disembah, bahkan mungkin juga oleh orang-orang yang datang ke gereja atau kapel pada hari Minggu. Memang kenyataannya Iblis adalah ilah/tuhan mereka, karena mereka menyembah hal-hal yang Iblis tawarkan kepada mereka. Mereka mengingini hal-hal yang dari dunia ini, yang adalah milik Iblis dan ada dalam kekuasaannya, bukannya menetapkan pikiran mereka pada hal-hal yang di atas, tempat Yesus berada. Jika Anda ingin dunia *ini* dan ingin hal-hal yang dari dunia ini, saya sarankan agar Anda menjadikan Iblis tuhan Anda. Jika semua itulah yang Anda ingini, Iblis adalah tuhan yang luar biasa baik, karena dia akan memberikan semuanya itu kepada Anda, dengan satu syarat: selalu ada harga yang harus dibayar, dan ketika tagihan itu datang Anda tidak akan menyukainya. Namun, tetap saja Iblis akan memberikan hal-hal itu kepada Anda. Uang, ketenaran, apa pun yang Anda ingini, karena memang semua itu miliknya. Tuhan bertanya dalam kitab Ayub, ***"Dari manakah engkau, Iblis?" "Dari perjalanan berkeliling menjelajahi bumi," jawab Iblis.*** Iblis memang berkeliling menjelajahi wilayah miliknya.

Nah, supaya jelas bagi kita, ini bukan berarti Tuhan tidak memiliki kuasa apa-apa di dunia ini. Justru, artinya adalah, dan kita perlu mencerna hal ini baik-baik, Tuhan telah mengizinkan Iblis menjadi pangeran penguasa dunia ini dan ilah atau tuhan atas dunia ini. Tuhan telah mengizinkannya. Banyak orang bertanya, "Mengapa Tuhan mengizinkan hal semacam itu? Untuk tujuan apa?" Jawaban saya adalah: "Mengapa Tuhan mengizinkan *Anda sendiri* menjadi seperti diri Anda saat ini? Untuk tujuan apa?" Mengapa pula kita mempersalahkan Tuhan karena mengizinkan Iblis memberontak, padahal Tuhan juga mengizinkan kita sendiri untuk memberontak? Jawaban sebenarnya sangatlah sederhana. Tuhan adalah Bapa, dan Dia tidak memaksakan jalan-Nya kepada ciptaan-Nya yang mana pun. Dia memberi kita kebebasan untuk memberontak. Kita tidak bisa menggerutu tentang Tuhan memberi kebebasan kepada malaikat, meskipun malaikat memiliki tingkat kecerdasan dan kekuatan yang superior, karena kita sendiri pun diberi-Nya kebebasan yang sama; dan kita telah menggunakan kebebasan itu secara salah. Demikian itulah pribadi Tuhan.

Iblis memiliki kuasa dan minat khusus atas bumi, yang berbeda dengan segala tempat lain mana pun. Alkitab tidak menunjukkan bahwa Lusifer, bintang fajar yang jatuh dari surga itu, memiliki kuasa atas tempat lain mana pun selain bumi dan atmosfernya. Kadang, Iblis pun disebut pangeran penguasa di udara. Maka, setiap kali kita berdoa, ada udara di antara kita dan alam surgawi, dan itu berarti kita berdoa menembus teritori pangeran kegelapan, yang telah bersumpah dengan tekad bulat untuk mendirikan kerajaan penyakit, kerajaan maut, dan kerajaan kegelapan di bumi. Untuk tujuan itu, dia berwenang mengambil segala keputusan akhir.

Orang-orang Kristen sendiri terbagi menjadi dua golongan ekstrem. Ada golongan yang suka mengolok-olok Iblis, yang sebenarnya merupakan kesalahan besar. Bacalah buku ***The Screwtape Letters*** (Surat-Surat dari Screwtape, si Setan), bukan sebagai kisah komedi yang lucu, karena sebenarnya buku itu adalah kisah tragedi. Buku itu bagus sekali untuk Anda yang ingin memahami Iblis, tetapi jangan menertawainya. Tertawai saja diri Anda sendiri, tetapi jangan menertawai Iblis. Golongan orang Kristen lainnya adalah yang bersikap aneh terhadap Iblis: mempersalahkan Iblis atas segala sesuatu yang tidak baik dan menjadikannya kambing hitam. Saya sendiri yakin bahwa tidak semua hal yang buruk di dalam hidup saya merupakan perbuatan Iblis. Saya ingat jelas tentang seorang pria yang memberi tahu saya bahwa dia lupa menyetel jam bekernya. Dia bangun terlambat, tergesa-gesa sarapan, sakit perut, bergegas ke stasiun, tiba di stasiun tepat saat kereta berangkat, tiba di kantor dan mendapat sanksi karena terlambat, lalu marah-marah kepada orang lain pula. Akhirnya dia pulang ke rumahnya, lalu pada pertemuan ibadah malam hari itu dia berkata, "Iblis benar-benar sibuk mengganggu saya hari ini." Menurut saya, Iblis tidak terlibat dalam peristiwa mana pun dalam proses itu. Dia sendirilah yang lupa menyetel jam bekernya! Ada tiga sumber godaan dosa: dunia, kedagingan, dan Iblis. Kita tidak bisa mempersalahkan Iblis atas segala sesuatu. Yang kita perlukan dalam hal semacam ini adalah meluruskan cara berpikir kita. Saya juga perlu memberi tahu Anda bahwa meskipun sebagian orang meremehkan Iblis dan sebagian lainnya terlalu mudah mempersalahkan Iblis, orang Kristen sejati justru memandang Iblis dengan sangat serius. Saya berharap agar Anda tidak akan pernah bertemu langsung dengan Iblis, karena pengalaman itu cukup menyeramkan; Anda akan lolos melewatinya hanya karena Anda tahu bahwa dia adalah musuh yang telah ditaklukkan.

Tahukah Anda bahwa dari seluruh 66 kitab dalam Alkitab, ada dua kitab yang paling dibenci oleh Iblis? Ada dua kitab yang paling banyak membahas Iblis, melebihi kitab-kitab lainnya, sehingga kitab-kitab itulah yang paling disasar oleh serangan Iblis. Kedua kitab itu adalah kitab yang pertama dan yang terakhir: Kejadian dan Wahyu. Tahukah Anda mengapa Iblis paling membenci kedua kitab itu? Karena Kejadian menjelaskan siasatnya, sedangkan Wahyu menjelaskan kebinasaannya. Bahkan, ada lebih banyak serangan dari kalangan cendekiawan terhadap kitab Kejadian serta lebih banyak upaya untuk mengubah isinya menjadi mitos dan legenda belaka, bukan fakta, daripada terhadap kitab-kitab lainnya. Mengapa? Karena Iblis tidak ingin kita percaya Kejadian pasal 3 itu benar terjadi. Dia tidak ingin kita tahu bagaimana dia telah mencengkeram Hawa, dan dia tidak ingin kita percaya dia mengatakan dustanya itu kepada pasangan suami-istri pertama. Iblis sungguh-sungguh menyerang kitab Kejadian.

Selain itu, kitab lainnya yang juga dibencinya mati-matian lebih dari kitab-kitab lainnya adalah Wahyu. Hal itu karena saat kita membaca kitab Wahyu, kita akan tiba pada bagian yang menunjukkan bahwa Iblis akan dilemparkan ke lautan api yang menyala-nyala. Dia juga akan dibelenggu sebelumnya, tidak diizinkan untuk mengganggu manusia, lalu pada akhirnya dilemparkan ke dalam lautan api itu. Iblis sangat membenci bagian itu dalam Alkitab, dan saya akan memberitahukan sesuatu yang mungkin agak menyeramkan bagi Anda. Saat saya berkhotbah dari kitab Wahyu, ada banyak gangguan dan masalah di tengah-tengah jemaat, lebih daripada tema khotbah berseri apa pun lainnya yang saya bawakan. Pada salah satu kesempatan, saya tiba pada pasal tentang Iblis dilemparkan ke dalam lautan api lalu saya berkhotbah sampai selesai, dan ternyata khotbah saya direkam. Tak lama kemudian, pada jarak 64 km dari gereja saya, di wilayah pantai selatan Inggris, salah satu rekaman khotbah itu tiba di kediaman keluarga orang Kristen baru. Sang istri baru menjadi orang Kristen selama enam bulan, sang suami dan anak remaja mereka baru saja percaya kepada Tuhan, lalu mereka sedang melakukan upaya membangun iman dengan mendengarkan rekaman khotbah-khotbah saya itu. Mereka mendengarkan khotbah dari kitab Wahyu, sampai lalu tiba pada bagian yang menjelaskan kejatuhan Iblis. Mereka duduk di ruang santai biasa dan mulai mendengarkan, lalu tepat saat saya mulai menyebut Iblis, di rekaman itu, ada suara yang menutupi suara khotbah saya sehingga menghilangkan suara saya. Suara itu adalah suara jeritan dalam bahasa asing. Mereka masih bisa mendengar suara saya yang sedang berkhotbah di balik suara jeritan itu, tetapi mereka tidak dapat menangkap satu kata pun yang saya katakan. Mereka jadi takut lalu memanggil seorang hamba Tuhan, yang juga saya kenal. Hamba Tuhan itu pun mengunjungi mereka. Mereka berkata, "Beginilah yang terjadi... Selama tujuh menit kami tidak bisa mendengar satu kata pun yang disampaikan Pak Pawson."

Si hamba Tuhan berkata, "Coba kita pasang lagi rekamannya." Mereka pun memasangnya lagi, lalu kali itu bahkan tidak ada suara sama sekali yang muncul selama tujuh menit itu. Nah, semoga kini Anda lebih mengerti apa yang saya maksud tadi. Situasinya memang seserius itu. Iblis benci bahwa manusia membahas dirinya sesuai kebenaran yang ada, apalagi manusia memperingatkan sesama tentang niat-niatnya. Kita harus memandang urusan Iblis ini dengan serius.

Di sisi lain, saya juga harus memberi tahu bahwa Alkitab telah menyebutkan dengan sangat jelas bahwa Iblis adalah musuh yang telah ditaklukkan, maka ketika dia mengusik kita, itu berarti dia sedang menggertak dengan ancaman kosong. Lucuti saja ancaman kosongnya itu. Jika Anda telah dibaptis, katakan saja, "Hai Iblis, saya sudah mati, bahkan sudah dikubur. Sia-sia saja kau menipu orang mati." Sadarkah Anda bahwa melalui baptisan Anda telah dikuburkan bersama Kristus? Itulah inti baptisan: menguburkan orang mati, sekaligus membantu orang hidup berpisah dengan yang mati. Baptisan adalah penguburan yang mengandung pesan: yang lama itu sudah selesai, inilah saat terakhir saya bertemu dengan kehidupan lama itu. Karena itulah Iblis tidak suka orang dibaptis. Dia tidak suka kita melakukan upacara pemakaman di hadapan umum bagi kehidupan lama yang sudah mati. Saat Anda menyadari bahwa diri Anda yang lama itu sudah mati, Anda dapat melucuti siasat bohong Iblis dan berkata, "Saya sudah mati dan dikuburkan, dan Iblis, kau juga melihat penguburannya. Kau hadir saat itu dan kau tahu saya sudah mati dan dikuburkan. Berhentilah menggoda saya." Saat itu, Anda akan merasakan sukacita yang luar biasa karena Iblis harus undur dari Anda. *Lawanlah Iblis maka dia akan lari daripadamu*, dan kita melawan dia berdasarkan fakta serta berdasarkan Firman Tuhan.

Sekarang, mari kita beralih ke keterkaitannya dengan doa. Sejak Yesus datang ke bumi, lalu mati dan bangkit kembali, lalu naik kembali ke kemuliaan surga, pekerjaan Iblis di bumi bertujuan untuk merusak segala sesuatu yang telah Yesus bangun, sejauh kemampuannya mengizinkan. Itulah alasannya saya memperingatkan setiap orang yang saya baptis untuk mewaspadai upaya Iblis yang berusaha merampas berkat itu dengan cara-cara yang samar, dalam waktu segera. Karena itulah yang dia lakukan juga terhadap Yesus. Berkat apakah yang Yesus terima dalam baptisan-Nya? Berkat peneguhan akan statusnya sebagai Anak. ***"Engkaulah Anak-Ku yang Kukasihi."*** Nah, apa yang Iblis katakan kepada Yesus enam minggu setelah itu? Iblis berkata, ***"Jika benar Engkau adalah Anak Allah ..."*** Iblis berusaha menaburkan benih keraguan tentang peneguhan pasti yang sebelumnya telah Yesus terima. Dia berusaha menghancurkan segala hal yang Yesus bangun.

Kita perlu mempertimbangkan dua masalah kini. Yang pertama cukup negatif sifatnya, yaitu hal-hal yang dapat Iblis lakukan terhadap kita dalam doa; sedangkan yang kedua bersifat positif: hal-hal yang dapat kita lakukan terhadap Iblis dalam doa.

Mari kita mulai dengan hal-hal yang dapat Iblis lakukan terhadap kita dalam doa. Karena Iblis adalah pangeran penguasa di udara, di mana pun kita berada dalam atmosfer bumi ini, ketika kita berdoa, ruang di antara kita dan surga adalah teritori Iblis. Seperti saya telah sebutkan sebelumnya, itu berarti kita harus menerobos teritori Iblis untuk berkomunikasi dengan surga. Itu adalah masalah kita.

Iblis akan mencoba melakukan dua hal: membuat kita berhenti berdoa, dan jika kita berhasil mulai berdoa, merusak doa kita. Namun, syukurlah Alkitab telah menyebutkan dengan jelas segala tipuannya, dan kita bisa tahu tipuan-tipuannya itu. Bagaimana cara Iblis membuat kita berhenti berdoa? Itu tergantung pada kepribadian kita masing-masing, tetapi dia akan menyerang ketiga bagian kepribadian kita. Kita semua mempunyai hati, pikiran, dan kehendak. Sesuai jenis kepribadian kita, Iblis akan menyerang salah satunya. Dia bisa menyerang kehendak kita, yaitu kehendak untuk berdoa. Bentuknya bisa jadi berupa rasa malas kita untuk berdoa. Yang bisa membuat kita tidak berdoa itu bukan pikiran kita yang lemah, melainkan tempat tidur kita yang terlalu mengundang! Tentu Anda mengenal pengalaman itu, bukan? Atau, bisa jadi kita tidak malas, tetapi kita terlalu sibuk sehingga kehendak kita terikat erat dengan banyak hal lainnya. Mungkin Anda bukan jenis orang yang kehendaknya mudah melemah, tetapi Iblis juga bisa menyerang pikiran. Pikiran kita bisa jadi dipenuhi dengan pertanyaan, termasuk tentang apakah doa memang ada gunanya. Argumentasi filosofis lalu mengalahkan doa. Salah satu doktrin yang sangat disukai Iblis dan digunakannya sebagai argumen untuk membatalkan doa adalah doktrin predestinasi. Segala sesuatunya sudah ditetapkan, Tuan telah memutuskan, maka doa tidak akan mengubah apa pun, karena kita hanya bisa menempatkan diri agar sejalan dengan keputusan Tuhan itu. Jangan percayai dusta itu. Doa bahkan sanggup mengubah pikiran Tuhan. Iblis menyerang kita dengan memenuhi pikiran kita dengan keraguan tentang manfaat doa.

Jika Anda adalah orang yang emosional, Iblis bisa memainkan perasaan Anda dalam kaitannya dengan doa. Dia bisa saja berkata, "Kau tidak merasakan apa-apa, bukan? Tidak ada apa-apa yang terjadi meskipun kau berdoa." Atau, Iblis juga bisa mencuri kasih dari hati kita dan mengarahkannya kepada orang lain, sehingga kita mencintai orang itu habis-habisan dan tidak lagi mengasihi Tuhan. Iblis bisa mengarahkan seorang pemuda untuk memusatkan seluruh cinta dan kasihnya kepada seorang pemudi, sehingga pemuda itu tak lagi punya kasih kepada Tuhan dan hatinya dicuri. Saya tidak tahu bagaimana cara Iblis paling efektif menyerang Anda, tetapi dia jelas akan menyerang, entah dengan melemahkan kehendak Anda, membingungkan pikiran Anda, atau merampas kasih dari hati Anda sehingga hati Anda menjadi hampa dan mati rasa terhadap Tuhan. Yang mana pun serangannya, dia sedang membuat Anda berhenti berdoa. Karena itulah, saya sangat percaya bahwa doa yang paling penting adalah ketika kita merasa tidak ingin berdoa, kesulitan berdoa, atau kebingungan dan bergumul untuk berdoa (seperti Ayub). Saat-saat itulah kita tetap harus berbicara dengan Tuhan.

Nah, berikutnya, bagaimana cara Iblis merusak doa kita? Ringkasannya singkat saja: Iblis akan berusaha agar doa Anda tidak seimbang. Pada sebagian orang, itu berarti Iblis berusaha agar mereka terus-menerus berdoa tanpa henti dan berpikir bahwa panjangnya doa itulah yang menentukan apakah doa berhasil mencapai dan mengubah surga. Pada sebagian orang lainnya, Iblis berusaha agar mereka terus-menerus memuji dan menyembah saja tanpa meminta apa-apa. Pada sebagian orang lainnya, Iblis berusaha agar mereka terus-menerus meminta saja tanpa bersyukur, atau terus-menerus bersyukur tanpa mengaku dosa. Yang jelas, Iblis merusak doa itu agar menjadi tidak seimbang.

Saya pernah berdiskusi dengan orang yang berkata dia berpikir doa yang berlirik atau yang kata-katanya telah disusun dalam buku doa atau dalam bait-bait yang baku itu tidak diperbolehkan. Menurut dia, doa haruslah spontan. "Bahkan sebenarnya," kata orang itu, "kalau seluruh doa itu berisi bahasa lidah, itu lebih baik." Wah, itu tidak seimbang sama sekali, dan ketidakseimbangan itulah yang diingini Iblis dalam doa kita. Iblis tidak suka ketika orang berkata seperti Paulus: "Aku akan berdoa dengan akal budiku dan aku akan berdoa dalam Roh. Aku akan berdoa dengan keduanya." Di dalam Perjanjian Baru, kita dapat menemukan bahwa doa bukanlah hanya yang spontan dan seketika. Disebutkan bahwa jemaat *bertekun dalam pengajaran rasul-rasul, pemecahan roti, persekutuan, dan doa*. Dan, itu adalah doa liturgis.

Doa dari buku doa sama sekali tidak salah jika itu lahir dari inspirasi Roh Kudus. Iblis ingin agar kita tidak seimbang dalam doa, sehingga kita terbatasi pada satu jenis doa saja. "Kalau tidak dilakukan seketika, kalau sudah ada persiapan, itu bukan doa." Pernahkah Anda mendengar pandangan yang demikian? "Doa dari buku doa itu bukan doa sungguhan." Kadang ketika Anda sedang mengalami masa sulit dalam kehidupan doa, salah satu hal yang sangat baik untuk dilakukan adalah mengambil buku doa dan memakai doa yang telah ditulis oleh orang lain, untuk berdoa saat itu dan menyegarkan diri Anda dengan persekutuan iman itu. Izinkan Roh Kudus mengajar Anda melalui cara orang lain berdoa. Mengapa tidak? Menyanyi dari buku lagu saya juga kita lakukan, bukan? Pelajari godaan-godaan yang Tuhan Yesus alami, maka Anda akan menemukan bagaimana cara-Nya menghadapi Iblis dalam doa, dan bagaimana Dia menghentikan upaya Iblis untuk memisahkan-Nya dari Bapa-Nya di surga, berulang kali. Tuhan Yesus secara khusus menggunakan Alkitab. Tiga kali Dia "melontarkan" peluru Firman kepada Iblis.

Nah, ada dua hal yang akan Iblis berusaha lakukan: dia akan menghentikan kita berdoa melalui hati, pikiran, atau kehendak kita; dan dia akan merusak doa kita dengan membuatnya jadi tak seimbang sehingga kita mengutamakan salah satu jenis atau aspek saja dalam berdoa, lalu doa kita lama-kelamaan menjadi "usang" karena tidak cukup bervariasi. Segera saja, doa kita menjadi ritual belaka, yang isinya telah "busuk". Entah yang mana dari kedua serangan Iblis itu yang lebih buruk, saya tidak bisa menentukannya.

Kini, mari kita beralih ke sisi positifnya: hal-hal yang bisa kita lakukan terhadap Iblis dalam doa. Ini menarik. Kita bisa membuatnya jatuh rebah dalam doa kita. Dalam Perjanjian Baru, kita diperintahkan untuk mengambil inisiatif menyerang Iblis. Tahukah Anda bahwa Yesus menyuruh kita berdoa setiap hari tentang Iblis? Perintah-Nya itu ada di dalam doa yang Dia ajarkan kepada para murid-Nya ketika mereka meminta, ***"Tuhan, ajarlah kami berdoa."*** Yesus berkata bahwa kita harus berdoa dengan berbicara kepada "Bapa kita di surga", lalu berdoa untuk hal-hal yang diingini Bapa: nama-Nya dipermuliakan, Kerajaan-Nya datang, dan kehendak-Nya terjadi di bumi seperti di surga. Kemudian, kita harus berdoa untuk hal-hal yang kita sendiri butuhkan: makanan, pengampunan. Setelah itu, kita diperintahkan untuk menutup doa dengan meminta: *"Bebaskanlah kami dari yang jahat."* Sebagian versi terjemahan bahasa Inggris tidak menunjukkan makna ini secara utuh. Dalam pikiran kita, kita telah mengubah "si jahat" menjadi "hal yang jahat" belaka, padahal "si jahat" adalah sesosok pribadi, bukan suatu hal saja. Tidak ada kejahatan di mana pun di alam semesta ini jika tidak ada sosok pribadi yang berbuat jahat. (Demikian pula, tidak ada kasih di mana pun di alam semesta ini jika tidak ada sosok pribadi yang mengasihi.) Si jahat adalah sosok pribadi yang sangat nyata, maka Yesus memerintahkan murid-murid-Nya untuk berdoa setiap hari, *"Bebaskanlah kami dari yang jahat."* Mulailah doa Anda dengan memikirkan Bapa Surgawi itu, tetapi tutuplah doa Anda dengan memikirkan Iblis di bumi ini, lalu keluarlah dan hadapi dia. Melalui doa, kita bisa dibebaskan dari kuasa si jahat.

Menurut Alkitab, ada tiga hal yang Iblis dapat lakukan terhadap manusia, dan doa dapat membebaskan manusia dari ketiga-tiganya. Pertama, Iblis dapat membelenggu tubuh jasmani manusia dalam kondisi sakit. Itu bukan berarti semua penyakit datang dari Iblis, dan bukan berarti Tuhan pasti melenyapkan semua penyakit jika kita mendoakannya. Kadang, bahkan ketika penyakit itu memang datang dari Iblis, Tuhan tidak selalu melenyapkannya. Kasus yang dapat menjadi contoh klasiknya terdapat dalam 2 Korintus pasal 12, ketika Paulus berkata dia mempunyai "duri di dalam daging". Saya yakin bahwa makna paling sederhana dan langsung dari istilah itu adalah kondisi keterbatasan fisik. Tiga kali Paulus telah berdoa agar Tuhan melenyapkan kondisi yang datang dari Iblis itu dari tubuhnya, tetapi Tuhan menolak permintaannya itu. Tuhan ingin agar Paulus tetap rendah hati, agar orang banyak dapat melihat bahwa kasih karunia-Nya itu cukup. Itu juga bukan alasan untuk kita membiarkan semua orang yang mengalami kondisi sakit begitu saja, karena konteks itu berlaku pada Paulus. Ada pula wanita yang mendatangi Yesus dan membawa keluhannya yang khusus. Apakah para murid Yesus benar-benar melihat wanita itu? Apakah mereka melihat masalah yang dialaminya, bahwa dia tertawan dalam suatu belenggu? Apakah mereka sadar bahwa Iblis telah membelenggu wanita itu selama 18 tahun? Yesus melihatnya, dan membebaskan dia. Namun, sisi sebaliknya pun sama.

Iblis sanggup membelenggu tubuh jasmani manusia. Salah satu hal yang Iblis lakukan pada jemaat saya sendiri suatu ketika adalah membuat satu demi satu orang sakit silih berganti sehingga aktivitas pelayanan terhenti. Dalam nama Yesus, saya mendeklarasikan saat itu, dan saya tetap mendeklarasikan hal yang sama saat ini, Iblis tidak akan menang. Iblis sudah kalah, meskipun masih berusaha berjuang dengan berbagai serangannya.

Doa dapat membebaskan orang dari Iblis, dari si jahat, maka mendoakan orang sakit adalah hal yang benar. Kita bertindak benar jika meminta Yesus menandatangani petisi yang meminta kesehatan bagi seorang saudara/saudari seiman di dalam Tuhan.

Hal kedua yang dapat Iblis lakukan adalah membutakan pikiran manusia. Ilah dunia ini telah membutakan pikiran banyak orang sehingga mereka tidak dapat melihat, misalnya, kebenaran Firman Tuhan. Saya telah bertemu banyak sekali orang cerdas sepanjang hidup saya: cendekiawan, profesor, orang-orang ber-IQ superior; dan hal yang menakjubkan bagi saya adalah mereka yang tampaknya menguasai segala macam ilmu itu tidak dapat memahami kebenaran yang sederhana tentang Tuhan. Pernahkah Anda sendiri bertemu orang-orang yang demikian? Mereka cerdas, tetapi ketika Anda membahas Tuhan dengan mereka, mereka tidak dapat melihat kebenarannya. Tuhan, saya bersyukur karena Engkau menyembunyikannya dari manusia-manusia yang seperti itu dan memberitahukannya kepada bayi-bayi dan anak-anak kecil yang menyusu, karena jika surga hanya tersedia bagi kaum ber-IQ tinggi, kebanyakan dari kita tentu binasa! Kita dapat berdoa, "Bebaskanlah kami dari yang jahat," maka kita dapat berdoa agar pikiran manusia yang paling brilian pun dicelikkan hingga melihat.

Iblis memang membelenggu tubuh jasmani dan membutakan

pikiran manusia, tetapi doa dapat membebaskan manusia dari serangan fisik Iblis. Dia membutakan pikiran, tetapi kita dapat membebaskan manusia yang pikirannya dibutakan itu dengan doa. Apa lagi yang dapat Iblis lakukan? Dia dapat menawan roh manusia juga, dan memenjarakannya di dalam sel agamawi, sehingga mereka menjadi berjarak dengan Tuhan. Hal itu mungkin terdengar terlalu aneh, tetapi musuh terbesar kekristenan sebenarnya adalah agama, termasuk agama resmi Inggris yang disebut "kedaulatan gereja", dan agama-agama lainnya. Apa masalah terbesar yang dihadapi para misionaris? Agama yang telah diyakini orang sejak sebelumnya. Iblis tahu bahwa manusia pada dasarnya cenderung menganut agama. Dia tahu bahwa manusia itu berdoa, bahwa ada ruang kosong berbentuk Tuhan dalam jiwa manusia, dan dia tahu bahwa jika ruang itu tetap kosong, manusia akan tetap mencari Tuhan. Pada akhirnya, manusia akan menemukan Tuhan. Maka, apa yang Iblis lakukan untuk mencegahnya? Dia mengisi ruang kosong itu dengan agama. Segala macam agama telah muncul di dunia ini, dan akan ada lebih banyak lagi di masa depan.

Iblis ingin menawan manusia dalam tubuh jasmani mereka, membelenggu mereka dengan kondisi sakit; dia ingin menawan pikiran manusia dan membutakannya dengan keraguan dan kebingungan; serta dia ingin menawan roh manusia dengan mengikatnya dalam penjara agama. Salah satu hal yang menjadi sukacita terbesar orang Kristen adalah terbebas dari belenggu agama. Apakah Anda sendiri juga mengalami sukacitanya? Saat ada orang menanyakan agama Anda, apakah Anda merasa canggung dan tidak tahu harus menjawab apa? Katakan saja, "Wah, saya tidak beragama, tapi saya orang Kristen!"

Iblis senang sekali jika orang punya agama. Namun, dengan doa kita dapat mengikat orang kuat itu dan melucuti siasatnya. Itulah gambaran yang Yesus tunjukkan tentang Iblis. Dia mengajarkan: Saat Aku membebaskan orang ini dari penyakit atau belenggu Iblis atau apa pun, apa yang sedang Kulakukan?

Aku sedang membelenggu orang kuat dan melucuti siasatnya. Yesus berkata bahwa kita harus mengikat si orang kuat itu lebih dahulu. Kita tidak mungkin menjarah isi rumah orang kuat tanpa mengikatnya lebih dahulu. Syukurlah, ada kebenaran yang mulia: oleh darah Yesus kita dapat mengikat Iblis, lalu melucuti siasatnya. *"Janganlah membawa kami ke dalam pencobaan, tetapi lepaskanlah kami dari yang jahat."*

Saya telah menyebut bahwa doa merupakan pertempuran. Doa berarti maju ke garis depan, dan menurut Paulus, memasuki arena pertarungan. Paulus mengibaratkan doa dengan pergumulan (gulat), karena kita tidak menyerang Iblis dari jauh. Kita berhadapan langsung dengan Iblis, bertarung melawan kuasa jahat, dan sering kali rasanya seperti kita bergulat dalam kontak fisik langsung. Gambaran itu memang sangat tepat. Bukankah memang kuasa jahat sering terasa begitu nyata hingga kita dapat menyentuhnya dan aromanya tercium?

Lalu bagaimana cara kita menang dalam pertarungan itu? Menurut saya, jawabannya adalah pakaian yang tepat untuk pegulat. "Pakaian" apa yang harus dikenakan orang Kristen ketika berdoa? Pernahkah Anda memikirkannya? Sebaiknya Anda tidak memakai pakaian tidur dan sandal saja! Saya menyarankan agar Anda mengenakan seperangkat pakaian perang serta selengkap senjata Tuhan. Itulah yang Anda butuhkan: seperangkat yang lengkap, bukan sebagian atau sepotong-sepotong saja. Masalahnya, jika ada bagian yang tidak kita kenakan dari seperangkat yang lengkap itu, di situlah terbuka celah yang akan disasar oleh serangan musuh. Itulah yang terjadi dalam pertandingan gulat, tinju, dan segala bentuk pertarungan jarak dekat lainnya: musuh selalu mencari titik rawan atau celah dalam pertahanan kita. Maka, saat menulis tentang berdoa, Paulus berkata kita perlu mengenakan selengkap senjata Tuhan, setiap bagiannya. Satu saja bagian terlupakan, di situlah kita akan kalah dalam pertempuran itu. Perhatikan hal ini baik-baik. Kita membutuhkan kebenaran. Ikatkan kebenaran erat-erat di pinggang kita!

MEMPRAKTIKKAN PRINSIP-PRINSIP DOA

Saat masih kecil, ayah saya bekerja di ladang pertanian dan peternakan, seperti saya dahulu juga begitu. Saya ingat dia pernah menceritakan pria Irlandia yang bertubuh besar dan tegap yang juga bekerja di ladang itu. Setiap kali pria itu akan membungkuk untuk mengangkat benda yang berat, dia akan mengeratkan dahulu ikat pinggang kulitnya yang lebar, sejauh dua ukuran lebih erat, lalu baru membungkuk. Setelah mengeratkan ikat pinggang, barulah dia siap. Dengan posisi tubuh yang siap itu dia lalu membungkuk dan mulai mengangkat beban yang berat. Paulus berkata bahwa saat kita akan berdoa, kita perlu mengenakan ikat pinggang kebenaran. Pastikan bahwa posisi Anda siap berikatkan kebenaran. Paulus tidak berkata bahwa kita perlu mengamankan perasaan kita, suasana hati kita, atau apa pun; yang perlu disiapkan adalah kebenaran. Pastikan diri kita terikat dengan kebenaran. Lalu, dia berkata pula agar kita menutupi hati kita dengan baju zirah keadilan, karena hati nurani yang tertuduh oleh dosa adalah serangan yang menyulitkan doa. Perbaiki dulu urusan itu. Tutupi hati kita dengan baju zirah keadilan, maka hati nurani kita tidak akan menuduh kita sementara kita berdoa. Berikutnya, Paulus juga berkata bahwa jika kita ingin berdoa dengan benar, kaki kita harus siaga untuk berlari ke mana pun demi memberitakan Injil. Kaki kita harus mengenakan kasut pemberitaan Injil damai sejahtera. Siapkah Anda untuk pergi dan memberitakan Injil itu kepada orang yang telah Anda doakan? Jika Anda siap, kaki Anda berada pada posisi yang benar, dan Iblis tidak akan mengarahkan langkah Anda ke jalan yang salah. Bagaimana dengan lengan kita? Kita membutuhkan perisai, dan kita harus bisa menggerakkan perisai itu. Akan ada serangan panah-panah api. Panah api merupakan salah satu senjata yang paling banyak dipilih di zaman kuno: anak panah yang direndam dalam cairan bahan bakar lalu dinyalakan apinya. Senjata itu dapat mencabut nyawa. Menghadapinya, prajurit Romawi memegang perisai yang besar dan berat, yang terbuat dari kayu lunak yang tebal, sehingga anak panah api yang datang akan menancap dan apinya padam teredam oleh kayu lunak itu. Paulus berkata kita perlu menggunakan perisai iman. Apakah Anda benar-benar percaya bahwa Tuhan mendengarkan Anda? Kita butuh perisai iman. Selanjutnya, Paulus juga mengingatkan kita untuk melindungi kepala kita. Apakah Anda mengalami masalah pikiran yang sulit berkonsentrasi? Tentu saja. Sebelumnya saya sudah menjelaskan cara mengatasinya, yaitu berdoa dengan suara keras, bukan di dalam hati dan pikiran saja. Namun, perlindungan terbaik terhadap pikiran yang sulit berkonsentrasi adalah mengisi penuh pikiran kita dengan pemikiran tentang keselamatan: mengenakan ketopong keselamatan. Dengan demikian, kepala/pikiran kita dipenuhi dengan keselamatan. Mulailah doa Anda dengan berkata, misalnya, "Tuhan, Engkau telah menyelamatkan saya. Saya akan memikirkan keselamatan itu." Keselamatan adalah topik pemikiran yang baik yang tidak akan beralih ke mana-mana.

Nah, sadarkah Anda bahwa semua senjata yang telah disebutkan itu adalah untuk bertahan? Padahal, kita tidak bisa menghadapi Iblis hanya dengan bertahan; kita harus menyerang juga. Maka, kita juga membutuhkan satu senjata berikutnya: pedang, yaitu pedang Roh. Pedang itu akan disarungkan pada ikat pinggang kebenaran. Sebagian orang berpikir bahwa pedang Roh berarti seluruh Alkitab, tetapi bukan. Alkitab adalah ikat pinggangnya, karena itu ikat pinggang kebenaran. Pedang yang akan kita hunus dari ikat pinggang itu adalah Firman Tuhan yang Roh-Nya tarik keluar dari kumpulan kebenaran, khusus untuk situasi itu. Setiap kali Yesus menjawab Iblis, Dia menghunus pedang yang berbeda dari ikat pinggang-Nya, lalu menyerang.

Jangan biarkan Iblis berhasil dalam seluruh maksudnya. Kenakan seluruh perlengkapan senjata itu, termasuk senjata untuk menyerang, yaitu Firman Tuhan yang tepat dari kumpulan kebenaran-Nya, yang Anda dimampukan oleh Roh-Nya untuk gunakan sebagai serangan: sebuah kata dari Alkitab, sebuah kata langsung yang diingatkan oleh Roh Tuhan yang bukan dikutip dari Alkitab... itu semua adalah Firman Tuhan yang harus Anda gunakan untuk menyerang Iblis. Katakan saja, "Diamlah dan larilah," maka Anda akan melihat Iblis undur dan lari.

Pada saat itu, Anda bertahan sekaligus menyerang. Itu adalah pertempuran yang sungguh-sungguh. Itulah mengapa doa jauh lebih sulit untuk orang Kristen daripada untuk orang-orang lain, karena Iblis membenci doa orang Kristen, melebihi ketidaksukaannya terhadap roda doa orang Tibet dan sajadah orang Muslim. Iblis membenci nama Yesus, karena semua malaikat dan manusia tersungkur di hadapan Yesus, nama yang paling tinggi mengatasi segala nama di bawah bumi, di bumi, maupun di atas bumi itu; maka, Iblis pun takut dan lari. Percayakah Anda? Selanjutnya, berdoalah bahwa darah Yesus bukan hanya melindungi pekerjaan pelayanan yang sedang berjalan, tetapi juga memperluasnya bagi kemuliaan Tuhan. Berdoalah melawan Iblis, yang terus-menerus menyerang anggota jemaat saat ini dan mencoba menjatuhkan mereka, yang berusaha membingungkan pikiran manusia, yang mencoba memberikan agama alih-alih hubungan pribadi dengan Kristus. Marilah kita berdoa: "Tuhan, bebaskanlah kami dari yang jahat. Karena Engkaulah, bukan Iblis, yang empunya Kerajaan dan kuasa dan kemuliaan sampai selama-lamanya." *Amin*.

DOA

Tuhan, terima kasih karena Engkau meletakkan Iblis pada posisi kalah sehingga dia tidak bisa membunuh kami saat ini. Kami berdoa, dalam nama Yesus, agar orang-orang yang sedang diganggu Iblis saat ini dilepaskan, dan mengalami kebebasan sebagai anak Tuhan dalam aspek tubuh, jiwa, dan roh mereka. Tuhan, kami sebelumnya tidak sadar seberapa jauh Iblis telah mencengkeram kami saat kami belum mengenal-Mu, tetapi kini kami sadar betapa kuatnya, liciknya, dan cerdasnya Iblis itu. Namun, kami bersyukur kepada-Mu, Tuhan, karena Iblis bukanlah lawan tanding yang seimbang bagi Yesus, dan dia sudah dikalahkan di kayu salib. Tuhan, berikan kemenangan itu pula kepada kamu, bukan untuk kami sendiri tetapi agar nama-Mu dikuduskan. Biarlah doa-doa Gereja-Mu menjadi lebih berkuasa daripada pangeran penguasa dunia ini dan segala anteknya, dan kami meminta hal ini dalam nama Yesus, Tuhan dan Juru Selamat kami. **Amin**.

5

DOA BERSAMA ORANG-ORANG KUDUS

Ketika Petrus dan Yohanes sedang berbicara kepada orang banyak, imam-imam dan kepala pengawal Bait Allah serta orang-orang Saduki mendatangi mereka. Orang-orang itu sangat marah karena mereka mengajar orang banyak dan memberitakan bahwa dalam Yesus ada kebangkitan dari antara orang mati. Mereka ditangkap dan dimasukkan ke dalam tahanan sampai keesokan harinya, karena hari telah malam. Tetapi di antara orang yang mendengar ajaran itu banyak yang menjadi percaya, sehingga jumlah mereka menjadi kira-kira lima ribu orang laki-laki. Keesokan harinya pemimpin-pemimpin Yahudi serta tua-tua dan ahli-ahli Taurat mengadakan sidang di Yerusalem dengan Imam Besar Hanas dan Kayafas, Yohanes dan Aleksander dan semua orang lain yang termasuk keturunan Imam Besar. Lalu Petrus dan Yohanes dihadapkan kepada sidang itu dan mulai diperiksa dengan pertanyaan ini, "Dengan kuasa mana atau dalam nama siapa kamu melakukan hal itu?"

Lalu Petrus, yang penuh dengan Roh Kudus, menjawab mereka, "Hai pemimpin-pemimpin umat dan tua-tua, jika kami sekarang harus diperiksa karena suatu perbuatan baik kepada seorang sakit dan harus menerangkan dengan kuasa mana orang itu disembuhkan, maka ketahuilah oleh kamu sekalian dan oleh seluruh umat Israel bahwa dalam nama Yesus Kristus, orang Nazaret, yang telah kamu salibkan, tetapi yang telah dibangkitkan Allah dari antara orang mati — bahwa oleh karena Yesus itulah orang ini berdiri dalam keadaan sehat sekarang di depan kamu. Yesus adalah batu yang dibuang oleh tukang-tukang bangunan — yaitu kamu sendiri — namun Ia telah menjadi batu penjuru. Tidak ada keselamatan di dalam siapa pun juga selain di dalam Dia, sebab di bawah kolong langit ini tidak ada nama lain yang diberikan kepada manusia yang olehnya kita dapat diselamatkan."

Ketika sidang itu melihat keberanian Petrus dan Yohanes dan mengetahui bahwa keduanya orang biasa yang tidak terpelajar, heranlah mereka; dan mereka mengenal keduanya sebagai pengikut Yesus. Tetapi karena mereka melihat orang yang disembuhkan itu berdiri di samping kedua rasul itu, mereka tidak dapat mengatakan apa-apa untuk membantahnya. Setelah mereka menyuruh rasul-rasul itu meninggalkan ruang sidang, berundinglah mereka, dan berkata, "Tindakan apakah yang harus kita ambil terhadap orang-orang ini? Sebab telah nyata kepada semua penduduk Yerusalem bahwa mereka telah mengadakan suatu mukjizat yang mencolok dan kita tidak dapat menyangkalnya. Tetapi supaya hal itu jangan makin luas tersebar di antara orang banyak, baiklah kita mengancam dan melarang mereka, supaya mereka jangan berbicara lagi dengan siapa pun dalam nama itu." Setelah keduanya disuruh masuk, mereka diperintahkan, supaya sama sekali jangan berbicara atau mengajar lagi dalam nama Yesus.

Tetapi Petrus dan Yohanes menjawab mereka, "Silakan kamu putuskan sendiri manakah yang benar di hadapan Allah: taat kepada kamu atau taat kepada Allah. Sebab tidak mungkin bagi kami untuk tidak berkata-kata tentang apa yang telah kami lihat dan dengar." Mereka semakin keras mengancam rasul-rasul itu, tetapi akhirnya melepaskan mereka juga, sebab sidang itu tidak melihat jalan untuk menghukum mereka karena orang banyak memuliakan nama Allah berhubung dengan apa yang telah terjadi. Sebab orang yang disembuhkan oleh mukjizat itu sudah lebih dari

Doa Bersama Orang-Orang Kudus

empat puluh tahun umurnya.

Sesudah dilepaskan pergilah Petrus dan Yohanes kepada teman-teman mereka, lalu mereka menceritakan segala sesuatu yang dikatakan imam-imam kepala dan tua-tua kepada mereka. Ketika teman-teman mereka mendengar hal itu, berserulah mereka bersama-sama kepada Allah,

"Ya Tuhan, Engkaulah yang menjadikan langit dan bumi, laut dan segala isinya. Oleh Roh Kudus dengan perantaraan hamba-Mu Daud, bapak kami, Engkau telah berfirman: Mengapa gusar bangsa-bangsa, mengapa suku-suku bangsa mereka-reka hal yang sia-sia? Raja-raja dunia bersiap-siap dan para pembesar berkumpul untuk melawan Tuhan dan Yang Diurapi-Nya. Sebab sesungguhnya telah berkumpul di dalam kota ini Herodes dan Pontius Pilatus beserta bangsa-bangsa dan suku-suku bangsa Israel melawan Yesus, Hamba-Mu yang kudus, yang Engkau urapi, untuk melaksanakan segala sesuatu yang telah Engkau tentukan sejak semula oleh kuasa dan kehendak-Mu. Sekarang, ya Tuhan, lihatlah ancaman-ancaman mereka dan berikanlah kepada hamba-hamba-Mu keberanian sepenuhnya untuk memberitakan firman-Mu. Ulurkanlah tangan-Mu untuk menyembuhkan orang, dan adakanlah tanda-tanda dan mukjizat-mukjizat oleh nama Yesus, Hamba-Mu yang kudus."

Dan ketika mereka sedang berdoa, goyanglah tempat mereka berkumpul itu dan mereka semua dipenuhi oleh Roh Kudus, lalu mereka memberitakan firman Allah dengan berani. Kumpulan orang yang telah percaya itu sehati dan sejiwa, dan tidak seorang pun berkata bahwa sesuatu dari kepunyaannya adalah miliknya sendiri, tetapi segala sesuatu adalah kepunyaan mereka bersama. Dengan kuasa yang besar rasul-rasul memberi kesaksian tentang kebangkitan Tuhan Yesus dan mereka semua hidup dalam anugerah yang melimpah-limpah. Sebab tidak ada seorang pun yang

berkekurangan di antara mereka; karena semua orang yang mempunyai tanah atau rumah, menjual kepunyaannya itu, dan hasil penjualan itu mereka bawa dan mereka letakkan di depan kaki rasul-rasul; lalu dibagi-bagikan kepada setiap orang sesuai dengan keperluannya.
(Kisah Para Rasul 4)

Kisah yang membangkitkan semangat, dan kita pasti akan ingin melanjutkan membacanya lagi dan lagi! Namun, peristiwa-peristiwa di dalamnya juga bisa terjadi pada masa kini.

Suatu ketika saya melihat-lihat isi rak buku saya, dan saya menyadari bahwa banyak dari buku-buku bertopik doa mengandung kata "pribadi" dalam judulnya. Ada buku ***A Private House of Prayer*** (Rumah Doa Pribadi) karya Leslie Weatherhead dan buku ***A Diary of Private Prayer*** (Catatan Harian Doa Pribadi) karya John Baillie. Tanpa berlama-lama dengan urusan judul, saya akan mengulangi yang sebelumnya telah saya tuliskan, bahwa tidak ada doa yang bersifat pribadi sendirian saja bagi orang Kristen, dan dalam pola pikir Kristen, doa setidaknya terdiri dari empat pribadi. Sebagai orang Kristen, kita tidak mungkin berdoa tanpa setidaknya ada empat pribadi: Bapa, Anak, Roh Kudus, dan diri sendiri. Namun, saya khawatir orang-orang akan segera mulai berdoa pribadi sendirian saja. Kita telah melihat intervensi yang dilakukan Iblis, yang ingin menyusup dan merusak situasi doa dengan membawa kuasa jahat dan antek-anteknya, tetapi saya yakin para malaikat pun terlibat. Kita berdoa bersama para malaikat, penghulu malaikat, dan seluruh penghuni surga. Sekarang, saya ingin memikirkan dimensi berdoa bersama orang-orang kudus. Saya yakin kita tidak mungkin berdoa tanpa mereka. Seperti telah disebutkan sebelumnya, Yesus berkata bahwa jika kita akan berdoa secara pribadi, kita harus masuk ke dalam kamar, menutup pintunya, tanpa ada orang lain, lalu berdoa. Namun, itu berarti berdoa bersama orang-orang kudus, karena doa yang diajarkan Yesus itu berbunyi, "Bapa *kami* yang

Doa Bersama Orang-Orang Kudus

di surga, dikuduskanlah nama-Mu, berikanlah *kami* pada hari ini makanan *kami* yang secukupnya," meskipun secara jasmani hanya ada tubuh kita di dalam kamar itu! Kita berdoa bersama orang-orang kudus. Dengan kata lain, begitu menjadi orang Kristen, kita berhenti hidup sendirian saja. Kita menjadi anggota dari suatu Tubuh, dan Tubuh itulah yang berdoa, meskipun ketika kita secara fisik sendirian saja. Doa pribadi yang sendirian saja hanya dilakukan oleh agama-agama lainnya. Agama-agama lain juga berpikir bahwa kita hanya membutuhkan dua pribadi untuk berdoa: diri sendiri dan Tuhan. Dalam Alkitab, doa korporat (doa bersama) adalah doa, dan meskipun tubuh kita secara jasmani hanya seorang diri, semua doa adalah doa korporat juga; doa seluruh orang kudus.

Kebenaran itu pun muncul dalam perbuatan Yesus sendiri. Sering kali, termasuk ketika Dia berdoa secara pribadi dengan Bapa-Nya, Yesus tidak sendirian saja. Pikirkan kembali Lukas 9:18, yang menunjukkan bahwa ketika Yesus berdoa sendi ada murid-murid-Nya bersama Dia! Saat Yesus ingin berdoa secara pribadi dan sendiri, Dia pun mengajak Petrus dan Yakobus dan Yohanes, untuk mendukung diri-Nya. Hal yang demikian itu sangat sering terjadi. Salah satu doa Yesus ada di dalam Yohanes 17: doa-Nya kepada Bapa pada malam sebelum Dia wafat, yang sangat intim dan sangat pribadi. *"Bapa, Aku bersyukur kepada-Mu untuk kemuliaan yang telah Kumiliki bersama-Mu sejak sebelum dunia dijadikan, dan Aku bersyukur karena Engkau akan memberikan kemuliaan itu kembali kepada-Ku."* Dan *Aku* bersyukur kepada-Mu untuk hal ini dan untuk hal itu . . . Nah, di mana Yesus berdoa demikian itu? Dia berdoa bersama orang-orang kudus, dengan murid-murid-Nya juga hadir di situ. Kemudian, di taman Getsemani, saat Dia akan bergumul dalam pertempuran terpenting dalam kehidupan-Nya, Yesus meminta para murid untuk tidak tidur, untuk berjaga-jaga dan berdoa. Itu berarti Dia berkata Dia ingin bersama orang-orang kudus, berada di tengah-tengah mereka, untuk mendapatkan bantuan dan dukungan dari mereka. Yesus saja membutuhkan hal-hal itu, maka tentu kita juga membutuhkannya dan doa bersama orang-orang kudus sangatlah penting. Pikirkan pula perbuatan Yesus, bukan hanya perkataan-Nya.

Doa selalu merupakan doa korporat. Ingatlah bahwa setiap kali Anda mulai berbicara kepada Bapa, Anda bergabung dengan ribuan orang lain yang juga melakukannya. Jika Anda berdoa dengan suara keras dan setiap orang lain itu juga berdoa dengan suara keras, Tuhan tetap mendengar setiap doa tanpa tercampur aduk. Kita bergabung dengan orang-orang kudus lainnya.

Saya akan membahas perihal berdoa bersama orang-orang kudus ini secara sangat singkat dan sangat sederhana dari empat sudut pandang. Pertama, dasar alkitabiah untuk berdoa bersama; kedua, keuntungan tambahan dari berdoa bersama; ketiga, masalah praktis pada berdoa bersama (seperti Anda, saya pun amat menyadari masalah-masalah itu); dan keempat, yang saya sebut "lingkaran konsentrasi" pada berdoa bersama.

Yang pertama, mari kita lihat dasar alkitabiahnya, dan saya akan menggunakan bagian Perjanjian Baru saja. Ada empat bagian dalam Perjanjian Baru yang saya ingin kemukakan sebagai rujukan: kitab-kitab Injil, Kisah Para Rasul, surat-surat, dan Wahyu. Tahukah Anda bahwa dalam setiap bagian itu berdoa bersama lebih sering muncul daripada berdoa sendirian? Hampir semua janji di dalam kitab-kitab Injil ditujukan untuk orang-orang yang berdoa bersama, bukan yang berdoa sendirian. Praktik hidup dalam Kisah Para Rasul hampir selalu melibatkan berdoa bersama, bukan berdoa sendirian. Catatan peristiwa dalam kitab surat-surat pun hampir selalu melibatkan doa bersama. Yang terakhir, nubuat dalam kitab Wahyu pun berisi tentang orang-orang yang berdoa bersama. Semuanya itu tentu penting.

Coba kita awali dengan melihat janji-janji dalam kitab Injil. Salah satu contohnya: Yesus berkata, *"Lagi pula Aku berkata kepadamu: Jika dua orang dari antara kamu di dunia ini sepakat meminta apa pun juga, permintaan mereka itu akan dikabulkan oleh Bapa-Ku yang di surga. Sebab di mana dua atau tiga orang berkumpul dalam nama-Ku, di situ Aku ada di tengah-tengah mereka.*" Itu tentu janji yang tidak mungkin kita minta penggenapannya jika kita tidak berdoa bersama satu atau dua orang lainnya. Janji itu harus kita anggap tidak ada jika kita selalu berdoa sendirian saja, padahal janji itu bersumber dari Tuhan Yesus sendiri.

Lalu, ketika mempelajari Injil Yohanes pasal 14, 15, dan 16, saya menemukan hal penting untuk pemahaman kita. Pada malam sebelum Yesus wafat, Dia memberikan instruksi kepada para murid-Nya tentang doa, melebihi pada kesempatan-kesempatan lainnya. Yesus ingin mengajar mereka cara berhubungan dengan Bapa setelah Dia tidak bersama mereka kelak.

Sebenarnya mereka telah "hidup bersama" Bapa selama tiga tahun, karena Yesus berkata, "*Siapa saja yang telah melihat Aku, dia telah melihat Bapa.*" Saat itu Yesus akan meninggalkan mereka dan Dia ingin mereka belajar menjaga hubungan dengan Tuhan, maka Dia memberikan janji-janji yang spesifik kepada mereka. Setiap janji itu mengandung kata-kata "dalam nama-Ku" — "*Jika kamu meminta sesuatu kepada-Ku dalam nama-Ku, Aku akan melakukannya.*" Ketika saya membaca bagian itu dalam bahasa Yunani, saya jadi tahu lebih banyak. Dalam bahasa Inggris, kata ganti "you" ("kamu", "kalian") sama saja bentuknya baik maknanya tunggal atau jamak, maka kita tidak tahu yang mana yang Yesus maksud ketika membacanya dalam Alkitab bahasa Inggris. Namun, dalam bahasa Yunaninya, kita tahu: setiap kali di dalam janji-janji tentang doa itu kata yang dipakai bermakna "kalian", yaitu jamak. Yesua tidak berkata, "Jika ada di antara kamu atau kamu masing-masing meminta sesuatu dalam nama-Ku," tetapi, "Jika kalian bersama-sama meminta sesuatu dalam nama-Ku..." Bukankah ini memberikan pencerahan bagi pemahaman kita? Makna jamak dan *kebersamaan* ini sejalan dengan bagian "jika dua atau tiga orang berkumpul..." Ada hal yang istimewa pada doa bersama. Menurut janji-janji itu, tiga orang yang berdoa sendiri-sendiri secara terpisah tidak dapat mencapai yang dicapai oleh tiga orang yang berdoa bersama.

Selanjutnya, kita akan melihat cara hidup yang praktis dalam Kisah Para Rasul. Apa yang sedang dilakukan para murid selama sepuluh hari setelah kenaikan Tuhan Yesus dan sebelum hari Pentakosta? Mereka berdoa; tetapi, bagaimana cara mereka berdoa? Apakah mereka masing-masing masuk ke kamar tertutup lalu berkata, "Tuhan, penuhi saya dengan Roh Kudus-Mu"? Bukan demikian. Mereka semua berkumpul bersama-sama dan berkata, "Tuhan, penuhi kami dengan Roh Kudus-Mu," dan berdoa meminta Roh Kudus lebih besar kuasanya jika dilakukan bersama-sama daripada sendirian. Ada terlalu banyak orang saat ini yang ingin dipenuhi Roh Kudus sendirian saja. Mereka ingin kepenuhan Roh Kudus terjadi secara pribadi saja, karena malu jika mengalaminya di tengah-tengah orang lain. Berkumpul bersama menghasilkan kuasa. Kumpulkan 120 orang untuk berdoa bersama sampai Tuhan memenuhi mereka semua dengan Roh Kudus, maka sesuatu pasti terjadi. Dalam Kisah Para Rasul pasal 1, mereka tidak berdoa sendirian masing-masing secara terpisah. Mereka berkumpul bersama. Maria ibu Yesus pun ada di sana. Dia tidak tahu bahwa dirinya akan dipenuhi Roh Kudus dan akan berbicara dalam bahasa-bahasa lain, tetapi lalu mengalaminya. Roh Kudus turun atasnya untuk kedua kalinya, dan kali itu dia merupakan bagian dari tubuh korporat orang-orang yang juga sedang berdoa.

Lalu, dalam Kisah Para Rasul pasal 2, ada tiga ribu orang bertobat sebagai hasilnya. Jika Anda dapat mengumpulkan 120 orang untuk berdoa bersama setiap hari, pasti akan ada sesuatu yang terjadi! Sekarang, mari perhatikan apa yang terjadi. Setelah membaptis para petobat baru itu, para murid mengajar mereka untuk melanjutkan hidup sebagai orang Kristen. Apa saja yang diajarkan? Para murid mengajar mereka berkumpul bersama untuk mendengarkan pengajaran, untuk bersekutu, untuk memecahkan roti, dan untuk berdoa — sejak awal mula

Doa Bersama Orang-Orang Kudus

perjalanan iman itu. Itu menarik. Balik halaman Alkitab Anda dan temukan catatan yang indah tentang pertemuan doa mereka. Salah satunya disebutkan dalam Kisah Para Rasul pasal 4. Mereka telah dilarang untuk menyebut nama Yesus lagi, maka mereka berkumpul bersama dalam pertemuan doa, dan Anda tentu tahu apa yang mereka doakan. Mereka berkata, "Tuhan, tolong kami untuk lebih berani berbicara tentang nama Yesus." Mereka tidak berkata, "Tuhan, tolonglah kami untuk berdiam diri," atau, "Tuhan, tolong kendalikan kami." Mereka berkumpul bersama, dan dalam perkumpulan bersama itu berdoa meminta keberanian. Saat kita sedang sendirianlah Iblis akan menjatuhkan kita satu per satu, padahal saat kita sedang berdoa bersama-sama meminta keberanian untuk berbicara, kita akan menerimanya. Berkumpul dan berdoa bersama-sama meminta keberanian adalah dukungan yang kita butuhkan. Bahkan sebenarnya, saya yakin harus ada setidaknya dua orang Kristen di setiap lokasi. Orang Kristen yang sendirian saja akan lemah. Kita membutuhkan dua orang percaya di mana kita berada. Di kantor, jika Anda hanya seorang diri sebagai orang Kristen, berdoalah meminta agar Tuhan mengirimkan satu orang Kristen lagi untuk berada di sana bersama Anda, sehingga setidaknya ada dua orang yang dapat berdoa bersama. Satu orang mengalahkan seribu musuh, tetapi dua orang mengalahkan berlaksa-laksa. Saya tidak mampu menjelaskan matematika Tuhan, tetapi demikian itulah kebenarannya!

Kemudian, dalam pasal 8, kita sekali lagi menemukan catatan tentang berdoa meminta penyataan kuasa Roh Kudus, yang dilakukan bersama-sama. Mereka tidak berdoa sendirian atau terpisah masing-masing. Mereka berdoa bersama. Lanjutkan membaca ke Kisah Para Rasul 12, yang mencatat pertemuan doa yang menurut saya paling lucu. Ada seseorang yang sedang dipenjara. Petrus. Lalu, murid-murid itu semuanya berkumpul dalam pertemuan doa untuk mendoakan Petrus. Ketika mereka sedang berdoa, pintu ruangan diketuk dari luar. Salah satu murid wanita bangkit dari tempat duduknya, membuka pintu, kemudian memberi tahu mereka semua bahwa yang datang itu Petrus. Mereka berkata, "Tidak mungkin. Kita sedang mendoakan dia dan dia sedang ada di penjara." Anda dapat memaknainya terserah Anda, tetapi bagi saya itu adalah pendapat yang kurang iman. Mereka tidak percaya bahwa doa mereka dijawab secepat itu, yaitu langsung dalam kejadian ketukan di pintu itu. Yang jelas, seperti mereka berdoa bersama bagi orang-orang yang dipenjara, kita pun dapat berdoa bersama bagi orang-orang yang dipenjara. Bacalah kisah-kisah lainnya. Ada kumpulan murid yang berdoa bersama lalu Tuhan memanggil misionaris. Saya harus mengatakan buktinya kepada Anda: setiap gereja yang mengutus misionaris ke negara-negara lain adalah gereja yang berdoa bersama. Ketika gereja berdoa bersama, Tuhan akan memisahkan orang-orang untuk melakukan tugas-tugas khusus.

Mari kita lanjutkan dengan kitab surat-surat. Pernahkah Anda menghitung, saat Anda membaca surat-surat Paulus, berapa kali dia meminta pembacanya untuk berdoa? Lalu, tahukah Anda bahwa setiap kali dia meminta pembacanya berdoa dia selalu menggunakan kata berbentuk jamak yang bermakna "kalian", dan dia selalu mengatakan sesuatu yang mengandung arti dia ingin para pembaca itu bukan hanya mengingatnya dalam doa pribadi melainkan juga agar mereka berkumpul dan mendoakannya bersama-sama? Dalam Alkitab bahasa Yunani, semua itu terlihat lebih jelas daripada dalam Alkitab bahasa Inggris.

Yang terakhir, mari kita lihat nubuat-nubuat di dalam kitab Wahyu. Hari-hari terakhir akan menjadi sangat berat bagi Gereja Kristus. Mereka akan mengalami tekanan, Antikristus akan memerintah, dan akan terjadi penganiayaan yang nyata. Apa yang akan Gereja jadikan pertahanan terhadap kedatangan masa yang berat itu? Tak lain, pertahanan itu adalah dupa dari doa-doa para orang kudus. Dupa yang naik dari orang-orang kudus yang berkumpul bersama ini tercatat di dalam kitab Wahyu. Mereka berdoa bersama dan saling menopang di dalam doa. Doa bersama mereka itu mendatangkan keamanan, dan mereka saling mendukung dalam menghadapi serangan musuh. Musuh sangat suka memisah-misahkan kita lalu menjatuhkan kita satu per satu.

Hal itu menjadi dasar alkitabiah yang penting bagi kita. Ada banyak bagian dalam Perjanjian Baru yang menyebut tentang doa secara sendiri, tetapi ada jauh lebih banyak bagian yang menyebut tentang doa bersama.

Mari kita lihat keuntungan-keuntungan tambahannya sekarang. Apa yang dapat dihasilkan dari doa bersama dalam kesatuan, yang tidak dapat dihasilkan dari doa pribadi secara terpisah, selain janji Kristus sendiri bahwa Dia akan hadir di mana ada dua atau tiga orang berkumpul dalam nama-Nya?

Saya menemukan tiga keuntungan itu:

1. Doa itu menjadi sebuah "sekolah".
2. Doa itu menjadi sebuah "perapian".
3. Doa itu menjadi sebuah "pembangkit tenaga listrik".

Pertama, doa itu menjadi sebuah "sekolah". Saya telah belajar begitu banyak hal tentang doa dari mendengarkan orang lain berdoa, jauh melebihi dari semua buku tentang doa yang saya miliki, atau dari semua khotbah tentang doa yang saya dengar. Mendengarkan orang lain berdoa memberikan pelajaran tentang berdoa dengan cara yang sangat unik. Hal itu memberikan dorongan untuk kita sendiri berdoa, membuka berbagai kemungkinan baru, dan kita jadi berpikir, "Wah, saya sebelumnya tidak pernah berpikir untuk berdoa seperti itu, atau mendoakan hal itu..." Hal itu membuat kita ingin memperluas jangkauan doa kita sendiri. Itulah sebabnya saya bersyukur kepada Tuhan untuk kelompok-kelompok yang saya bisa bergabung dan mendengarkan doa-doa orang kudus. Menyaksikan doa-doa itu dinaikkan oleh orang-orang kudus entah bagaimana membantu memperbaiki doa kita sendiri. Kita jadi berhenti mendoakan hal-hal yang bersifat hanya untuk kepentingan diri sendiri, kita jadi mendapatkan visi yang lebih besar, kita jadi mendoakan hal-hal yang lebih besar, kita jadi terangkat keluar dari kebobrokan rohani kita sendiri, karena ragam kepribadian manusia memperkaya pemahaman kita sendiri akan doa.

Kedua, berdoa bersama mengubah doa menjadi "perapian". Saya akan jelaskan maksudnya. Jika kita mengambil sebongkah arang yang membara dari dalam nyala api lalu meletakkannya di tempat lain sendiri saja, kita bisa melihat dampaknya. Potensinya untuk menjadi panas tidak berubah, tetapi arang itu justru menjadi dingin. Di dalam dirinya, arang itu masih merupakan bahan bakar yang bisa menyala, tetapi toh arang itu menjadi dingin. Jika kita cepat-cepat mengembalikannya ke dalam tumpukan arang lainnya dalam perapian, arang itu akan memanas kembali. Martin Luther mencatat dalam jurnal hariannya, "Di dalam rumah saya sendiri, tidak ada rasa hangat maupun semangat yang saya rasakan, tetapi di gereja, dengan jemaat yang berkumpul bersama-sama, ada nyala api di dalam hati saya, yang menghasilkan terobosan." Tokoh besar reformasi itu sungguh jujur ketika menuliskan pengakuan itu. Dia berkata: Saya perlu berada di dalam perapian. Jika kita mengalami kondisi dingin dalam kehidupan doa pribadi, jika kita merasa langkah kita berat, sudah pasti kita perlu masuk ke dalam perapian, bergabung dengan bongkah-bongkah arang lain yang panas, agar nyala bara itu dapat tertular kepada kita dan membangkitkan kita kembali dalam kehidupan doa.

Sekali lagi, yang pertama, doa bersama adalah sebuah "sekolah" yang memberikan pelajaran dari mendengarkan doa orang lain, dan yang kedua, doa bersama adalah sebuah "perapian" yang menjadi sarana penularan bara api dan panas bagi diri kita. Lalu yang ketiga, doa bersama adalah sebuah "pembangkit tenaga listrik".

Setiap kali saya memberanikan diri untuk keluar dari lingkup kemampuan saya sendiri, ada pakar di bidang lain yang saya masuki itu muncul! Namun, menurut pemahaman saya, kabel yang membawa daya listrik terbuat dari kawat-kawat kecil yang dijalin bersama-sama. Dalam jalinan gabungan itu, kawat-kawat itu jadi sanggup membawa dan menyalurkan daya listrik yang jauh melebihi yang menjadi kapasitasnya jika sendiri saja. Perhatikan saja saat berikutnya Anda menggunakan kabel listrik, bukankah kabel itu terdiri dari jalinan kawat-kawat kecil? Jalinan bersama itu menyalurkan daya listrik yang besar, dan itu serupa dengan doa: Tuhan menetapkan doa dengan serius untuk, jika digabungkan bersama-sama dari yang sendiri-sendiri, dapat mendatangkan kuasa yang jauh lebih besar karena kondisi gabungan itu. Jangan tanyakan kepada saya cara kerjanya, tetapi tampaknya itu merupakan salah satu bentuk hukum alam seperti yang disebut oleh Henry Drummond, yang kali ini berlaku dalam alam rohani.

Bertahun-tahun lalu, ada sebuah gereja di Shanghai yang hanya terdiri dari 60 orang jemaat dan mereka tetap pada kondisi dan jumlah itu tanpa ada apa pun yang terjadi. Lalu, apa yang mereka lakukan? Mereka membagi 60 orang itu menjadi sepuluh kelompok, masing-masing berisi enam orang. Sebagian orang mungkin akan berkomentar, "Itu terlalu mekanis. Itu mengambil alih pekerjaan yang seharusnya dilakukan oleh Roh Kudus." Wah, saya sendiri akan lebih suka menjadi bagian dari gereja di Shanghai itu, karena alasan yang kini akan saya ceritakan. Gereja itu menganggap setiap anggota jemaatnya siap berdoa bersama dalam kelompok. Memang, itu sekadar asumsi, tetapi mereka benar-benar melakukannya. Mereka berkata bahwa karena itu merupakan bagian yang normal dalam kehidupan kekristenan Perjanjian Baru, tentu aneh jika ada anggota jemaat yang tidak mau bergabung dalam pertemuan doa bersama. Gereja itu lalu menetapkan jadwal doa bersama selama satu jam pada hari kerja. Saya tidak tahu bagaimana cara para anggota jemaat itu mengatur pelaksanaannya pada hari kerja. Menurut saya, karena kebanyakan dari mereka bekerja sendiri atau bekerja di ladang, mereka dapat mengatur jadwal kerja mereka. Salah kelompok enam orang berdoa pada pukul 8 sampai pukul 9 pagi, lalu kelompok berikutnya pada pukul 9 sampai pukul 10 pagi, dan seterusnya dalam sepanjang hari, sehingga setiap hari dan setiap malam selalu ada doa yang berkelanjutan oleh salah satu kelompok. Pada tahun itu, sejak hari pertama mereka mulai melakukan doa kelompok bergiliran itu, ada 114 orang yang dibaptis, lalu pada tahun berikutnya ada 200 orang yang dibaptis. Satu-satunya perubahan yang mereka lakukan dalam situasi stagnan yang ada adalah berkumpul untuk berdoa bersama, bukan dalam pertemuan doa akbar seluruh jemaat, melainkan dalam kelompok enam orang, lalu dampak itu terjadi. Menarik sekali! Saya menantang Anda untuk mencobanya juga! Di negara saya sendiri, kami butuh meningkatkan persentase orang Kristen. Jika angka orang Kristen mencapai lima persen dari populasi, orang Kristen dapat ikut mengubah opini publik, dan dengan demikian mengubah tren publik. Bagaimana caranya agar hal itu terjadi? Tidak butuh waktu lama jika kita menerapkan cara seperti yang dilakukan oleh gereja di Shanghai itu. Saya menantang Anda untuk melakukan hal yang sama itu.

Ketika di Kanada, saya bertemu dengan Dr. Donald McGavran, pria bertubuh kecil yang lurus dan cerdas, yang mengabdikan sebagian masa hidupnya untuk mempelajari banyak buku dan menulis tentang satu topik saja: bagaimana agar gereja bertumbuh. Dia telah berkeliling dunia, menganalisis, memeriksa, mempertanyakan, mengamati, dan mewawancara tentang bagaimana gereja mengalami pertumbuhan, lalu menghasilkan banyak tulisan mengenai topik itu. Dia tidak pernah menyajikan jawaban yang terlalu disederhanakan. Menurutnya, ada berbagai faktor yang berpengaruh (ada gereja yang memiliki tokoh penginjil besar, ada yang memiliki bangunan yang bagus, dan lain-lain), tetapi hanya ada satu faktor yang selalu muncul pada setiap gereja yang bertumbuh pesat di seluruh dunia: gereja-gereja itu memiliki kelompok orang percaya yang berkumpul bersama secara rutin untuk berdoa bagi jiwa-jiwa yang belum percaya, dengan menyebut nama-nama mereka, dalam nama Yesus. Hal itu tidak dapat dilakukan dalam kumpulan besar atau dalam ruang publik, tetapi dapat dilakukan dalam kelompok dengan dua atau tiga orang bersama-sama.

Hal ketiga yang saya ingin bahas adalah masalah-masalah praktis dalam hal doa bersama, karena masalah-masalah itu memang ada. Ada enam masalah yang akan saya kemukakan, dan Anda bisa menambahkan yang lainnya nanti. Saya bisa saja menuliskan daftar enam jenis orang yang menjadi masalah dalam doa bersama, tetapi hal itu tentu tidak pantas saya lakukan! Yang akan kita bahas adalah masalahnya, bukan orangnya, dan kita semua bisa menyebabkan masalah-masalah itu.

Pertama, masalah orang yang tetap berdiam diri. Ketika kita berkumpul untuk berdoa bersama, setiap orang harus siap untuk berdoa. Berdiam diri akan menjadi penghalang dalam doa bersama itu. Biasanya, masalah itu timbul bukan karena penyebab fisik. Saya mengenal seorang pria yang gagap begitu parah, lebih daripada orang-orang lain yang saya pernah jumpai. Jika kita menyapanya, "Selamat pagi," dia akan berjuang pada bunyi "Ss... S... Sss..." lama sekali sebelum dapat menjawab, "Selamat pagi." Namun, Tuhan mengendalikan dia. Ketika dia pergi ke pertemuan doa, Tuhan memberikan kemampuan bicara yang fasih sehingga dia mengalir lancar dalam doanya tanpa gagap sama sekali. Indah sekali! Tuhan belum menyembuhkan gagapnya saat dia berbicara dengan orang lain, tetapi Tuhan sangat ingin manusia berbicara dengan diri-Nya, yaitu berbicara kepada-Nya dalam pertemuan doa. Maka, Tuhan membebaskan pria itu dari gagap dan doanya mengalir lancar. Saya belum pernah mendengar orang lain berdoa seperti pria itu.

Nah, penghalang orang untuk berdoa biasanya bersifat psikologis. Kita mungkin terlalu gugup, takut, ngeri, atau malu bahwa doa kita akan kacau, sehingga kita menjadi seperti Firaun yang kerongkongannya tersumbat katak oleh tulah! Kita sibuk berpikir, "Setelah mulai berdoa, bagaimana caranya saya berhenti nanti?" Atau, "Bagaimana kalau saya tidak bisa melanjutkan doa itu?" Atau, "Bagaimana kalau doa saya macet dan pikiran saya tiba-tiba buntu?" Atau, karena selalu akan ada orang lain yang mampu berdoa jauh lebih baik daripada kita berdoa, kita khawatir orang itu akan membandingkan doanya dengan doa kita dan terus-menerus memikirkannya, "Oh, begitu rupanya dia, doanya begitu..." Alhasil, kita bungkam.

Kakek saya, seorang hamba Tuhan, pada suatu hari Minggu pergi untuk makan siang. Keluarga penghuni rumah yang dikunjunginya itu jelas sekali tidak pernah berdoa sebelum makan, tetapi karena kakek saya memakai kerah putih khas pendeta, si istri meminta suaminya untuk berdoa, "Sayang, kau pimpin doa kita, ya..." Suaminya langsung tampak terguncang! Lalu, dia mulai berdoa, mengutip seluruh Mazmur 23, seluruh doa Bapa Kami, lalu terus melanjutkannya tak habis-habis, dengan mengutip setiap bagian di Alkitab yang kebetulan dapat diingatnya, tanpa tahu bagaimana cara mengakhiri doa itu. Kakek saya adalah orang yang suka bercanda, maka dia tiba-tiba menyahut dengan suara keras, "Amin!", lalu selesailah doa itu! Pria itu malu sekali!

Saat orang yang biasanya berdiam diri mengucapkan doa, meskipun doa itu amat sangat sederhana dan pendek, saya sering kali menemukan bahwa doa itu sangat bermanfaat. Doa itu sangat nyata; hanya saja, orang perlu mengatasi penghalang psikologisnya dahulu. Suatu ketika, seorang wanita berkata kepada saya, "Saya akan membuatkan teh untuk di gereja, saya akan menyikat lantai, saya siap melakukan apa pun, asalkan jangan suruh saya berdoa di pertemuan doa."

Saya pun menjawab, "Tapi, apakah sebenarnya Anda ingin berdoa?" Bagi saya, itulah pertanyaan sesungguhnya: bukan bisa atau tidak, tetapi mau atau tidak.

Wanita itu menatap saya selama beberapa saat, lalu berkata, "Mau. Sebenarnya saya mau berdoa. Saya ingin bisa berdoa."

Saya lalu berkata, "Baik. Maukah Anda memercayakan diri kepada saya selama enam minggu?"

Dia menjawab, "Ya, saya mau."

Saya menjelaskan kepadanya bahwa pertemuan doa berikutnya adalah pada minggu selanjutnya, dan tugasnya di rumah adalah mengambil kertas kecil dan pensil lalu menulis doa singkat sepanjang satu kalimat saja dan menulis kata "amin" di akhirnya. Saya menyuruhnya datang ke pertemuan doa pada minggu selanjutnya itu, dan membaca dari kertas doanya itu saat gilirannya berdoa tiba, tanpa mengucapkan apa pun yang lain. Tugas itu dilakukannya. Doanya singkat tetapi indah, yang diucapkannya sebelum lalu tercekat sesaat setelah kata "amin". Untuk pertemuan doa minggu selanjutnya, saya menyuruhnya menuliskan doa singkat sepanjang satu kalimat juga, tetapi kemudian menghafal doa itu. Maka, selangkah demi selangkah, kami berdoa mengatasi penghalang psikologisnya dalam hal mendengar suaranya sendiri di depan umum, tidak tahu cara mengakhiri doa, dan lain-lainnya. Dalam waktu enam minggu, dia telah terbiasa berdoa dan dia menjadi suka berdoa. Tuhan ingin menangani penghalang psikologis kita, karena Dia ingin kita berdoa dan mengambil bagian dalam doa bersama. Tuhan tidak ingin kita memiliki perasaan rendah diri.

Di sisi lain, saya yakin ada pula alasan-alasan lainnya mengapa orang bungkam dalam pertemuan doa bersama. Mungkin, alasan itu bersifat rohani. Ada orang-orang yang menyimpan kepahitan atau kebencian di dalam hati sehingga mereka cenderung berdiam diri di pertemuan doa. Orang-orang yang demikian perlu menangani hal-hal yang tersimpan di dalam hati sebelum mengalami kebebasan untuk berdoa. Mereka harus menyingkirkan semua kepahitan dan kebencian itu. Robert Louis Stevenson biasa mengucapkan doa Bapa Kami di meja makannya saat akan sarapan bersama keluarganya setiap hari, tanpa ditambah doa apa pun lainnya. Suatu hari, dia mulai berdoa, "Bapa kami ..." lalu berhenti, bangkit dan berlari ke dapur.

Istrinya menyusul dia dan bertanya, "Kau baik-baik saja?" Robert berkata dia baik-baik saja. "Kalau begitu, mengapa kau tidak berdoa sampai selesai?" si istri bertanya lagi.

Dia menjawab, "Saya tidak bisa melanjutkan." Saat istrinya bertanya lagi mengapa tidak bisa, dia berkata, "Karena ada seseorang yang saya belum bisa ampuni." Itulah kejujuran. Jika kita berdiam diri karena hal semacam itu, kita harus menanganinya dan membawanya kepada Tuhan. Kita bisa saja memiliki sifat pemarah dan suka bertengkar, atau menyimpan sesuatu di dalam hati yang menyebabkan kita tetap bungkam. 1 Timotius 2:8 berkata bahwa kita harus memiliki niat hati yang murni ketika datang berdoa.

Masalah yang kedua bersifat praktis: ada orang-orang yang memang berbicara dengan volume yang tidak terdengar. Kadang, orang berdoa seolah berbicara kepada sepatunya sendiri! Jika Anda ikut berdoa bersama, karena kasih kepada sesama yang hadir, Anda harus mengangkat kepala Anda dan mengeraskan volume suara Anda. Berbicaralah dengan jelas, dan pastikan orang lain yang hadir dapat mendengar suara Anda. Jangan gunakan volume suara yang biasa Anda keluarkan saat berdoa sendirian. Orang-orang perlu ikut berdoa dengan doa Anda itu.

Masalah ketiga adalah doa yang terlalu panjang. Durasi waktu konsentrasi untuk mendengar doa satu orang saja dalam pertemuan jemaat, termasuk pertemuan doa bersama, sangatlah singkat. Ada temuan penelitian bahwa pada umumnya, kumpulan jemaat tidak dapat berkonsentrasi untuk menyimak doa seseorang lebih dari satu menit saja. Saya tidak tahu penelitian apa itu tepatnya, dan saya tahu orang-orang tertentu dapat berdoa selama jauh lebih dari satu menit, tetapi pada intinya, setelah satu menit dalam pertemuan bersama, orang-orang yang mendengar akan mulai kehilangan konsentrasi, satu per satu. Para penyusun *Book of Common Prayer* (Buku Doa Umum) menyadari hal itu. Maka, mereka sengaja menyusun buku doa yang berisi doa-doa untuk durasi konsentrasi kebanyakan orang, yaitu yang sampai sepanjang sekitar satu menit saja. Prinsip dasarnya sangat sahih. Mereka tahu bahwa lebih baik ada banyak doa yang singkat

Doa Bersama Orang-Orang Kudus

daripada satu doa yang panjang. Masalahnya, dalam reaksi terhadap tekanan politik dari pihak pemerintah tentang buku doa itu, gereja-gereja beraliran bebas menentang doa yang singkat dan buku doa. Menurut saya, itu menyedihkan. Buku-buku doa sebenarnya mengandung harta doa yang berharga yang berlimpah-limpah, dan kita tidak seharusnya kehilangan harta itu. Kita sering mengucapkan doa-doa spontan yang panjang-panjang, lalu berpikir bahwa doa yang demikian itu lebih rohani daripada doa-doa pendek yang dibaca dari buku doa, meskipun banyak dari doa pendek itu sebenarnya bermakna sangat mendalam. "Tuhan yang Maha Kuasa, di hadapan-Mu semua hati terbuka, semua keinginan diketahui, dan segala rahasia tersingkap. Bersihkanlah pikiran-pikiran di dalam hati kami oleh inspirasi Roh Kudus, agar kami dapat mengasihi Engkau dengan sempurna dan membesarkan nama-Mu yang kudus dengan layak, melalui Kristus, Tuhan kami. *Amin.*" Itu adalah doa yang indah, yang amat sangat kaya. Berdoa bersama berarti belajar untuk berdoa dengan singkat. Doa yang terlalu panjang membuat orang berhenti menyimak.

Saat Sir Wilfred Grenfell masih menjadi mahasiswa kedokteran di London, suatu hari dia pulang dari kampus dan melihat sebuah tenda yang besar. Dia iseng masuk, lalu ternyata itu adalah pertemuan kebaktian kebangunan rohani. Di panggung ada pria yang sedang berdoa, dan doanya panjang sekali, tidak kunjung selesai. Wilfred saat itu tidak tertarik sama sekali pada kekristenan, dan dia hanya masuk karena penasaran. Saat itu, dia lalu berdiri untuk berjalan menuju pintu. Tepat ketika itulah, ketua acara pertemuan kebaktian itu berdiri dan berkata, "Saudara-saudari, mari kita bernyanyi sementara saudara kita ini menyelesaikan doanya," lalu seluruh jemaat yang hadir pun bernyanyi. Wilfred sangat tersentuh oleh akal sehat sang ketua itu sehingga dia berkata sendiri, "Saya akan tetap di sini." Alhasil, dia bertobat, dan kemudian pergi ke Labrador sebagai misionaris. Menurut saya, kisah itu menarik sekali. Menurut Anda? Syukurlah sang ketua acara memotong doa yang amat panjang itu sebelum selesai!

Masalah berikutnya adalah doa yang selalu mengikuti pola yang tetap. Ada orang-orang yang selalu berdoa dengan pola yang sama, yang dalam doa spontan pun mengikuti "liturgi" yang tetap. Ada seorang pria yang biasa berdoa di pertemuan doa bersama setiap minggu, "Tuhan, sapulah jaring laba-laba yang kotor di hati kami." Orang-orang sudah bosan mendengarnya, sehingga suatu ketika salah satu orang berdiri menyahutnya, "Tuhan, bunuh saja laba-labanya. Amin!"

Nah, ada banyak cara untuk menghadapi orang-orang yang selalu memakai pola yang tetap. Menurut saya, Tuhan ingin kita kadang dapat menertawakan diri sendiri. Mungkin Anda pernah mendengar tentang Profesor Norman Snaith. Jika Anda pernah belajar tentang teologi Perjanjian Lama, Anda tentu tahu bahwa dia adalah salah satu pakarnya yang paling terkemuka di Inggris. Dia juga punya cara tertentu yang aneh saat memulai doa bersama di kampus di Leeds. Dia akan masuk ke ruangan kapel kampus lalu maju ke mimbar doa di depan dan berkata, "Selamat pagi, Tuhan." Sebagian mahasiswa terganggu dengan cara itu. Hal itu dilakukannya terus-menerus, dan ucapannya selalu sama, "Selamat pagi, Tuhan." Pada akhirnya, suatu hari saat dia berkata, "Selamat pagi, Tuhan," salah satu mahasiswa di baris belakang berseru menyahut, "Pagi, Snaith!" Sejak saat itu sang profesor berhenti mengucapkan hal itu! Ada banyak cara yang dapat kita gunakan untuk menghentikan hal-hal semacam itu, tetapi dalam pengamatan yang lebih serius, memang kita dapat dengan mudah terjebak untuk terpatok pada kata-kata tertentu, dan hal semacam itu mematikan nyawa pertemuan doa bersama. Saat datang ke pertemuan doa bersama, kita perlu berkata, "Tuhan, perbaharui diri saya pagi ini."

Masalah kelima adalah orang-orang yang berdoa di depan umum seperti ketika berdoa sendirian. Itu masalah yang lebih mendalam. Ada orang-orang yang mengucapkan doa-doa yang sebenarnya lebih tepat diucapkan di kamar pribadi mereka sendiri. Yang saya maksud adalah mereka yang suka berkata "saya, saya, saya" atau "aku, aku, aku" saat di depan umum, yang dengan demikian menarik perhatian kelompok kepada diri mereka sendiri dan perjalanan rohani mereka sendiri. Saat berkumpul untuk berdoa bersama, kita seharusnya tidak sibuk dengan diri sendiri. Kita harus berusaha mengucapkan doa yang membantu membawa orang lain bersama kita ke takhta kasih karunia Tuhan, dengan berhati-hati agar tidak menerjemahkan atau memindahkan doa pribadi kita ke suasana doa bersama di gereja.

Yang terakhir, ada masalah berhentinya aliran doa. Yang saya maksud adalah aliran yang Tuhan berikan dalam kelompok yang berdoa bersama, menurut pola yang disusun-Nya dari kumpulan orang itu, sehingga setiap doa mengalir dan berkembang dari doa yang sebelumnya. Mendengarkan aliran doa dengan penuh perhatian, termasuk mendengarkan orang yang berdoa sebelumnya, lalu tahu kapan waktunya untuk diri sendiri masuk ke aliran itu dengan mengucapkan doa singkat, itulah polanya. Kadang, kita sedang berada dalam aliran doa pengucapan syukur, kita sedang mengalir dengan puji-pujian, lalu ada seseorang yang datang terlambat dan langsung mengucapkan doanya, "Tuhan, tolong berkati Bu Suryani; Engkau tahu dia sedang dirawat di rumah sakit..." sehingga seluruh aliran doa itu tiba-tiba terputus. Ada ruang untuk setiap doa, dan Tuhan akan memimpin kita ke waktu yang tepat untuk kita mendoakan Bu Suryani yang sakit itu. Saat berdoa bersama, kita harus ekstra peka dan bertanya, "Kita sedang dipimpin Roh Kudus ke arah mana dalam doa ini?" Dengarkan doa-doa yang terucap sebelum giliran Anda. Jangan sekadar menunggu giliran sambil menahan mulut Anda dan berpikir, "Siap-siap... Nanti kalau orang-orang berhenti berdoa, saya akan mengucapkan doa saya." Sebaliknya, bertanyalah, "Tuhan, Engkau ingin saya berdoa kapan dan di posisi mana?" supaya aliran doa itu terus berlanjut dan Anda dapat menyaksikan bahwa Tuhan sanggup memimpin pertemuan doa bersama itu.

MEMPRAKTIKKAN PRINSIP-PRINSIP DOA

Nah, semua itu merupakan masalah-masalah praktis.

Kita telah mengamati dasar Alkitabnya, keuntungan tambahannya, dan masalah-masalah praktisnya. Kini kita tiba pada "lingkaran konsentrasi". Lingkaran tersebut dapat diibaratkan dengan batu kecil yang jatuh ke dalam danau, yang menciptakan lingkaran-lingkaran pada permukaan air yang makin lama makin besar. Lingkaran doa yang pertama berisi dua atau tiga orang. Jika Anda merasa kesulitan terlibat dalam pertemuan doa yang lebih besar, saya menyarankan agar Anda mencari dua orang teman lalu berkumpul dan mengajak mereka berdoa bersama, misalnya dua minggu sekali. Anda dapat berkata, "Saya cemas jika berkumpul sebanyak sepuluh atau dua belas orang, tetapi kalau hanya dengan dua teman seperti ini tidak masalah. Saya mau belajar berdoa." Itulah sel awal, lingkaran pertama. Sejujurnya, saya lebih memilih ada seratus sel semacam itu daripada satu pertemuan doa yang besar di gereja, karena sel-sel yang kecil itu memunculkan lebih banyak doa. Pertumbuhan sel adalah hal yang alamiah.

Suatu ketika, Billy Graham datang ke kota kami. Pada malam pertamanya di kota kami, jumlah orang yang berespons menyambut undangan pertobatannya melebihi jumlah pada malam pertamanya dalam kebaktian serupa yang dilakukannya di kota-kota lain. Dia sendiri tidak memahaminya karena hal itu berbeda dari yang biasa terjadi. Lalu, dia mencari tahu sebabnya dan menemukan bahwa ada dua wanita lajang usia lanjut yang mengalami kondisi cacat fisik dan tidak dapat keluar rumah, tetapi telah berdoa selama enam tahun meminta agar Tuhan melawat kota mereka. Dua wanita itu berdoa bersama! Billy Graham takjub dengan hasilnya. Itulah sel awal yang kecil. Sebenarnya, Petrus pun menyebut dalam suratnya bahwa sel terkecil itu bisa jadi terdiri dari suami dan istri yang berdoa bersama.

Lingkaran berikutnya adalah pertemuan doa bersama, yang terdiri dari sepuluh sampai seratus orang. Pada titik itu masalahnya bisa tiba-tiba timbul, tetapi potensi hasilnya pun hebat. Saya sempat menceritakan sebelumnya tentang gereja di Shanghai, tetapi saya akan menyebutkan lagi bahwa menurut saya "tangki pembakaran" harus dihubungkan dengan "mesin". Artinya, orang-orang dalam pertemuan doa bersama harus terlibat dalam pelayanan praktis di gereja, dan sebaliknya, orang-orang dalam pelayanan praktis di gereja harus terlibat dalam pertemuan doa bersama. Jika tidak, kita berisiko mengembangkan "dua jemaat yang terpisah", yaitu "golongan Marta" dan "golongan Maria", padahal keduanya saling membutuhkan. Namun, ada gereja yang berjumlah jemaat besar, dan ada pula waktunya gereja perlu berkumpul bersama secara keseluruhan untuk berdoa.

Lingkaran ketiga yang lebih besar adalah ibadah raya umum. Di lingkaran tersebut, kita lebih sulit berdoa bersama, karena jumlah orangnya terlalu banyak.

Mungkin Anda tidak tahu tentang proses penentuan nada dalam gereja; saya akan menjelaskannya. Sebelum produksi suara dilakukan secara buatan dengan bantuan teknologi, ketika katedral-katedral kuno selesai dibangun petugas gereja akan memasuki gedungnya lalu bernyanyi menurut tangga nada. Pada nada yang tepat, gedung itu akan mengeluarkan getaran. Nada yang tepat itulah yang digunakan sebagai nada lantunan doa. Proses penentuan nada semacam itu dilakukan untuk keperluan ibadah di gereja dan hasilnya sangat tepat, meskipun pada masa kini kita tidak memerlukannya karena ada sistem pengaturan suara berteknologi. Namun, yang terpenting adalah setiap orang yang hadir di dalam gereja harus bisa mendengar dan harus bisa terlibat bersama-sama.

Seperti telah saya sebutkan, ada waktunya kita perlu berdoa dengan buku doa. Bukankah menggunakan buku semacam itu berarti berdoa bersama? Kita membutuhkan koordinasi yang lebih baik, dan itulah tempatnya kita menggunakan kata-kata yang telah disusun bagi keperluan kita, sehingga kita bisa bersama-sama dalam kesatuan kelompok besar. Itulah sebabnya kita menggunakan keduanya: doa spontan dan doa dari buku doa, termasuk bernyanyi bersama dari buku lagu dan membaca Alkitab bersama. Bahkan, itulah sebabnya kita menyanyikan lagu. Konyol jika kita berpikir bahwa bernyanyi tanpa buku, berdoa tanpa buku, melakukan semuanya secara spontan, adalah lebih rohani. Makin besar kelompoknya, makin penting pula untuk ada susunan kata-kata yang berfungsi untuk menyatukan kelompok besar itu dengan cepat dalam doa bersama. Doa berkat merupakan salah satu contohnya. Suara serempak "amin" dari kumpulan besar orang yang hadir merupakan penguatan yang hebat atas doa berkat itu. Jangan takut mengucapkan "amin" atau "haleluya" ketika Anda sungguh-sungguh sepakat dengan doa yang diucapkan. Seberapa pun besarnya kelompok yang ada, Tuhan menyukai "amin" yang serempak itu. Itulah kata yang dapat kita ucapkan sebagai suatu kesatuan kepada-Nya.

Berikutnya, ada pula lingkaran yang lebih besar lagi: Gereja Yesus Kristus di seluruh dunia. Setiap kali kita ikut berdoa dalam sebuah ibadah, kita tidak sendirian; kita bersama-sama dengan Gereja yang satu di seluruh dunia itu. Kita sedang berdoa bersama orang-orang kudus. Haleluya! Setiap saat, ada siklus doa selama 24 jam yang tak berhenti.

Tahukah Anda lagu yang berjudul ***The day thou gavest, Lord, is ended*** (Berakhirlah Hari yang Kauberi, Tuhan)? Salah satu bagian liriknya berbunyi:

> *As o'er each continent and island* (Saat di setiap benua dan pulau)
> *The dawn leads on another day,* (fajar terbit membuka hari yang baru)
> *The voice of prayer is never silent,* (suara doa tidak pernah diam)
> *Nor dies the strain of praise away.* (dan rangkaian pujian tetap mengalir tanpa henti.)

Doa Bersama Orang-Orang Kudus

Dalam doa, kita menjadi satu mata rantai dalam rantai doa di seluruh dunia, dan kita sedang berdoa bersama orang-orang kudus.

Yang terakhir, ada lingkaran yang terbesar, yang termasuk surga dan bumi. "Bersama para malaikat dan penghulu malaikat, dan bersama seluruh penghuni surga" adalah kata-kata dari sebuah buku, tetapi maknanya kuat sekali, bukan? Itu menunjukkan kita sedang berada di dalam lingkaran yang amat sangat besar. Doa pribadi sendirian? Tidak ada doa yang seperti itu. Saya ingat pernah pergi menjenguk seorang wanita tua yang tinggal sendirian di rumahnya. Dia seorang pengikut Tuhan yang penuh kasih, tetapi sedikit sekali orang yang datang menjenguknya. Dia tidak dilibatkan dari semua pertemuan doa, kecuali jika ada orang yang ingin mendoakan dia, maka barulah orang berdoa bersama dia. Saya bertanya, "Bagaimana perasaan Anda? Tidakkah Anda merasa kecewa?" Dia berkata, "Tidak." Saya tidak akan pernah lupa jawabannya itu. Dia melanjutkan, "Saat saya terbaring di kasur ini, ketika saya berdoa, semua malaikat ikut berdoa bersama saya." Dia mengadakan pertemuan doa bersama setiap kali berdoa. Dia tidak pernah berdoa sendirian saja; dia selalu dikelilingi rekan-rekan doa saat berdoa di kamarnya yang sempit itu! Wanita itu telah menemukan bahwa doa Kristen adalah doa bersama orang-orang kudus.

Namun, mengapa Tuhan lebih senang ketika kita berkumpul bersama? Mengapa doa menjadi lebih berkuasa jika bersama surga saat kita berkumpul? Tentu ada alasannya. Saya telah berjanji untuk tidak menyebut-nyebut anak-anak saya dalam tulisan saya, tetapi kali ini saya terpaksa meminta maaf kepada mereka karena saya akan menyebutkan satu hal. Saya ingat ketika mereka menjalani ujian sekolah, ketiga anak saya berkumpul dan memberi saya dokumen untuk saya tanda tangani. Rupanya mereka telah saling berkonsultasi tentang hal itu lalu menyepakati bahwa ayah mereka akan bangga jika mereka lulus, mendapat penghargaan khusus atas prestasi mereka, dan seterusnya, sehingga mereka menyusun perhitungan untuk setiap capaian itu. Mereka bersetuju tentang perhitungan itu lalu membawa dokumennya kepada saya untuk ditandatangani, agar jerih lelah mereka mendapatkan upah berupa uang! Saya membaca dokumen itu dengan saksama lalu berkata, "Masih ada satu hal yang belum ada: tidak ada perhitungan sanksi yang kalian bayarkan kepada Ayah jika kalian gagal!" Mereka kembali berkumpul dan berdiskusi ulang, lalu menyusun perhitungan sanksi yang menjadi utang mereka kepada saya jika mereka gagal. Dokumen itu akhirnya disusun dengan rapi lalu saya menandatanganinya. Kami menyimpannya di tempat aman di rumah untuk dikeluarkan pada waktu diperlukan. Saya seorang ayah, dan Tuhan pun seorang Bapa. Seorang ayah atau bapa akan berespons lebih jauh ketika anak-anaknya berkumpul dalam kesepakatan bersama dalam suatu hal yang menjadi urusan mereka. Jika mereka sangat mengingini sesuatu, mereka perlu berkumpul dalam kasih dan hubungan yang rukun untuk bersepakat bersama. Jika anak-anak telah bersepakat bersama lalu datang membawa permintaan mereka kepada ayah mereka, sang ayah tentu kesulitan menolak permintaan itu. Mengapa? Ayah pasti suka melihat anak-anak-Nya bekerja sama! Tuhan adalah seorang Bapa, dan Dia suka melihat keluarga-Nya bersepakat bersama. Dia suka melihat mereka bersatu, dalam satu hati dan satu pikiran. Dia mencurahkan Roh-Nya pada hari Pentakosta ketika mereka bukan hanya berkumpul di satu tempat, melainkan juga bersatu hati dalam kesepakatan. Tuhan punya keluarga dan Dia ingin memberkati keluarga-Nya. Tuhan ingin memenuhi Tubuh-Nya dengan Roh-Nya. Tuhan ingin menganugerahkan berbagai pemberian kepada kita. Maka, Dia memandang ke bawah dari surga dan menunggu kita, anak-anak-Nya, bersatu dan bersepakat lalu datang bersama sebagai keluarga kepada-Nya. Saya tidak dapat menjelaskan seluruh pengajaran tentang doa di dalam Perjanjian Baru dari dasar yang lain selain pemahaman akan sifat dan sosok Bapa di surga, yang gambarannya dapat kita lihat pada keluarga-keluarga di bumi.

Maka, mari kita datang dengan penuh keberanian menghadap takhta kasih karunia-Nya, untuk menemukan kasih karunia-Nya yang menolong kita.

DOA

Bapa, kami bersyukur kepada-Mu atas kebersamaan kami di dalam Tuhan. Kami bersyukur karena adalah kehendak-Mu bahwa kami harus berdoa bersama, saling mengasihi, dan membawa permohonan kami kepada-Mu, dalam kesatuan. Terima kasih untuk kuasa di dalam doa kesatuan itu. Tuhan, saya berdoa agar setiap orang di gereja kami tidak hanya datang ke acara ibadah tetapi juga berdoa bersama dengan satu sama lain, meskipun jumlah orangnya sedikit. Biarlah ada gelombang doa yang membawa kami menyaksikan Engkau melakukan perbuatan-perbuatan besar oleh kuasa-Mu. Tuhan, kami berdoa agar gereja kami berdoa, dan agar ada kelompok-kelompok yang memiliki visi dan bersepakat dan berjalan dalam kasih, yang datang kepada-Mu bersama sebagai anak-anak-Mu dan berkata, "Bapa, lakukanlah ini karena kami telah bersepakat memintanya." Kami tahu Engkau mengasihi kami dan Engkau ingin memuliakan nama-Mu melalui kami. Kami memintanya dalam nama Yesus, dan untuk kemuliaan Yesus. **Amin.**

6

DOA SENDIRI SECARA PRIBADI

Mari kita ringkas semua yang telah kita temukan sejauh ini tentang perbedaan doa Kristen dengan doa-doa lainnya.

Pertama, doa Kristen adalah kepada Bapa. Tidak ada agama lain yang berdoa kepada sosok Bapa surgawi, yang berani menyebut Tuhan dengan panggilan akrab demikian. Panggilan itu bagi banyak orang terkesan terlalu akrab dan pribadi.

Kedua, telah saya jelaskan bahwa doa bagi orang Kristen adalah kepada Yesus, dan kita memperoleh tanda tangan persetujuannya atas permohonan kita. Dengan tanda tangan persetujuan itu kita mendapat jawaban doa, maka "cek doa" itu dapat "dicairkan". Hal yang demikian tidak ada dalam agama mana pun lainnya.

Ketiga, di dunia ini hanya orang Kristen yang dapat berdoa *di dalam Roh*. Kita akan melihat maknanya. Tidak ada orang yang pada dasarnya ahli berdoa. Secara alamiah, kita kurang mampu berdoa, dan Tuhan sangat mengetahui hal itu. Tuhan tahu bahwa kita tidak tahu bagaimana seharusnya kita berdoa, tetapi Roh-Nya menolong kita dalam kelemahan kita. Tidak ada agama lain mana pun yang menawarkan Roh Tuhan sendiri untuk menolong kita dalam kelemahan semacam itu, maka kekristenan adalah unik.

Keempat, saat kita berdoa, kita berdoa melawan Iblis. Saya telah memaparkan hal-hal yang menjelaskan apa artinya hal ini secara praktis. Kita berdoa melawan Iblis dan Iblis akan menyerang kita, dan salah satu senjata pilihannya adalah penyakit. Iblis bisa membelenggu orang dengan cara demikian. Itulah dimensi doa yang berbeda. Sebenarnya, Iblis tidak terlalu peduli tentang jenis-jenis doa lainnya, karena tidak terlalu berdampak, dan Iblis mengincar doa-doa yang hidup, bukan yang mati.

MEMPRAKTIKKAN PRINSIP-PRINSIP DOA

Kita juga telah melihat aspek doa bersama orang-orang kudus, dengan beberapa pengalaman indah dalam hal berkumpul bersama dengan orang-orang yang mengenal Tuhan. Berbicara bersama kepada Tuhan dan berdoa bersama orang-orang kudus adalah hal yang unik. Kita bisa berdoa bersama orang lain dalam agama-agama lain, tetapi berdoa bersama orang-orang kudus hanya ada dalam agama Kristen. Orang-orang kudus itu pun bukan mereka yang *masih sedang berusaha* untuk menjangkau Tuhan, melainkan yang telah bertemu dengan Tuhan dan sedang dalam perjalanan menuju kemuliaan.

Sekarang, kita beralih ke doa sendiri secara *pribadi*, bukan yang berarti sendirian saja tanpa keterkaitan dengan orang lain, melainkan doa yang *rahasia*. Perbedaannya mungkin terkesan sebagai permainan kata-kata belaka, tetapi "doa rahasia" yang saya maksud ini berarti tidak dilihat orang lain. Di sisi lain, "doa sendirian" berarti doa di antara diri sendiri dan Tuhan saja, dan saya telah tunjukkan sebelumnya bahwa doa yang demikian itu tidak ada di dalam kekristenan. Begitu kita berlutut untuk berdoa, Iblis, penguasa-penguasa dan pemerintah-pemerintah kegelapan langsung mengincar kita; Bapa mendengarkan kita; Yesus terlibat; Roh Kudus menolong kita; orang-orang kudus ada di sekeliling kita; dan kita ditopang oleh sekelompok kecil orang beriman yang sedang berdoa bersama dengan kita. Maka, itu bukanlah doa pribadi *sendirian*, tetapi ada doa yang bersifat *rahasia*. Tuhan kita sendiri pernah menyebutkannya. Dia berkata, *"Tetapi jika engkau berdoa, masuklah ke dalam kamarmu, tutuplah pintu dan berdoalah kepada Bapamu yang ada di tempat tersembunyi. Dengan demikian, Bapamu yang melihat yang tersembunyi ..."* Yesus tidak pernah menggunakan kata "sendirian". Ada orang yang berkata bahwa rahasia agama adalah agama yang dijalani dalam kerahasiaan, dan perkataan itu cukup tepat.

Alkitab pun sarat dengan nasihat dan dorongan tentang doa yang rahasia. Matius pasal 6, setelah Khotbah di Bukit, menyebutkannya pula. Dalam Alkitab bahasa Inggris, makna

Doa Sendiri secara Pribadi

kata-katanya menarik. Yesus tidak berkata "kalau kamu berdoa", tetapi *"ketika kamu berdoa"*; bukan "kalau kamu memberi", melainkan *"ketika kamu memberi"*; dan bukan "kalau kamu berpuasa", melainkan *"ketika kamu berpuasa"*. Yesus menganggap ketiga hal itu: berdoa, memberi, dan berpuasa; adalah bagian dari kehidupan normal kita. Dia menasihati kita untuk masuk ke dalam kamar, menutup pintunya, dan menyendiri bersama Tuhan. Alkitab pun penuh dengan contoh-contohnya. Jika kita mempelajari kehidupan tokoh besar mana pun dalam Alkitab, entah Abraham, Musa, Elia, Daniel, atau siapa pun, kita akan menemukan bahwa mereka telah belajar untuk menyendiri bersama Tuhan. Yang terutama, jika kita mengamati kehidupan Tuhan Yesus Kristus, kita akan menemukan bahwa berulang kali Dia naik ke bukit untuk berbicara dengan Bapa-Nya. Itulah yang akan kita mati saat ini.

Secara teori, hal itu seharusnya menjadi hal termudah bagi orang Kristen. Kalau kita mencintai seseorang, bukankah kita ingin menikmati waktu bersamanya sebanyak-banyaknya? Saat saya pertama kali bertemu istri saya dan jatuh cinta kepadanya, saya sedang melakukan perjalanan bersama seorang rekan Kristen ke Yorkshire, Nottinghamshire, dan Lincolnshire. Kami melakukan penginjilan di mana saja. Kami mendatangi tambang-tambang batu bara dan berbicara dengan pria-pria di mulut tambang itu, kami mendatangi pub-pub setempat, di mana saja ada kumpulan orang, kami pergi bersama mendatanginya. Rekan yang bersama saya itu menyadari bahwa saya beberapa kali menghilang untuk waktu yang lama. Saya tidak pernah memberi tahu dia saya ke mana, lalu dia langsung sadar bahwa saya telah jatuh cinta. Saat kita jatuh cinta, kita tidak berkata, "Oh... Hari ini saya akan berusaha untuk menghabiskan waktu selama setengah jam setidaknya bersama dia." Perkataan semacam itu tentu tidak mencerminkan orang yang jatuh cinta, bukan? Tidak sama sekali. Maka, teorinya, jika kita mengasihi Yesus, seharusnya hal termudah di dunia ini untuk kita lakukan adalah menikmati waktu bersama-Nya sebanyak-banyaknya. Namun, para praktiknya, banyak orang Kristen mengalami bahwa hal itu justru yang tersulit untuk dilakukan.

Saya memilih bersikap praktis. Dalam hal doa, saya masih perlu banyak belajar, dan saya sangat sadar bahwa orang-orang kudus yang telah mengalami kedekatan yang lebih intim dengan Tuhan dapat mengajari saya berbagai hal. Maka, kita perlu mengurus masalah yang sangat praktis ini: teorinya, jika kita mengasihi Yesus, mengapa kita justru kesulitan meluangkan waktu berjam-jam bersama-Nya? Jika orang itu adalah istri saya sendiri, saya rela berkeliling British Museum (yang amat sangat luas) sambil memakai sepatu berpaku-paku selama enam jam penuh hanya demi bersamanya, dan pameran di museum itu pun tidak perlu bertema sesuai minat saya. Cinta membuat kita ingin bersama orang yang dicintai, membuat kita merasa nyaman dengannya, dan membuat kita bisa mengobrol lama tanpa kehabisan topik sama sekali. Lalu, mengapa kita kesulitan berdoa?

Bagaimana perasaan Anda ketika menyanyikan lagu Kristen yang liriknya menyatakan cinta kasih kepada Tuhan tetapi Anda tidak dapat merasakannya? Apakah Anda jadi merasa bersalah saat menyanyikan kata-kata dalam lirik itu? Jika itu perasaan Anda, saya akan membantu Anda, karena rasa bersalah yang palsu adalah dasar yang terburuk untuk membangun kehidupan doa. Kita harus jujur dengan diri sendiri; dan kita harus tahu bahwa Tuhan ingin kita berdoa serta ingin kita menerima segala pertolongan yang kita butuhkan.

Para praktiknya, setiap jenis kepribadian manusia mengalami kesulitannya masing-masing yang berbeda. Misalnya, seorang ekstrover yang suka bergaul akan lebih mudah berdoa bersama orang-orang kudus daripada berdoa secara pribadi. Sebaliknya, seorang introver yang suka merenung sendiri akan lebih mudah berdoa secara pribadi daripada berdoa bersama orang-orang kudus. Sebagian dari kita memiliki masalah yang lebih besar daripada orang lain dalam hal berdoa rahasia, tetapi sebagian lainnya memiliki masalah yang lebih besar dengan pertemuan doa bersama. Namun, kebanyakan dari kita mengalami berbagai masalah.

Ada alasan yang sangat sederhana dan jelas mengapa kita kesulitan berkata, "Saya mengasihi Yesus, maka saya sama sekali tidak kesulitan menghabiskan waktu berjam-jam bersama-Nya dan berbicara dengan-Nya." Saya teringat akan pertemuan kelompok kaum muda pada suatu malam hari Minggu. Saat itu kami duduk di halaman berumput dan berdiskusi dengan jujur. Salah satu gadis bertanya, "Mengapa lebih sulit menghabiskan waktu berjam-jam dengan Yesus daripada dengan pacar saya?" Sebelumnya, saya menjelaskan pada kelompok itu bahwa jika kita jatuh cinta kepada seseorang, yang memudahkan kita untuk menikmati waktu bersamanya adalah karena kita bisa berkomunikasi dengan dia secara fisik, dengan tanda-tanda luar keberadaan dirinya: kita bisa melihatnya, mendengarnya, menyentuhnya, mencium harumnya jika dia memakai pewangi! Tanda-tanda luar keberadaan dirinya itu memunculkan sensasi kesenangan di dalam diri kita. Namun, ketika kita mencoba berdoa kepada Yesus, tidak ada tanda-tanda luar keberadaan-Nya; sering kali yang ada hanyalah tanda-tanda keberadaan-Nya di dalam hati kita. Itu menjadi masalah.

Saat berpacaran dengan istri saya, saya mengalami tanda-tanda luar keberadaannya. Saya dapat memeluknya, menciumnya, berbicara dengannya, dan semua itu memunculkan sensasi kesenangan di dalam diri saya sehingga seluruh pengalaman kebersamaan itu menjadi keindahan bagi saya. Jika kita berada di sebuah ruangan bersama orang yang tidak dapat kita lihat, kita dengar, kita sentuh, kita cium aromanya, lalu akibatnya tidak ada sensasi kesenangan di dalam diri kita yang muncul, itu menjadi masalah bagi kita. Jika Anda belum pernah mengalami masalah yang demikian, silakan saja berhenti membaca buku ini sekarang juga. Memang ada saat-saat ketika kita sangat sadar akan kehadiran dan keberadaan Yesus. Dia menjadi amat sangat nyata, dan kesadaran itu sangat pekat melingkupi kita. Namun, hal itu tidak sering terjadi.

Bagaimana caranya agar kita dapat mengatasi masalah itu? Sebagian pembaca tentu ingat telepon umum model kuno yang hanya bisa dipakai setelah kita memasukkan kepingan uang logam. Pada telepon semacam itu, setidaknya di Inggris, ada tombol "A" yang perlu kita tekan dahulu sebelum kepingan uang logam masuk dan menyambungkan panggilan telepon itu. Ada orang yang berkata kepada saya, "Bagi saya, berdoa rasanya seperti berbicara di telepon umum tanpa menekan tombol A, bagaikan berbicara kepada diri sendiri. Pembicaraan saya tidak sampai ke tujuan." Saya pernah mendengar ada seorang anak sekolah yang melakukan hal itu kepada kepala sekolahnya. Sang kepala sekolah menghukum dia dengan pukulan, dan dia merasa sangat marah dan benci dengan hal itu. Alhasil, dia menelepon kepala sekolahnya itu dengan telepon umum, tetapi tanpa menekan tombol A, lalu mengeluarkan segala kemarahannya habis-habisan. Hal itu berhasil membuat kemarahannya mereda! Sebagian orang merasa berdoa adalah hal yang semacam itu: bagus juga, karena mengeluarkan unek-unek, tetapi pada intinya sama saja dengan berbicara kepada diri sendiri tanpa ada yang mendengarkan. Padahal, itu bukanlah doa. Doa adalah percakapan dua arah. Ada masalah perasaan tidak nyata yang perlu kita atasi.

Pada suatu kesempatan, saya sedang mengendarai mobil ke arah utara dari Yerusalem ke Samaria, lalu saya melihat bangunan Helen Keller School, yaitu sekolah yang melayani kebutuhan pendidikan anak-anak yang menyandang kondisi keterbatasan sensorik (termasuk kelemahan penglihatan, kelemahan pendengaran, tuli dan/atau buta, serta pada banyak kasus, berbagai bentuk kecacatan lainnya). Saya jadi teringat akan Helen Keller sendiri, wanita yang luar biasa. Dia terlahir buta dan tuli, sehingga menjadi bisu karena tidak pernah mendengar kata-kata sehingga tidak dapat menyuarakan kata-kata. Alhasil, dia tidak mampu berkomunikasi dengan lingkungan sekitarnya, termasuk keluarganya sendiri, kecuali melalui media sentuh. Ketiadaan kemampuan indrawi yang seharusnya paling berfungsi untuk berhubungan dengan orang lain menjadi pergumulannya setiap saat. Lalu, seorang wanita bernama Ann Sullivan mengasuh Helen dan mengajar dia. Mereka berdua berjuang, bertengkar, dan itu menjadi pergumulan yang sangat nyata. Pada akhirnya, tibalah titik ketika Helen mampu berkomunikasi dengan orang lain, termasuk mampu berbicara dan mendengarkan orang lain. Kemampuan itu berdampak sangat besar pada hidupnya. Memikirkan Helen Keller menunjukkan kepada saya bahwa yang demikian itulah masalah kita dengan doa. Secara alamiah, saya buta terhadap Tuhan, tuli terhadap Tuhan, sehingga saya bisu dan tidak tahu bagaimana cara berbicara dengan Tuhan. Saya harus belajar berkomunikasi tanpa indra-indra itu. Dalam setiap hubungan lainnya saya menggunakan indra-indra itu, tetapi dalam hubungan dengan Tuhan saya tidak punya kemampuan indra-indra itu, maka saya harus belajar. Helen Keller bisa belajar, maka saya juga bisa belajar, apalagi saya memiliki guru yang lebih hebat daripada guru Helen Keller: Roh Kuduslah guru terhebat bagi saya, yang sungguh-sungguh ingin saya mengatasi masalah ini dan saya sadar bahwa sosok yang kepada-Nya saya berdoa itu sungguh ada dan hadir, senyata keberadaan istri saya sendiri. Menurut saya, itulah tujuan utama pergumulan awal kita dalam hal doa.

Ada banyak hal yang kita perlu belajar sebagai suatu kewajiban pada awalnya, sampai hal itu bisa menjadi kesenangan bagi kita. Demikianlah pula doa. Jika Anda pernah belajar bermain piano, ingatkah Anda bahwa dahulu Anda harus belajar tentang tangga nada? Apakah hal itu kewajiban, atau kesenangan? Jika sekarang Anda suka bermain piano, itu karena dahulu Anda telah belajar untuk mengatasi masalah-masalah awalnya. Ingatkah Anda ketika Anda pertama kali belajar mengendarai mobil? Kopling dan persneling sungguh merepotkan! Setelah dua atau tiga sesi belajar, mungkin Anda merasa putus asa dan takut mengendarai mobil, tetapi lalu guru Anda terus menyuruh Anda berlatih hingga berhasil mengatasi masalah-masalah itu.

Saya yakin, kini Anda telah tiba di titik menikmati mengendarai mobil. Apa pun itu, pikirkan suatu aktivitas yang Anda sangat nikmati dan sukai, lalu tanyakan apakah Anda sama sekali tidak pernah mengalami aktivitas itu sebagai kewajiban dan bukan kesenangan. Jika aktivitas itu sangat berguna, tentu ada masanya Anda memberanikan diri dan menerjang ketidakmampuan lalu melakukannya saja, dan terus melakukannya sampai berhasil mengatasi masalahnya. Saya tidak akan menjanjikan ada jalur mudah untuk memasuki hadirat Tuhan, tetapi saya berkata bahwa hubungan dengan Tuhan tidak perlu menjadi suatu kewajiban seumur hidup; pada waktunya, itu akan menjadi kesenangan. Memang ada unsur kewajibannya, disiplin diri yang harus dipertahankan, tetapi itu adalah titik awalnya saja.

Sebelumnya, saya sempat menjelaskan perbandingan antara cinta saya kepada istri saya dengan kasih saya kepada Tuhan, yaitu bagaimana cinta atau kasih terwujud dalam tindakan nyata. Tentu saya tidak dapat mendefinisikan kasih saya kepada Tuhan sebagai sama dengan cinta saya kepada istri saya. Anda pun tidak dapat melakukannya, karena kedua bentuk cinta atau kasih itu berbeda. Dalam bahasa Yunani, kata yang berarti "cinta" atau "kasih" itu berbeda-beda. Di sisi lain, ada beberapa kesamaan dalam hal ungkapan kasih, misalnya dalam bentuk kesetiaan dan rasa kewajiban. Bagaimana Tuhan mengungkapkan kasih-Nya kepada kita? Apakah dengan merasa berbunga-bunga di dalam hatinya tentang kita? Tidak, Tuhan mengungkapkan kasih-Nya kepada kita dengan sungguh-sungguh melakukan hal yang tidak ingin Dia lakukan, yang Dia tidak punya perasaan niat untuk lakukan: mati di kayu salib. Itulah ungkapan kasih-Nya kepada Anda dan saya. Maka, jika kita ingin mengungkapkan kasih kita kepada-Nya, kita harus siap melakukan hal yang tidak ingin kita lakukan, demi memberikan hasil yang Dia ingini. Ada unsur kesetiaan dan rasa kewajiban dalam kasih Tuhan, dan unsur-unsur itu pun harus ada dalam cinta antarmanusia agar menjadi cinta yang layak dipertahankan.

Apa yang kita lakukan dalam upacara pernikahan? Apakah kita hanya menonton dan mengakui dua orang yang telah saling jatuh cinta? Tidak, karena hal semacam itu tidak cukup sama sekali, kurang kokoh dan kurang kuat untuk menjadi sesuatu yang mereka pertahankan. Mereka memang sudah berpacaran, menikmati kebersamaan, saling jatuh hati, mendapat dorongan cinta dari satu sama lain, memiliki kesamaan minat dan kesukaan... tetapi semua itu belum cukup. Pasangan itu harus diminta untuk menambahkan unsur kesetiaan dan rasa kewajiban pada cinta mereka satu sama lain, serta berjanji dengan sungguh-sungguh untuk tetap bersatu dalam segala keadaan: baik maupun buruk, kaya maupun miskin, sampai kematian memisahkan. Mereka perlu menambahkan unsur kasih Tuhan pada cinta manusiawi mereka, sehingga ketika suatu hari kelak mereka sedang mencuci perlengkapan makan setelah sarapan pada hari Minggu pagi, sementara tidak ada lagi perasaan berbunga-bunga yang menggebu seperti saat berbulan madu, mereka tetap hidup dalam cinta karena itulah kesetiaan. Jika kita mengasihi Tuhan, kita akan mengungkapkan kasih kita kepada-Nya bukan dengan perasaan berbunga-bunga di dalam hati, melainkan dengan melakukan perintah-Nya terus-menerus, dan melaksanakan kewajiban kita kepada-Nya. Itulah kasih yang Dia ajarkan. Hanya mereka yang belajar melakukan kewajibanlah yang akan menemukan bahwa hal itu menjadi kesenangan. Itu yang pertama. Ada unsur disiplin diri yang terlibat di dalam kasih.

Anda tidak perlu membuang unsur perasaan dari kehidupan doa Anda. Jangan lakukan hal itu. Sebagian orang Kristen terlalu takut memiliki perasaan yang tak terkendali, sehingga berusaha meyakinkan diri sendiri bahwa mereka tidak mengalami perasaan apa-apa. Hal itu menyedihkan. Sebaliknya, kita perlu menautkan perasaan kita pada iman kita; jangan menautkan iman kita pada perasaan kita.

Izinkan saya menjelaskan maksud saya. Mungkin Anda merasa

ingin berdoa di gereja, saat tidak bersama atasan dan jauh dari pekerjaan Anda. Keesokan paginya, perasaan Anda akan berbeda. Anda bisa jadi merasa tidak ingin berbicara kepada Tuhan. Jika itu pengalaman Anda, saya menyarankan agar Anda melatih iman Anda dengan mengingatkan diri Anda bahwa memang fakta situasi telah berubah total dari yang hari Minggu. Apakah Tuhan yang Anda rasakan pada hari Minggu itu keesokan paginya telah mati? Tidak. Apakah Yesus yang Anda rasakan pada hari Minggu itu berkata Dia pergi dahulu dan tidak akan kembali ke dunia? Tidak. Apakah Kerajaan-Nya batal datang? Tidak. Kerajaan-Nya tetap datang, Tuhan tidak berubah. Maka, iman kita seharusnya pun tetap sama, meskipun perasaan kita telah berubah dari "rasa Minggu" menjadi "rasa Senin". Itulah sebabnya, kita dapat tetap berdoa, atas dasar iman. Saat saya merenungkan bahwa Tuhan tetap bertakhta dan Yesus tetap akan datang, Kerajaan-Nya tetap akan datang, perasaan saya bangkit hingga menyamai iman saya. Maka, jangan singkirkan perasaan Anda, justru izinkan iman Anda menarik perasaan Anda agar bangkit dan izinkan fakta kebenaran menarik iman Anda untuk sejalan.

Ada satu peringatan penting pada titik ini: Anda dapat mengibaratkan doa Anda seperti mandi berendam dengan air dingin. Apakah Anda dapat memahami maksud saya? Jika itu hanyalah kewajiban dan tetap menjadi kewajiban, rasanya seperti mandi berendam dengan air dingin setiap pagi: beker berbunyi, Anda gemetar kedinginan, lalu masuk ke dalam air. Tidak ada kenikmatannya sama sekali.

Bagaimana kita dapat menemukan kenikmatannya bahwa Tuhan benar-benar hadir di dalam doa kita, bahwa Tuhan Yesus sungguh mendengarkan doa kita? Ada dua hal yang perlu kita amati.

Pertama, menurut saya kita bergerak dari tahap awal yaitu doa sebagai kewajiban ke tahap selanjutnya, yaitu tahu dalam kesadaran kita bahwa Tuhan hadir. Menurut saya, tahap selanjutnya itu adalah tahap kedua. Tahap pertama: kita berdoa sambil bertanya-tanya apakah Tuhan memang mendengarkan, tetapi kita tetap berdoa karena kita sadar harus belajar dan berlatih, dan kita tetap berdoa karena Tuhan memberikan kekuatan untuk kita melakukannya. Tahap kedua: kita berdoa tanpa merasakan Tuhan hadir, tetapi hal-hal yang terjadi setelah doa itu membuktikan bahwa Tuhan memang hadir.

Saya terpikir kembali akan apa yang terjadi ketika para murid Yesus pertama kali bertemu dengan Dia setelah kebangkitan-Nya, saat mereka sadar akan kehadiran-Nya. Mereka bisa menyentuh, melihat, dan mendengar Dia. Dia berkata, *"Damai sejahtera bagi kamu,"* dan itu adalah hal yang indah, karena mereka mengalami Yesus hadir bersama mereka. Tomas masuk ke ruangan itu tak lama sesudahnya. Mereka memberi tahu Tomas bahwa Yesus sebelumnya datang. Tomas tidak tahu hal yang telah dia lewatkan, tetapi dia berkata dia tidak percaya hal itu. Tomas ingin melihatnya sendiri. Dia melihat ke sekeliling ruangan itu dan tidak melihat sosok-Nya. Yesus yang dia kenal tentu punya lubang di kedua tangan-Nya dan luka menganga di sisi tubuhnya. Maka, kecuali dia bisa menaruh jari dan tangannya ke dalam lubang dan luka di tangan dan tubuh Yesus itu, dia tidak mau percaya. Seminggu kemudian, di ruangan yang sama itu, Yesus berkata, *"Taruhlah jarimu di sini dan lihatlah tangan-Ku, ulurkanlah tanganmu dan taruhlah ke lambung-Ku,"* lalu Tomas berkata, *"Ya Tuhanku dan Allahku! Engkau sungguh hadir."*

Apakah Anda menangkap pesannya? Sesudah kebangkitan dan sebelum kenaikan-Nya, Yesus mengajar para murid-Nya untuk sadar akan kehadiran-Nya tanpa harus ada pengalaman indrawi. Itulah mengapa diperlukan waktu enam minggu di antara kebangkitan dan kenaikan Yesus. Selama enam minggu itu, Yesus datang dan pergi, sampai mereka tidak tahu lagi apakah Yesus sudah datang atau sudah pergi. Akhirnya, mereka mengerti bahwa ketika Yesus pergi itu bukan berarti Yesus tidak ada! Itulah yang Alkitab ajarkan. Pada hari Yesus pergi untuk kembali ke surga, para murid menyaksikan tubuhnya menghilang di balik awan-awan, dan mereka tahu bahwa mereka tidak lagi bisa menyentuh atau mendengar Yesus lagi secara indrawi. Perkataan terakhir Yesus pada saat itu adalah: *"Ketahuilah, Aku menyertai kamu senantiasa sampai akhir zaman."* Sejak saat itu, mereka tidak lagi membutuhkan pengalaman indrawi apa pun untuk menyadari kehadiran-Nya. Mereka bagaikan anak kecil yang telah disapih, dan Yesus berkata, *"Berbahagialah mereka yang tidak melihat, namun percaya."* Kenaikan Yesus berarti Dia kini naik mengatasi segala pengalaman indrawi kita. Orang-orang berkata, "Saya akan percaya kepada Tuhan jika Tuhan hadir, jika Dia datang ke gereja dan berkhotbah di kebaktian hari Minggu. Itu pasti indah sekali." Padahal, tanpa pengalaman indrawi apa pun, kita tahu bahwa Yesus ada di sini saat ini. Kita tidak dapat mendengar-Nya, melihat-Nya, atau menyentuh-Nya secara fisik, tetapi Dia sungguh hadir. Kenaikan Yesus berarti: *"Ketahuilah, Aku menyertai kamu senantiasa sampai akhir zaman."*

Bagaimana kita tahu? Sering kali, pengetahuan itu ada di dalam kesadaran kita yang lalu. Dengan kata lain, mendapat jawaban doa setelah doa itu selesai. Saat orang percaya berbicara tentang doa yang dijawab, mereka tahu Yesus hadir, karena dalam kesadaran itu mereka telah melihat hal itu terjadi; maka, pastilah Yesus hadir dan mendengarkan. Itu berarti kita dapat memiliki keyakinan yang lebih teguh untuk berdoa. Doa lebih dari sekadar kewajiban. Doa adalah hak istimewa kita, seperti yang dikatakan oleh Charles Spurgeon, "Doa membelokkan kuasa maha dahsyat di surga sesuai permintaan kita." Benar, dalam menanggapi doa kita, Tuhan bisa berubah pikiran. Dia tidak berubah dalam sifat-Nya; doa kita tidak mengubah siapa Tuhan, tetapi dapat mengubah apa yang dilakukan-Nya. Ada banyak contoh dalam Alkitab yang menunjukkan orang-orang yang dengan berani berdebat dengan Tuhan. Musa melakukannya, lalu Tuhan berubah pikiran hingga melakukan hal yang berbeda. Tuhan tidak berubah dalam sifat-Nya, tetapi Musa memohon kepada Tuhan dengan begitu efektif hingga Tuhan berubah pikiran, dan Alkitab berkata

Doa Sendiri secara Pribadi

Tuhan menyesal lalu berubah pikiran (itulah sebenarnya arti kata "bertobat" dalam naskah aslinya). Kadang, ketika kita melihat kembali ke dalam kesadaran yang lalu, kita tahu bahwa Tuhan telah melakukan sesuatu yang tidak akan dilakukan-Nya jika Anda tidak berdoa.

Pada suatu titik, ada rangkaian "kebetulan" yang menakjubkan yang secara perhitungan data dapat kita simpulkan sebagai Tuhan sungguh mendengarkan doa kita. Hasilnya, kita dapat yakin untuk berdoa, meskipun tanpa merasakan kehadiran-Nya secara jasmani, karena kita tahu Dia sungguh mendengarkan dari begitu banyak hal yang telah terjadi.

* * * * *

Ketika kita berdoa, jawaban doa itu mungkin bukanlah seperti yang kita minta. Namun, dukungan dan penguatan yang kita butuhkan itu akan kita terima di dalamnya. Sejujurnya, sebuah jawaban doa lebih memenuhi kebutuhan daripada sebuah pemenuhan permintaan. Ada salah satu bait yang teduh di dalam kitab Mazmur yang berkata bahwa Tuhan memberikan kepada si pemazmur apa yang diinginkan hatinya, dan Tuhan membuat jiwa si pemazmur kurus kering. Tuhan memberikan apa yang menjadi keinginannya, tetapi secara rohani dia menjadi kurus kering. Tuhan menjawab, dan jawaban-Nya itu membawa kita ke apa yang sebelumnya saya sebut "tahap kedua" dalam doa. Ayub berkata, "*Apa untungnya bagi kita jika kita berdoa kepada Tuhan?*" Jawabannya adalah kita mendapat jawaban doa, dan jawaban doa itu menguatkan kita untuk tetap berdoa. Ketika kita berdoa, kita berdoa kepada seorang Bapa dan Raja. Saat berdoa kepada Raja, kita membawa hal-hal besar ke hadapan-Nya, tetapi saat berdoa kepada Bapa, kita membawa hal-hal kecil kepada-Nya. Betapa indahnya kebenaran ini! Dia adalah Bapa, maka Dia tahu ada berapa helai rambut di kepala kita, dan Dia tahu ketika burung pipit hinggap di tanah. Raja menangani urusan-urusan besar, Bapa mengurusi hal-hal kecil, yang merupakan masalah besar bagi anak-anak-Nya. Kita selalu dapat datang kepada-Nya dan mendapat jawaban.

"Tahap ketiga" dalam doa saya sebut tahap **kesadaran di dalam**. Saya mengajak kita bergerak maju dari kesadaran akan kehadiran Tuhan setelah kita selesai berdoa, dengan bertanya: dapatkah kita tahu, setiap kali kita berdoa, bahwa Dia hadir selagi kita berdoa? Dapatkah kita selalu merasakan bahwa Dia hadir, atau tidak? Pada analisis terakhir, hal itu akan menjadi penguatan terbesar bagi doa kita. Selama saya masih berada di tahap pertama, saya berdoa karena tahu saya harus berdoa, tetap berdoa demi melakukan perintah-Nya dan mengungkapkan kasih kepada-Nya, tanpa merasakan kehadiran-Nya sama sekali, doa tetap menjadi suatu pergumulan yang berat. Saat saya memasuki tahap kedua, lalu mulai mendapat jawaban doa, berdoa menjadi hal yang jauh lebih mudah untuk dilakukan, karena saya tahu dari pengalaman bahwa ada hal-hal yang akan terjadi sebagai dampak dari doa saya. Namun, saya mungkin tetap tak dapat merasakan kehadiran-Nya saat berdoa. Ada tahap ketiga. Puji Tuhan, saat saya tiba di tahap ketiga, saya dapat tahu pasti Tuhan hadir selagi saya sedang berdoa.

Bagaimana caranya? Tidak ada tekniknya, tetapi saat saya membaca Alkitab saya sadar bahwa berulang kali manusia berbicara kepada Tuhan dengan suatu kesadaran yang sangat jelas akan kehadiran-Nya, sehingga manusia mengobrol dengan Dia. Pernahkah Anda menyadarinya juga? Pernahkah Anda berpikir, "Kalau saya bisa mengobrol dengan Tuhan seperti Musa, berbincang santai dengan Dia lalu mendengar jawaban-Nya langsung, tentu saya tahu bahwa Tuhan sungguh hadir..." Nah, bagaimana hal itu dapat terjadi?

Saya yakin tidak ada teknik khusus untuk kita menyadari kehadiran Tuhan. Saya telah membaca banyak buku tentang doa dan mempelajari banyak sekali teknik. Ada yang berkata kita harus duduk, ada yang berkata kita harus berdiri, ada yang berkata kita harus berlutut, ada yang berkata kita harus rebah di tanah, ada pula yang berkata kita harus berjalan. Ada yang berkata kita harus membuka mata, ada pula yang berkata kita harus menutup mata. Ada yang berkata kita harus masuk ke dalam kamar, ada yang berkata kita harus bergerak di jalan tertentu sambil menuju tempat aktivitas kerja kita, ada pula yang berkata kita harus pergi menyepi ke alam bebas. Petunjuk dan panduannya sangat berbeda-beda satu sama lain, dan semua teknik itu membuat kita bingung. Yang lebih menarik lagi, seorang wanita pernah bercerita bahwa karena mengikuti arahan saya untuk mempergunakan tangan, dia menemukan bahwa Tuhan memberikan doa yang harus dia doakan. Saya berkata kepadanya, "Tuhan telah memberikan kepada Anda karunia yang nyata untuk membedakan roh dalam doa, maka Anda bisa berdoa tentang hal-hal yang tepat saat dalam kelompok, tentang hal-hal tepat yang awalnya tidak Anda ketahui."

Dia pun menjawab, "Sejak saya mulai mempergunakan tangan saya begini, Tuhan selalu memberikan doa yang harus saya doakan." Hal itu indah sekali, tetapi saya tidak akan menekankan teknik tertentu. Menurut saya, hal yang terpenting dalam doa adalah kita rileks dan berkoneksi dengan Tuhan. Jika kita lebih mudah rileks dan berkoneksi dengan Tuhan dalam posisi duduk, duduk saja; jika lebih mudah dalam posisi berlutut, berlutut saja; jika lebih mudah dalam kondisi mata terbuka, tetaplah membuka mata; jika lebih mudah dalam kondisi mata tertutup, tutup mata saja. Coba-coba saja berbagai cara dan posisi, sampai menemukan yang mana yang paling tepat. Tidak ada teknik yang tepat untuk semua orang, yang penting apakah kita dapat berada dalam kondisi rileks dan terhubung dalam koneksi dengan Tuhan, sampai kita tahu bahwa Tuhan ada di ruangan itu bersama kita dan Dia sedang berbicara kepada kita; karena kita bisa mengalaminya. Bukan dengan tubuh jasmani, karena indra-indra kita bersifat jasmani, juga bukan dengan pikiran, karena pikiran kita mudah menjadi penghambat dengan kesulitan untuk berfokus dan kendala-kendala lainnya.

Saya akan menunjukkan caranya menurut saya. Jika kita orang Kristen, ada bagian lain dalam kepribadian kita yang kini hidup. Kita tidak terdiri dari tubuh dan pikiran saja (seperti dalam konsep Yunani tentang tubuh dan jiwa), tetapi juga roh. Rohlah yang dapat menyadari kehadiran Yesus dalam ruangan itu bersama kita. Dengan kata lain, ada kedalaman hubungan yang jauh melebihi kemampuan tubuh dan pikiran. Hubungan antarmanusia biasanya terbatas pada aspek tubuh dan pikiran, atau tubuh dan jiwa. Dua orang bersama dapat menjadi sahabat akrab atau suami-istri yang intim. Kadang, kita dapat memiliki hubungan yang mendalam dengan sesama hingga kita dapat saling mengenal dengan sangat baik: tahu pikiran satu sama lain meski tanpa berbicara, dan tahu di dalam hati tentang perasaan satu sama lain. Hubungan dengan Tuhan dapat menjadi lebih dalam lagi daripada itu: Roh Tuhan dengan roh kita, aspek yang terdalam dengan aspek yang terdalam.

Banyak karunia Roh Kudus melewati aspek pikiran atau jiwa. Mereka yang terlalu berpegang pada intelektualitas akan sangat kesulitan percaya akan aspek yang lainnya, yaitu roh manusia, yang dapat bersekutu dengan Roh Tuhan, serta bahwa kata-kata Roh Kudus dapat disampaikan kepada roh manusia, yang tidak bersentuhan sama sekali dengan otak manusia atau berasal dari pikiran. Roh kita mengerti Roh Tuhan.

Ketika Roh Kudus menyentuh roh Anda, Anda dapat membuang semua penghalang intelektual yang biasa merintangi begitu banyak orang dan membatasi doa kita menjadi doa pikiran saja. Ada saatnya kita perlu berdoa dengan pikiran, seperti Paulus berkata, "***Aku akan berdoa dengan akal budiku dan aku akan berdoa dengan rohku.***" Jika Anda belum pernah berdoa dengan roh Anda, ada dimensi doa yang sangat nyata yang Anda belum rasakan. Saya akan bernyanyi dengan akal budi dan saya akan bernyanyi dengan roh. Saya akan menikmati kedua jenis doa itu dan kedua jenis nyanyian itu dalam hidup saya. Saya akan menjelaskan maksudnya berdoa di dalam Roh, tetapi ada tingkat kedalaman yang roh kita bisa tahu bahwa Yesus hadir.

Ada kesaksian pribadi yang saya bisa ceritakan. Saat menulis, saya tiba pada titik ketika saya berkata, "Yesus, apakah Engkau ada di sini bersama saya?" lalu roh saya seketika "meluap". Ada gerakan yang langsung terjadi, tetapi itu bukan perasaan biasa. Beberapa menit kemudian, tubuh dan pikiran saya mengikuti gerakan roh saya, tetapi roh saya lebih dahulu *tahu* bahwa Yesus hadir, dan saya dapat mencurahkan roh saya kepada-Nya. Saya percaya itulah titik ketika kita dapat mendeteksi kehadiran Tuhan saat berdoa, ketika Roh-Nya menunjukkan kehadiran-Nya kepada roh kita. Seperti itulah kedalamannya. Saya tidak dapat menjelaskan atau melukiskannya, tetapi yang jelas sebagian orang kudus membutuhkan bertahun-tahun hingga tiba pada titik bisa tahu Yesus hadir saat berbicara kepada-Nya, dan mereka mengalaminya entah secara rutin atau kadang-kadang. Atau, ketika mereka bertumbuh dalam kasih karunia selama bertahun-tahun itu, mereka tiba pada titik ketika dapat dikatakan setiap kali berdoa mereka tahu Yesus hadir. Nah, kabar baiknya untuk Anda adalah ada cara cepat untuk mengalaminya, yaitu *"tenggelam"* di dalam Roh Kudus. Saya tidak peduli istilahnya apa: baptisan Roh Kudus, penuh Roh Kudus, diurapi Roh Kudus, mendapat pencurahan Roh Kudus, Roh Kudus turun atas kita, atau apa pun; tetapi ketika roh kita tenggelam di dalam Roh Kudus, kita akan tahu dan mengenali kehadirannya jauh di dalam diri kita. Kita tidak akan memperdebatkan pengalamannya, karena pikiran kita tidak akan menjadi penghalang lagi. Bahkan, Roh Kudus akan mengesampingkan pikiran kita sementara, supaya tidak merintangi pengalaman itu.

Ketika Tuhan membaptis kita dengan Roh Kudus, Dia membebaskan kehidupan doa kita dengan memberikan kesadaran untuk mengenali kehadiran-Nya, agar roh kita dapat bersekutu dengan Roh-Nya, dengan Tuhan dan dengan Bapa, sehingga Roh-Nya dapat bersaksi bersama roh kita bahwa kita adalah anak Tuhan dan kita dapat berseru, *"Abba*, Bapa, Papa, Ayah..." Roh

Kuduslah yang membuat kita sadar, pada tingkat kedalaman roh kita. Indra-indra jasmani berkata Tuhan tidak berada di ruangan tempat kita berada, dan pikiran bisa mengembara ke mana-mana dan berpikir untuk melihat saja nanti apakah ada bukti bahwa Tuhan sungguh-sungguh mendengarkan doa, tetapi ketika Roh Tuhan bersaksi bersama roh kita, tubuh dan pikiran kita tidak berkuasa, sehingga roh kita menjadi sadar akan kehadiran Yesus. Itulah sebabnya jika Anda kesulitan menyadari kehadiran Tuhan dalam doa Anda, saya menyarankan agar Anda mulai berdoa untuk Dia memenuhi Anda dengan Roh-Nya, agar Anda tenggelam di dalam Roh-Nya. Saya dapat berkata bahwa Anda akan menjadi jauh lebih sadar akan kehadiran Tuhan daripada sebelumnya, meskipun doa Anda belum dijawab, dan Anda akan tahu bahwa Tuhan senang menjawab doa.

Alangkah mulianya! Kesadaran tersebut terbuka bagi setiap orang Kristen, terlepas dari kondisi fisik tubuhnya atau kondisi pikirannya. Saya pernah mengunjungi seorang anggota jemaat yang berada dalam kondisi sekarat. Selama tiga atau empat hari, keluarganya tidak berhasil mendapat respons apa pun dari orang sakit yang sedang terbaring koma itu. Tidak ada respons fisik maupun respons mental sama sekali. Saya menelepon sekitar satu atau dua jam sebelum anggota jemaat itu meninggal, tetapi salah satu anggota keluarganya berkata, "Tidak akan ada gunanya... Memangnya Anda ingin masuk melihat dia?" Saya berkata saya ingin menemuinya, lalu saya masuk ke kamarnya. Saya duduk di sisi tempat tidurnya lalu mendekatkan mulut saya ke telinga orang yang sekarat itu, dan berkata, "Saya akan berdoa, dan saya ingin Anda ikut berdoa bersama saya." Kemudian, saya mulai berdoa, "Bapa kami di surga..." tetapi saya tidak perlu melanjutkannya, karena bibir orang itu menyahut, "Dikuduskanlah nama-Mu. Datanglah Kerajaan-Mu. Jadilah kehendak-Mu." Yang ikut mengucapkan doa itu bukanlah tubuh fisiknya atau pikirannya, melainkan rohnya, yang amat sangat hidup. Tingkat kedalaman doa yang ketiga yang saya bahas ini adalah titik ketika Tuhan ingin bersekutu dengan kita dan memberikan kepada kita kesadaran akan kehadiran-Nya.

Suatu kali, saya melayani sebagai pendeta rumah sakit untuk para pasien gangguan jiwa. Saya biasa datang dan memimpin acara kebaktian seminggu sekali di sana. Sering kali, saya bertanya-tanya apakah saya sebenarnya membuang-buang waktu saja, karena tempat itu adalah bangsal untuk orang-orang yang secara medis tidak akan pernah keluar dari sana dan tidak akan pernah pulih. Ada begitu banyak hal aneh terjadi di sana. Saat saya mulai memimpin nyanyian, ada pria yang biasa berdiri lalu melakukan sikap hormat bendera sampai sepanjang nyanyian itu. Rupanya musik yang dimainkan telah menyentuh ingatan bawah sadar yang sangat dalam pada diri pria itu, sebagai prajurit militer. Saya berbicara dengan pria yang bertanggung jawab untuk bagian perawatan tersebut, dan saya berkata, "Sebenarnya, saya kadang bertanya-tanya apakah semua yang disampaikan ini ditangkap oleh mereka." Pria itu menjawab, "Pak Pawson, tolong jangan berhenti datang. Kebaktian ini adalah satu-satunya waktu dalam seminggu yang mereka berperilaku berbeda. Satu-satunya perkataan yang masuk akal yang mereka ucapkan adalah lirik lagu-lagu yang dinyanyikan." Roh.

Anda dapat melihatnya, ada tingkat kenikmatan akan hadirat Tuhan yang terlepas dari tingkat penangkapan indra jasmani. Bahkan, terlepas dari tingkat pemahaman mental. ("Oh, pasti Tuhan hadir, karena kita berdoa lalu Dia menjawab.") Tingkat itu adalah kesadaran roh, yang tidak dibatasi oleh kondisi fisik maupun mental. Haleluya! Nah, kita dapat mengenali kehadiran Tuhan. Roh Tuhan dapat bersaksi dengan roh kita bahwa kita adalah anak Tuhan, bahwa dia adalah Bapa kita, bahwa Tuhan Yesus sungguh mendengarkan dan siap menandatangani permohonan Anda; bahwa Iblis telah dikalahkan; bahwa orang-orang kudus bersama dengan kita; bahwa meskipun kita tidak tahu bagaimana cara berdoa seperti seharusnya, Roh Tuhan dapat menaruh di dalam mulut kita bahasa yang belum pernah kita pahami atau pelajari, dan membebaskan kita untuk berdoa.

DOA

Bapa, terima kasih karena saat saya menjadi salah satu anak-Mu Engkau membangkitkan roh saya hingga hidup kembali. Sebelumnya, saya telah mati rohani. Saya berbicara kepada-Mu tetapi tidak tahu apakah Engkau sungguh mendengarkan, dan tidak tahu apakah saya mendapat jawaban. Tuhan, terima kasih karena Engkau tidak ingin saya tetap seperti itu. Terima kasih karena Engkau telah memberikan kepada kami dimensi baru persekutuan dengan-Mu.

Tuhan, tenggelamkan saya di dalam Roh-Mu, penuhi saya dengan Roh-Mu. Supaya meskipun tubuh dan pikiran kita tidak dapat menangkap kehadiran-Mu, roh saya dipenuhi oleh-Mu sehingga saya tidak ragu sama sekali tentang saya berbicara kepada-Mu dan Engkau berbicara kepada saya. Tuhan, jika saya mengingini kepuasan bagi indra-indra jasmani saya, ampuni saya. Terima kasih karena suatu hari kelak saya akan bertemu langsung dengan Yesus, melihat-Nya dengan mata saya sendiri dan mendengar-Nya dengan telinga saya sendiri, tetapi sekarang sebelum semua itu, berikan kepada saya iman sehingga saya tidak membutuhkan penangkapan indrawi itu. Tuhan, juga ketika pikiran saya tidak dapat paham, pikiran saya berdebat, pikiran saya berkelana ke mana-mana menjauh dari-Mu, jagalah agar roh saya tetap dekat dengan-Mu dan ajarlah saya cara bersekutu sebagai sahabat dengan-Mu, roh saya dengan Roh-Mu, pada tingkat terdalam.

Terima kasih, Tuhan, untuk kesadaran akan kehadiran-Mu yang saya rasakan sekarang ini. Terima kasih karena Engkau sungguh hadir di sini. Tuhan, teruslah berbicara kepada saya, dan tolong saya untuk mengenal-Mu, mengasihi-Mu, dan berbicara dengan-Mu, dan mendengarkan-Mu. Saya meminta semua ini dalam nama-Mu. **Amin.**

7

DOA UNTUK ORANG LAIN

Ada sebuah dosa yang kebanyakan dari kita pernah perbuat, bahkan mungkin secara teratur terus-menerus, dan kita jarang menyadarinya sebagai dosa. Kita menganggapnya sebagai kelalaian atau kealpaan saja. Dosa itu adalah: *"**Mengenai aku, sekali-kali aku tidak akan berdosa terhadap TUHAN oleh karena berhenti mendoakanmu,**"* (1 Samuel 12:23). Kapan terakhir kali Anda menyadari hal yang demikian itu adalah dosa, lalu meminta ampun atasnya? Kelalaian kita akan ayat yang pendek itu sungguh mengagumkan. Berdoa syafaat bagi kebutuhan orang lain dianggap sebagai tanggung jawab di dalam Alkitab, meskipun hal itu juga merupakan hak istimewa. Kita akan melihat bahwa doa syafaat merupakan salah satu aspek yang paling sulit dipelajari dalam doa. Jauh lebih mudah berdoa untuk diri sendiri dan untuk kebutuhan diri sendiri daripada untuk kebutuhan orang lain. Berdoa untuk diri sendiri merupakan naluri manusia, tetapi berdoa untuk orang lain bukanlah naluri manusia. Dengan memahami hal itu, kita juga perlu tahu bahwa sukacita ketika doa kita berbuah efektif dengan kuasa yang hebat bagi orang lain itu luar biasa. Tidak banyak jenis sukacita yang dapat dibandingkan dengan mendengar kabar bahwa doa kita untuk orang lain telah dijawab oleh kemuliaan Tuhan.

Jauh sebelum saya sendiri menjadi orang Kristen, saya berjumpa dengan kuasa doa syafaat. Saya ingat jelas suatu pagi pada hari Natal ketika saya terbangun dengan rasa tidak enak badan. Pada hari itu, ayah saya pergi untuk berkhotbah. Saat Ayah tidak di rumah, saya jadi makin sakit. Saya jadi tahu saya benar-benar telah jatuh sakit. Ayah bergegas pulang dari kebaktian, setelah mempersingkat kebaktian itu karena Tuhan memberi tahu di dalam hatinya bahwa ada kebutuhan serius di rumahnya, dan kebutuhan serius itu adalah saya. Dalam waktu setengah jam, saya telah berada di rumah sakit dan dicurigai terkena meningitis (radang selaput otak). Keluarga saya lebih tersiksa daripada saya sendiri. Acara makan malam Natal menjadi berantakan seluruhnya. Tiga hari kemudian, saya keluar dari rumah sakit dalam kondisi yang telah segar bugar. Pada hari Senin pagi setelah itu, orang tua saya membawakan saya selembar kertas yang panjang berisi daftar 120 nama. Semua itu adalah nama orang-orang yang berkata, "Kami yakin Tuhan punya rancangan masa depan khusus untuk David dan kami akan berdoa bersama untuk David." Hasilnya, saya masih hidup sampai menulis buku ini! Namun, saat itu saya bukan orang Kristen. Maka meskipun saya berminat memperhatikan banyaknya nama yang tercatat di kertas itu, saya tidak sepenuhnya dapat menghargai apa yang telah mereka lakukan.

Saat kemudian saya menjadi orang Kristen, yaitu pada bulan September tahun 1947, saya sudah menyadari kuasa doa syafaat. Saya menjadi orang Kristen pada hari Jumat malam. Sebelumnya saya telah tinggal selama seminggu bersama kira-kira seratus orang muda, yang kebanyakan orang Kristen, maka tentu saya merasa agak resah saat masuk ke sebuah ruangan yang di dalamnya ada orang-orang yang melingkar dan berdoa bagi kita dengan menyebut nama kita. Jika kita belum menjadi orang Kristen, kita tentu tidak menyukai hal semacam itu. Namun, jika kita telah menjadi orang Kristen, kita akan sangat menghargainya, bahwa orang-orang begitu mengasihi kita hingga berdoa dengan menyebut nama kita. Saya sendiri awalnya sangat tidak menyukainya. Memangnya mereka pikir mereka siapa sampai mendoakan saya? Saya merasa mereka berpikir diri mereka lebih baik daripada saya... Saya bereaksi dalam berbagai bentuk yang sangat khas, tetapi setidaknya saya tahu bahwa doa syafaat berperan sangat vital dalam pertobatan saya pada hari Jumat malam minggu tersebut. Sejak saat itu, saya jadi tahu betapa besarnya peran doa syafaat untuk saya itu. Saya harus memberi tahu Anda bahwa saya kini jauh lebih sadar daripada siapa pun tentang betapa besarnya bagian dalam pelayanan saya yang berjalan karena doa syafaat orang lain, bukan karena kegiatan yang saya lakukan sendiri; termasuk saya tidak mungkin mampu menghadapi pelayanan saya terus-menerus jika saya tidak tahu ada orang-orang yang secara rahasia di hadapan Tuhan berusaha menopang saya dengan menyebut nama saya di dalam doa. Saya tidak mungkin mampu terus berkhotbah atau mengajar tanpa semua itu.

Mekanisme doa syafaat memang masih misteri bagi saya. Ada orang-orang yang telah berusaha menjelaskannya dengan istilah-istilah psikologis, dan contohnya, mereka itu menganggap doa untuk diri sendiri pun merupakan bentuk sugesti diri yang lebih lanjut. Saya ingat pernah mendengar ceramah pelajaran psikologi yang menyatakan doa untuk orang lain dapat dijelaskan sebagai suatu bentuk telepati dan transfer pemikiran dari pikiran satu orang ke pikiran orang lain. Saya sama sekali tidak percaya penjelasan itu. Itu hanyalah upaya untuk memberikan penjelasan alamiah tentang kuasa doa syafaat, padahal hal-hal yang terjadi saat kita berdoa untuk orang lain tidak dapat dijelaskan kecuali dengan pemahaman rohani.

Saya juga ingat dua misionaris wanita yang melayani di Tiongkok sebelum era pemerintahan komunis. Mereka harus pergi ke kota untuk mengambil sejumlah besar uang di bank lalu membawanya kembali ke rumah sakit di daerah perbukitan tempat lokasi pelayanan mereka untuk membayar gaji para staf rumah sakit. Karena berbagai sebab, perjalanan mereka terhambat sehingga saat malam tiba mereka baru mencapai separuh jarak perjalanan kembali dan harus menginap di alam bebas di perbukitan. Daerah itu merupakan daerah yang penuh dengan bandit. Namun, keduanya berbaring dan menyerahkan diri kepada Tuhan. Keesokan paginya mereka bangun, melanjutkan perjalanan kembali ke rumah sakit dan membayar gaji para staf. Pada malam sebelumnya itu, mereka tidur semalaman dengan mengapit tas berisi uang itu. Jumlahnya besar. Beberapa minggu setelah itu, seorang kepala geng bandit yang tersohor ternyata dibawa ke rumah sakit itu karena terkena tembakan. Kedua misionaris wanita itu menyelamatkan nyawanya, lalu dia berkata kepada mereka,

"Beberapa minggu lalu saya melihat Anda berdua. Anda tidur sambil memegang tas berisi uang, 'kan?"

"Ya, betul."

"Kami ingin merampas uang itu, tetapi kami tidak mendekat untuk mengambilnya."

Kedua misionaris wanita itu bertanya, "Mengapa?"

"Sebab ada tentara-tentara itu," kata si bandit.

"Tentara apa?"

"Pasukan tentara yang menjaga Anda berdua. Ada 27 orang. Kami menghitung jumlahnya."

Saat kedua misionaris wanita itu pulang dari penugasan pelayanan beberapa bulan setelahnya dan tiba di gereja asal mereka yang kecil di London, mereka menceritakan kisah itu. Sekretaris gereja itu seorang pria yang sangat cermat, dan dia telah mencatat seluruh isi pertemuan dan berapa jumlah orang yang hadir. Dia lalu bertanya, "Tanggal berapa kejadiannya?" Mereka menyebutkan tanggalnya.

Si sekretaris memeriksa buku catatannya lalu berkata, "Itu adalah hari ketika gereja kita mengadakan pertemuan doa karena kami mendapat beban yang khusus untuk Anda berdua. Ada 27 orang yang hadir dalam doa bersama di gereja. Kami mendoakan perlindungan Tuhan bagi Anda berdua."

Nah, Anda mungkin mencoba menjelaskannya secara alamiah, tetapi kebenarannya adalah ada lebih banyak hal yang tertopang oleh doa di dunia ini daripada yang dapat dibayangkan.

Tuhan telah mengatur bahwa perlu ada orang yang mengangkat tangan dan berseru kepada-Nya dan mengulurkan tangan untuk

Doa untuk Orang Lain

kebutuhan orang lain, lalu mengalirkan kuasa-Nya dari surga ke bumi. Kadang, saluran kuasa itu menggunakan tangan kita. Banyak orang telah berkata mereka pernah menumpangkan tangan atas seseorang dan mendoakannya, lalu mereka merasakan getaran kuasa Tuhan melalui tangan mereka itu saat kuasa-Nya mengalir melalui saluran itu. Doa syafaat menuntut harga yang mahal, tetapi Tuhan berespons terhadapnya dengan mengalirkan kuasa-Nya kepada orang-orang yang membutuhkan pertolongan.

Saya yakin pada saat itu malaikat-malaikat pun sering kali hadir. Baca saja kitab Daniel. Malaikat-malaikat terbang melayang-layang, dengan kecepatan yang jauh melebihi pesawat-pesawat yang tercepat! Dalam Daniel pasal 9, ada malaikat yang turun dari tingkat tertinggi surga ke dalam kamar Daniel sebelum doanya selesai, padahal doa itu hanya membutuhkan waktu sekitar dua menit. Amat sangat cepat! Tuhan punya banyak asisten!

Saat kita berpikir untuk mendoakan orang lain, kita perlu memikirkan empat area. Pertama: mengapa kita berdoa untuk orang lain. Artinya, motivasi kita perlu diperjelas. Kedua: siapa yang perlu kita doakan. Salah satu masalahnya adalah daftar kita bisa saja dengan cepat menjadi terlalu panjang, dan saya akan memberikan beberapa panduan untuk menjaganya dengan kompas yang tepat. Ketiga: apa yang perlu kita doakan ketika mendoakan orang lain. Dan, keempat: bagaimana kita harus berdoa ketika mendoakan orang lain.

Yang pertama, mengapa kita mendoakan orang lain? Hati manusia itu jahat, menurut kata Alkitab, dan cenderung menipu dalam segala hal. Masalahnya adalah motivasi kita sering tercampur aduk, sehingga kita tidak sepenuhnya tahu mengapa kita berdoa untuk orang tertentu. Masalah terbesar dalam mendoakan orang lain adalah mengeluarkan kepentingan diri kita sendiri dari situ, termasuk berusaha memastikan bahwa kepentingan diri kita tidak memengaruhi doa kita untuk orang lain. Saya khawatir jika kita tidak waspada, kita cenderung berdoa untuk orang-orang yang mendukung kepentingan diri kita sendiri.

Sebenarnya, mengapa pula kita harus lebih banyak berdoa untuk bangsa kita sendiri daripada untuk bangsa-bangsa lain? Kita harus berhati-hati agar tidak lebih banyak mendoakan bangsa kita sendiri daripada mendoakan bangsa lain karena nasib bangsa kita menentukan nasib kehidupan kita sendiri. Kepentingan diri dapat membatasi doa syafaat kita hingga hanya berkisar untuk keluarga *kita*, gereja *kita*, bangsa *kita*: semoga mereka semua sejahtera supaya saya pun sejahtera, supaya dunia dan kehidupan saya tetap baik-baik saja. Demikian pula, kebenaran diri dapat menjadi rintangan yang membatasi dengan berbagai cara tertentu. Apakah Anda memperhatikan bahwa sejak tadi saya menyebutkan berdoa **untuk** atau **bagi** orang lain? Saya ingin memberikan peringatan tentang urusan **menyerang** seseorang dengan doa. Apakah Anda dapat memahami maksud saya? Mudah sekali kita menceramahi orang lain dalam doa. Ingatkah Anda tentang orang Farisi yang berdoa di baris depan bait suci? Doanya itu penuh berisi "saya" ("aku"). Unsur "saya" muncul sebanyak lima kali. *Aku berterima kasih kepada-Mu karena aku tidak seperti orang-orang lain ini. Aku berpuasa dua kali seminggu, aku membayar persepuluhan dari segala sesuatu yang kumiliki.* Lalu, dia menengok ke belakang dan melihat pria yang ada di baris belakang, dan berkata, "*Aku berterima kasih kepada-Mu karena aku tidak seperti orang-orang lain, tidak seperti pria hina di belakang itu.*" Versi lain doa yang semacam itu adalah, "Tuhan, jadikan jemaat gereja ini sebaik diri saya." Pernahkah Anda mendengar doa yang demikian? "Tuhan, buatlah mereka berubah dengan cepat supaya mereka menjadi orang yang baik dan rajin datang ke pertemuan doa, seperti saya rajin datang pagi ini." Apa perbedaannya dengan doa benar-diri yang diucapkan oleh orang Farisi itu? "Saya berterima kasih kepada-Mu karena saya tidak seperti orang-orang lain. Buatlah mereka menjadi seperti saya, supaya gereja ini menjadi gereja yang baik." Kepentingan diri dan kebenaran diri, apa pun yang bersifat diri sendiri, dapat menjadi rintangan.

Doa untuk Orang Lain

Saya akan tunjukkan salah satu contoh lain yang juga sangat jelas. Mungkin, pasangan nikah Anda adalah seorang nonpercaya. Itu merupakan kuk yang tidak seimbang dan tidak rata, yang dapat menggesek dan melukai. Maka, Anda berlutut berdoa dan berkata, "Tuhan, jadikanlah suamiku (atau istriku) Kristen." Mengapa Anda berdoa demikian? Supaya Anda dapat memiliki iman yang sama dengan pasangan? Supaya Anda sendiri bahagia? Supaya Anda dapat memiliki rumah tangga Kristen? Bolehkah saya sarankan agar, jika Anda bersuamikan atau beristrikan orang non-Kristen, Anda mengambil langkah terbaik dengan berdoa untuk diri Anda sendiri lebih dahulu? Bersyukurlah kepada Tuhan atas pasangan Anda, lalu doakan diri Anda sendiri. Bersyukurlah kepada Tuhan atas segala kualitas baik yang ada pada diri pasangan Anda, lalu doakan agar Anda dapat menjadi pasangan yang lebih baik dalam pernikahan. Selanjutnya, amati saja apa yang terjadi. Memang, yang lebih mudah adalah mendoakan agar pasangan kita itulah yang diubah, supaya kita mendapat kelegaan dari beban kuk tidak rata yang menggesek itu.

Saya pernah mendengar seorang pengkhotbah berkata, "Berdoalah untuk seseorang selama enam bulan, maka akan ada sesuatu terjadi menimpanya." Saya tidak percaya nasihat itu. Saya yakin doa untuk orang lain tidak akan memanipulasi orang itu. Saya yakin bukan demikianlah kuasa doa. Tidak mungkin kita menjadikan seseorang berubah hingga menjadi Kristen, meskipun dengan doa. Tuhan menghargai kebebasan pribadi manusia. Saya yakin bahwa doa untuk orang lain bukanlah memaksakan situasi tertentu, melainkan mendorong apa yang memang sedang lakukan untuk orang itu. Doa itu bukan cara bagi kita untuk memanipulasi orang lain dan menjadikan mereka sesuai dengan keinginan kita. Doa itu justru mendorong mereka, agar setiap respons mereka terhadap kuasa Tuhan akan dikuatkan oleh doa kita untuk mereka. Dengan demikian, kita tidak memanipulasi mereka. Kita justru mengasihi mereka dan menolong mereka. Ingat, ada orang-orang yang diundang oleh Yesus tetapi Dia harus membiarkan mereka pergi karena mereka tidak mau menerima undangan Yesus itu saat tiba waktunya untuk mengambil keputusan.

Itulah sebabnya, setiap kali kita berdoa untuk orang lain, kita perlu menanyakan alasan kita sendiri mendoakan dirinya. Apakah saya berdoa dari kepentingan dan keinginan diri sendiri? Apakah saya, misalnya, berdoa agar anak saya menjadi suatu sosok tertentu karena saya sendiri gagal mencapai standar dan tujuan itu, sehingga saya sebenarnya menaruh ambisi saya sendiri atas anak saya? Ada sebagian orang tua yang sangat ingin terlibat dalam pelayanan di ladang misi atau dalam pelayanan gereja, yang setiap hari berdoa untuk anak mereka agar menjadi misionaris. Apakah mereka itu yakin mereka tidak sedang menaruh ambisi mereka yang gagal atas anak mereka? Hanya ada dua motivasi yang layak mendasari doa untuk orang lain: kemuliaan Tuhan, dan kebaikan bagi orang yang didoakan.

Kita tahu Paulus berkata, *"Aku mau terkutuk dan terpisah dari Kristus demi saudara-saudaraku,"* dan hal itu berarti dia sungguh-sungguh berdoa tanpa unsur kepentingan dirinya sendiri sama sekali. Kita pun perlu berdoa untuk orang lain dengan sikap tanpa mementingkan diri sendiri. Bahkan, Yesus memang menyuruh kita berdoa dan menolong sesama yang tidak mampu membalas apa-apa kepada kita. Jika boleh saya sarankan, amati kembali daftar doa Anda dan temukan berapa banyak dari nama-nama di daftar itu merupakan orang-orang yang percuma saja dijangkau dan dilayani secara langsung, yang lebih baik didoakan saja. Yesus mengajar bahwa itulah yang kita perlu lakukan untuk keluarga kita. Kita bisa mengundang tamu-tamu untuk acara makan siang bersama pada hari Minggu, bukan hanya mereka yang akan mengundang Anda tiga bulan setelah itu, melainkan juga mereka yang tidak memiliki tempat tinggal sehingga tidak mungkin mengundang Anda. Demikian pula, berdoalah untuk orang-orang yang dari mereka Anda tidak akan mungkin mendapatkan imbalannya, maka Anda dapat yakin bahwa doa syafaat Anda itu adalah untuk kemuliaan Tuhan dan kebaikan sesama.

Nah, itulah hal yang pertama: *mengapa* kita berdoa, yaitu memurnikan motivasi kita. Tentu saja, semua itu bukan berarti kita tidak boleh mendoakan keluarga kita, gereja kita, dan bangsa kita sama sekali.

Hal kedua yang saya ingin kita perhatikan adalah siapa yang kita doakan. Ada dua golongan orang yang percuma saja didoakan. Yang pertama, tidak ada gunanya mendoakan orang yang sudah meninggal. Kita memang mengingat mereka dalam kenangan yang indah, tetapi mereka kini ada di tangan Tuhan. Tidak ada gunanya mendoakan orang yang telah meninggal. Doa yang demikian itu adalah praktik agama penyembahan berhala, yang telah menyusup masuk ke dalam agama Kristen, lalu sebagian orang Kristen masih merasa perlu melakukannya. Namun, saya dapat memberikan dasar Alkitab bahwa fase kehidupan manusia yang menentukan hanyalah sejak kelahiran sampai kematian. Kita akan dihakimi menurut perbuatan kita di dalam tubuh jasmani ini, dan saat kematian itu celahnya tertutup. Alkitab sangat jelas menyatakannya: doa orang mati bagi kita serta doa kita bagi orang mati tidak berlaku menurut Firman Tuhan. Maka, orang meninggal adalah golongan yang tidak perlu didoakan.

Ada pula golongan kecil lainnya yang dalam Perjanjian Baru disebutkan tidak ada gunanya didoakan, yaitu "orang Kristen" yang telah murtad, yang telah berbalik dari Yesus dan menyangkal Yesus, dan melakukan yang disebut di 1 Yohanes 5:13 sebagai dosa yang mendatangkan maut. Yohanes, sang rasul yang dikasihi, yang hatinya sungguh penuh kasih, berkata, "***Tentang itu tidak kukatakan bahwa ia harus berdoa.***" Sayangnya, memang ada titik tertentu ketika orang Kristen telah menyimpang terlalu jauh dari Kristus sehingga tidak ada gunanya didoakan. Nah, di luar kedua golongan itu, berdoalah untuk orang lain.

Lagi pula, Alkitab juga menyebutkan beberapa golongan yang secara spesifik perlu kita doakan. Saya ingin kita memastikan bahwa golongan-golongan tersebut ada di dalam daftar doa kita. Pertama, musuh kita. Cara terbaik menyingkirkan musuh adalah mengubah mereka menjadi kawan, dan cara terbaik untuk mendapatkan kawan adalah dengan mendoakan mereka. Maka, di antara orang-orang yang secara teratur kita doakan harus ada mereka yang tidak menyukai kita, yang tidak kita sukai, atau keduanya (karena biasanya dua musuh memang saling tidak menyukai). Apakah Anda berdoa untuk orang-orang yang memanfaatkan Anda? Yesus mengajarkannya, dan para rasul mempraktikkannya. Saat Yesus wafat, sebelumnya Dia melihat para prajurit yang membuang undi di bawah kakinya, lalu berkata, "***Bapa ampunilah mereka,***" dan Dia mendoakan mereka. Saat Stefanus dirajam batu sampai mati, sedang batu-batu tajam itu merobek kulitnya dan memecahkan tengkoraknya dan darahnya mengalir, dia berkata, "***Bapa, ampunilah mereka.***" Berdoalah untuk musuh-musuh Anda.

Saya tahu ada seorang pemuda yang bergabung dengan ketentaraan. Dia masuk ke barak, lalu pada malam pertamanya dia berlutut di sisi tempat tidurnya untuk berdoa, tetapi seorang sersan di seberang ruangan barak itu mengambil sebelah sepatu botnya dan melemparkannya dengan keras ke arah sang pemuda. Lemparan itu terasa sangat sakit dan lukanya menganga pada telinga pemuda itu, tetapi dia tetap berdoa. Si sersan mengambil sebelah sepatu botnya lagi dan melemparkannya. Lemparan itu tepat sasaran dan menimbulkan luka baru pada sang pemuda, tetapi dia terus saja berdoa untuk sersannya itu. Keesokan paginya saat sersan itu bangun, kedua sepatu botnya sudah tertata rapi di sisi tempat tidurnya dalam kondisi sudah dibersihkan dan disemir. Sersan itu pun berucap sendiri, "Saya harus mencari tahu apa yang membuat pemuda itu bisa bersikap seperti itu." Singkatnya, si sersan menjadi orang Kristen. Nah, apakah Anda sendiri yakin telah berdoa untuk musuh-musuh Anda? Mungkin, musuh Anda adalah orang yang amat sulit di pekerjaan, atau salah satu orang tua yang tak kunjung memahami Anda, atau anak yang memberontak terhadap Anda... Intinya, apakah Anda berdoa untuk musuh-musuh Anda?

Golongan orang kedua yang dinasihatkan oleh Alkitab untuk kita doakan adalah para pekerja Tuhan. Kita perlu berdoa agar ada pekerja-pekerja bagi Tuhan, serta agar Tuhan menaruh nama tertentu di dalam hati Anda sehingga Anda dapat mendatangi orang itu di gereja dan berkata, "Tuhan sepertinya berbicara kepada saya... Apakah Anda pernah berpikir untuk pergi melayani ke bangsa lain?" atau, "Pernahkah Anda berpikir untuk terlibat dalam pelayanan?" atau, "Pernahkah Anda berpikir untuk menjadi penginjil?" Betapa indahnya jika hal semacam itu terjadi! Demikianlah pula kisah saya hingga menjadi pengkhotbah. Seorang bandar judi yang telah bertobat mengajak saya minum teh bersamanya. Dia membawa saya ke kedai kecil bernama Spennymoor di daerah County Durham. Kedai itu bukan tempat yang terlalu bagus. Saat itu, dia mengajak saya untuk ikut kebaktian malam pada hari Minggu, dan saya tahu dialah yang akan berkhotbah. Dalam perjalanan ke kedai itu, saya bertanya, "Anda akan berkhotbah tentang apa?" Dia menjawab, "Saya tidak akan berkhotbah. Anda yang akan berkhotbah!" Itulah titik awal perkenalannya bagi saya. Ternyata, dia telah lama mendoakan agar ada pekerja bagi Tuhan dan Tuhan menaruh tangannya atas saya. Maka, sang mantan bandar judi itu menangkap si anak profesor lalu berkata, "Anda akan berkhotbah." Pekerja-pekerja yang melayani di ladang Tuhan sangat membutuhkan doa. Posisi mereka terbuka untuk diserang, mereka berada di garis depan peperangan, mereka butuh didoakan dan Alkitab menyuruh kita untuk mendoakan mereka: bukan agar mereka aman atau nyaman, melainkan agar mereka berani, dan agar Tuhan membuka pintu pekerjaan-Nya bagi mereka. Pernahkah Anda menyadari betapa seringnya Paulus berkata "doakanlah kami" atau "doakanlah aku"? Ketika berada di penjara, dia tidak berdoa bagi kebebasannya atau keamanannya, tetapi dia berdoa agar dirinya diberi keberanian, bahkan agar Firman Tuhan tidak dibelenggu dan agar pintu-pintu terbuka untuk pemberitaannya.

MEMPRAKTIKKAN PRINSIP-PRINSIP DOA

Apakah Anda telah mendukung para pekerja Tuhan dalam doa?

Golongan orang ketiga yang kita disuruh untuk doakan secara teratur adalah para pemerintah. Orang-orang yang berada di bidang pemerintahan sering diolok-olok, diejek, dan dipersalahkan. Mereka sangat butuh didoakan. Masukkan para anggota dewan perwakilan rakyat dalam doa-doa Anda. Kita diperintahkan untuk mengangkat tangan yang kudus bagi mereka yang ditempatkan pada posisi kepemimpinan, karena Injil membutuhkan kondisi politik tertentu agar bisa diberitakan dengan bebas. Kita harus berdoa agar kita memiliki kondisi masyarakat yang damai sehingga pemberitaan Injil dapat bebas dilakukan. Apakah Anda mendoakan para pemimpin politik?

Golongan keempat yang perlu didoakan secara khusus adalah mereka yang mengalami sakit fisik. Doa merupakan senjata yang hebat di ruang-ruang perawatan orang sakit.

Nah, saya telah menyebutkan beberapa golongan orang sebelumnya, tetapi masih ada peringatan lainnya: kita akan kewalahan sendiri jika daftar doa kita terlalu panjang. Saya rasa kita tidak mungkin berdoa untuk terlalu banyak orang sekaligus, kecuali mungkin jika kita memang menerima karunia pelayanan doa syafaat secara khusus. Bahkan, saya berani berkata bahwa kita cukup mendoakan empat atau lima orang saja dalam sekali doa. Lebih baik mulai berdoa lagi pada saat berikutnya daripada membawa daftar nama yang panjang sekali ke hadapan Tuhan, seperti pendaftaran anggota klub atau daftar belanja, karena berdoa sungguh-sungguh untuk seseorang membutuhkan energi dan usaha keras. Mungkin Anda pernah merasa energi Anda terkuras habis setelah pertemuan doa yang mendoakan beban orang-orang.

Maka, siapa yang perlu kita doakan? Yang terbaik adalah mengizinkan Tuhan menentukan siapa yang harus kita doakan. Jika kita berpikir harus mendoakan seseorang, bawa saja namanya ke hadapan Tuhan dan berkata, "Tuhan, beri tahu saya, apakah saya harus memasukkan orang ini di dalam daftar doa atau tidak?" Waspadalah agar tidak asal berkata kepada orang lain, "Saya akan mendoakan Anda." Ingatlah bahwa Tuhan akan meminta pertanggungjawaban Anda atas ucapan itu, dan tentu kita tidak mau Dia berkata, "Kamu telah berdosa terhadap Tuhan karena tidak berdoa." Saya pikir lebih baik jujur ketika ada orang bertanya, "Maukah Anda berdoa untuk saya?" saat kita tidak memiliki keyakinan yang mantap untuk berdoa untuknya. Katakan saja, "Saya akan tanyakan kepada Tuhan. Jika Tuhan menuntun pikiran saya saat berdoa, saya akan mendoakan Anda," supaya kita tidak telanjur berjanji kosong. Orang Kristen terlalu mudah berkata, "Saya akan mendoakannya." Izinkan Tuhan menuliskan daftar doa untuk Anda, maka Dia akan menuliskan daftar doa yang Anda sanggup doakan. Jika Anda berdoa untuk sebuah situasi, saya menyarankan agar Anda tidak berdoa untuk semua orang dalam situasi tersebut, tetapi bertanya kepada Tuhan siapa orang-orang terpenting dalam situasi itu untuk didoakan, lalu berkonsentrasi mendoakan mereka. Ingatlah bahwa Tuhan begitu mengasihi seisi dunia ini hingga Dia memberikan Anak-Nya yang tunggal, tetapi ketika Yesus berdoa dia berkata, ***"Bukan untuk dunia Aku berdoa, tetapi untuk mereka*** [sebelas orang murid]***, yang telah Engkau berikan kepada-Ku."*** Kesebelas orang itulah orang-orang terpenting di dalam situasi itu. Saya tidak tahu jumlah penduduk dunia saat itu, tetapi pasti jauh lebih kecil daripada saat ini; yang jelas, berapa pun jumlah penduduk dunia, tidak mungkin kita mendoakan seisi dunia, ada lebih dari enam miliar di dunia! Yang perlu kita katakan adalah, "Tuhan, siapa orang-orang kuncinya dalam situasi ini? Siapa orang terpenting dalam situasi ini? Siapa orang yang akan membuka kunci situasinya bagi orang-orang lain? Saya akan memusatkan doa saya untuk orang-orang itu." Jika Anda tidak bisa berdoa untuk seluruh kabinet, berdoalah untuk Presiden. Jika Anda tidak bisa berdoa untuk seluruh gereja, berdoalah untuk gembalanya. Konsentrasikan doa Anda pada orang-orang kunci dalam situasi itu. Yesus pun melakukannya.

Yang ketiga, mari kita tilik kembali hal-hal yang kita doakan. Keinginan dan kebutuhan merupakan dua hal yang sepenuhnya berbeda. Mengenali di dalam diri kita sendiri perbedaan di antara keinginan dan kebutuhan kita sangatlah sulit. Yang lebih sulit lagi, mengenali kebutuhan orang lain. Kita mungkin tahu mereka memiliki kebutuhan tertentu, tetapi kita kadang berdoa untuk gejala-gejala kebutuhan itu saja, bukan penyebabnya. Apakah orang itu kelelahan? Jika ya, kita bisa saja berdoa, "Tuhan, berikan kesegaran baru bagi dia supaya dia pulih dari lelahnya," atau kita justru bisa berdoa, "Tuhan, nyatakan kepada saya mengapa dia lelah, supaya saya dapat mendoakan agar penyebab kelelahannya itu diangkat." Dapatkah Anda melihat perbedaannya? Mungkin Anda mendapati diri Anda berdoa untuk hal yang sama sekali berbeda jika bertanya demikian. Kita bisa saja mendengar kabar bahwa seseorang sakit parah, lalu secara naluriah kita ingin berdoa untuk keinginan orang itu agar cepat sembuh, dan berkata, "Tuhan, sembuhkan dia," padahal jika kita berhenti sejenak untuk berpikir, mungkin kita justru berdoa, "Tuhan, ambillah dia secepatnya." Naluri spontan kita ketika ada bencana kekeringan di negeri kita mungkin adalah berdoa, "Tuhan, turunkanlah hujan," tetapi kita tahu Nabi Elia justru dipimpin Tuhan untuk berdoa, "Tuhan, tahanlah hujan agar negeri ini tetap kekeringan selama tiga tahun agar kami menjadi sadar, dan tolonglah kamu supaya kami ingat bahwa hujan adalah pemberian-Mu." Dapatkah Anda melihat perbedaannya?

Hal yang kita doakan itu penting, sepenting orang yang kita doakan. Prinsipnya sangat sederhana: ketika kita berdoa untuk orang lain, kita mengusahakan yang terbaik bagi kebutuhan orang itu, bukan sekadar hal yang baik bagi dia melainkan yang terbaik bagi kebutuhannya; dan untuk mencapai titik terbaik bagi kebutuhannya itu mungkin kita mendapati diri kita berdoa untuk hal yang menjadi penyebab rasa sakit atau penderitaan orang itu. Saya pernah berdoa dari mimbar agar jika ada orang di tengah-tengah jemaat yang belum menjadi milik Yesus Kristus,

Doa untuk Orang Lain

Tuhan akan membuatnya tidak bisa tenang sampai dia menjadi milik-Nya. Doa itu cukup aneh karena saya meminta agar Tuhan membuat orang itu tidak bisa tenang, tetapi itulah yang saya doakan, yang terbaik bagi kebutuhan orang itu. Kalau saat itu saya hanya berdoa, "Tuhan, berikan kepada orang itu kesehatan dan kemakmuran dan kebahagiaan," orang itu akan mengalami tragedi karena kehilangan hal terbaik yang menjadi kebutuhannya serta tidak akan merasakan kebutuhan akan Sang Juru Selamat. Maka, jika saya akan berdoa untuk kebutuhan utama seseorang, hal yang benar-benar terbaik bagi dia, saya perlu berdoa secara berbeda. Saya perlu melakukan seperti yang dilakukan ayah si anak yang terhilang, lalu membiarkan anaknya pergi. Mungkin, saya bahkan mengucapkan hal terburuk yang dapat didoakan di gereja, demi yang benar-benar terbaik bagi kebutuhannya: berdoa agar Iblis menguasai tubuh fisik si orang Kristen itu demi rohnya diselamatkan, yang berarti menyerahkan seseorang ke tangan Iblis. Iblis lalu bisa saja mengambil alih tubuh orang itu, menimpakan penyakit atasnya atau bahkan menewaskan dia, sehingga hal itu mengembalikan rohnya kepada Tuhan. Itulah mendoakan hal yang terbaik bagi kebutuhan orang lain, dan itu adalah doa yang sulit.

Bagaimana cara kita tahu apa yang harus didoakan? Nah, Roh Kudus ingin menolong kita, dan di situlah peran karunia pengetahuan dan karunia membedakan roh. Ketika kita ingin mendoakan seseorang, tiba-tiba kita menyadari bahwa hal yang kita pikirkan sebagai kebutuhan orang itu bukanlah hal terbaik dalam kebutuhannya, sehingga lalu kita berdoa untuk hal yang terbaik itu. Itulah mengapa ayah yang baik menghajar anaknya. Mengapa? Karena sang ayah ingin mengusahakan hal yang terbaik bagi si anak — bukan kenyamanan sesaat, melainkan yang benar-benar terbaik baginya. Kadang, kita juga perlu menggunakan imajinasi untuk menempatkan diri kita pada posisi dan situasi orang yang didoakan, lalu bertanya: jika saya berada pada posisinya, hal apa yang terbaik yang saya butuhkan?

MEMPRAKTIKKAN PRINSIP-PRINSIP DOA

Kini kita tiba pada hal keempat, yaitu yang terakhir: cara kita mendoakan orang lain. Bagaimana kita dapat memastikan doa syafaat kita efektif? Saya akan memberikan peringatan lebih dahulu di sini. Jangan berpikir secara kuantitatif tentang doa; justru, berpikirlah secara kualitatif. Berpikir kuantitatif adalah berkata: "Makin panjang dan lama doa saya untuk orang itu, makin efektif pula hasilnya." Padahal, Yesus berkata, "***Mereka menyangka bahwa dengan banyaknya kata-kata doanya akan dikabulkan.***" Kebenarannya tidak demikian. Semakin lama dan panjang doa kita untuk seseorang, itu bukan berarti doa syafaat kita itu akan menjadi makin efektif. Sebaliknya, berpikir kualitatif berarti kita tahu bahwa semakin mendalam kita mendoakan seseorang, semakin efektif pula doa syafaat kita untuk dia. Untuk kebutuhan seseorang yang sama, orang dapat berdoa secara lebih mendalam selama dua menit saja daripada orang lain yang berdoa panjang selama sepuluh menit. Atau, demikian pula halnya, berpikir kuantitatif adalah berkata: "Lebih banyak orang yang saya doakan, lebih baik. Jika saya bisa mendoakan seratus atau dua ratus orang, atau mengajak sepuluh ribu orang untuk terlibat dalam jaringan doa bagi proyek kebangunan rohani itu, tentu Tuhan pasti akan mendengar doa ini, karena sepuluh ribu lebih baik daripada segelintir orang saja." Padahal, Yesus telah berjanji akan memberi perhatian pada doa kumpulan orang yang berjumlah dua atau tiga orang saja! Yesus tidak pernah berkata bahwa Dia akan mendengarkan doa kita lebih sungguh-sungguh jika didoakan oleh seratus atau dua ratus orang. Karena berpikir secara kuantitatif, kita berpikir bahwa makin banyak jumlah nama orang yang terlibat dalam permohonan itu, Tuhan akan lebih memperhatikannya. Saya harus beri tahukan kepada Anda bahwa Tuhan hanya memperhatikan permohonan berdasarkan adanya satu nama saja; jika permohonan itu mengandung nama itu, Tuhan akan mengabulkannya, dan nama itu adalah nama Yesus. Kita tidak boleh berpikir secara kualitatif, bahwa jika kita dapat mengumpulkan banyak orang untuk ikut berdoa memohon maka Tuhan akan mendengarkannya.

Justru, lebih banyak orang dapat berdoa secara mendalam, itulah yang lebih baik. Karena saya berpikir secara kualitatif, bukan kuantitatif, saya lebih memilih untuk ada sepuluh orang yang mendoakan saya secara mendalam daripada ada seratus orang dalam jaringan doa yang hanya berdoa dengan menyebut nama saya sekilas saja.

Apa maksud saya dengan doa yang mendalam? Maksud saya adalah doa yang menuntut pengorbanan tertentu dari orang yang berdoa. Efektivitas doa kita untuk orang lain berbanding lurus dan merupakan keterkaitan langsung dengan harga yang harus kita bayarkan. Saya yakin itulah sebabnya ketika Yesus turun dan menemukan murid-murid-Nya di dalam lembah setelah tinggal di puncak gunung, lalu Dia mendapati mereka tidak sanggup menolong seorang anak yang membutuhkan, Dia berkata, *"Situasi ini hanya dapat diselesaikan dengan doa dan puasa."* Dengan kata lain, para murid itu tidak menyadari pentingnya harga yang mereka bayarkan. Asal mendoakan anak itu saja tidak membutuhkan pengorbanan apa-apa. Itulah ruang yang harus diisi dengan berpuasa dalam doa, karena hal itu menuntut pengorbanan, ada harga yang perlu kita bayarkan yaitu tidak makan. Satu-satunya "prestasi" dalam berdoa secara jangka panjang untuk seseorang adalah pengorbanan waktunya, karena waktu adalah hal yang berharga saat ini.

Apa harga yang harus Anda bayarkan untuk berdoa? Harga yang termahal adalah: saat seorang wanita menyentuh ujung jubah Yesus lalu dia sembuh, kuasa yang baik keluar dari diri Yesus, dan demikian pula ketika kita telah sungguh-sungguh berdoa untuk seseorang, ada energi yang keluar dari diri kita dan menyentuh orang yang kita doakan itu. Seperti kuasa keluar dari diri Tuhan, kebaikan juga keluar dari diri kita, dan kuasa serta kebaikan itu turun atas orang yang membutuhkan. Jika kita telah sungguh-sungguh berdoa untuk seseorang, kita pasti merasa energi kita terkuras, lalu kita perlu mendoakan diri kita sendiri juga agar Tuhan memulihkan kembali energi kita yang terkuras itu. Nah, kembali lagi, pengorbanan apa yang dituntut dari doa Anda? Bagaimana Anda berdoa?

Ada dua jenis doa syafaat untuk orang lain: di hadapan orang yang didoakan itu, dan tanpa kehadiran orang yang didoakan itu. Saya ingin membahas sekilas pula efektivitas doa dengan kontak fisik. Tentu saja, kita perlu bersikap santun. Para pemuda tidak seharusnya asal menumpangkan tangan menyentuh para gadis. Kita harus bersikap praktis, tetapi sentuhan fisik memang dapat menjadi saluran kuasa yang luar biasa dalam doa. Jika Anda sedang mendoakan orang yang sakit atau lemah fisik, pegang tangannya sambil berdoa, maka selagi Anda berdoa kontak fisik itu akan menjadi alat yang dipakai Tuhan. Tuhanlah yang menciptakan alam fisik maupun alam roh, dan penumpangan tangan adalah alat yang efektif. Itu bukanlah lambang; itu adalah kenyataan. Kuasa mengalir melalui tangan kita, dan itulah sebabnya penumpangan tangan secara khusus menjadi bentuk doa yang menakjubkan dan penuh ekspresi. Penumpangan tangan digunakan dalam Alkitab dalam hal mendoakan orang sakit, mendoakan orang agar penuh Roh Kudus, mendoakan pekerja Tuhan yang diberi tugas dan tanggung jawab baru agar diperlengkapi dengan baik. Maka jika Anda sedang bersama seseorang yang Anda akan doakan dan situasinya pantas, gunakan tangan Anda dan tumpangkan tangan Anda atas orang itu, entah lengan Anda merangkul bahunya atau tangan Anda di atas bahunya atau apa pun. Tuhan akan memakai sentuhan fisik itu sebagai saluran untuk melepaskan kuasa-Nya. Ada banyak cara untuk menguatkan dan meningkatkan kuasa doa.

Salah satu penatua di gereja saya terlibat dalam pelayanan yang indah sehari-harinya. Dia seorang guru pelajaran Alkitab, dan itu termasuk dia menjawab pertanyaan-pertanyaan yang masuk dari banyak negara di seluruh dunia tentang pelajaran-pelajaran Alkitab yang sangat sederhana melalui sebuah majalah Kristen. Program pelayanan itu menarik minat orang-orang muda Kristen dan mereka yang penasaran dari berbagai negara untuk ikut kelas korespondensi jarak jauh. Suatu saat, dia menunjukkan tulisan seorang anak lelaki berusia 13 tahun dari Afrika. (Isi suratnya sangat menyenangkan dan mengandung kelucuan yang tidak disengaja. Anak itu menulis, "Tolong kirimkan sebuah Alkitab, tetapi karena banyak orang suka mengambil Alkitab dari bungkusan pemberian, tolong tuliskan juga di belakang Alkitab itu bahwa siapa pun yang mengambil Alkitab itu akan dibunuh!") Anak 13 tahun itu, dalam kesederhanaannya yang tidak dibuat-buat, ingin memiliki Firman Tuhan. Namun, saya menyadari ada satu pertanyaan yang menunjukkan betapa pentingnya susunan atau kemasan kata-kata pertanyaan itu, yang jelas menunjukkan bahwa makna pertanyaan itu tidak dipahami oleh anak itu sendiri. Pertanyaan itu adalah: "Mengapa Tuhan tidak mendengarkan doa banyak orang?" Jawaban anak itu, "Karena Tuhan pasti capek mendengarkan terlalu banyak doa!" Tuhan tidak akan lelah mendengarkan, tetapi jika kita sungguh-sungguh mendoakan seseorang kita akan lelah karena doa yang sungguh-sungguh itu. Syukurlah, Tuhan dapat memulihkan energi kita yang menanti-nantikan Dia. Orang-orang muda pun akan jatuh dan letih, tetapi kita yang menantikan Tuhan akan bangkit dan terbang seperti rajawali.

Berikut adalah komentar terakhir saya tentang berdoa untuk orang lain. Saat kita memohon untuk kebutuhan orang lain, kita harus siap untuk mendengar Tuhan berkata, "Kamu harus menjawab permohonan yang kamu doakan itu." Berulang kali, ketika kita mendoakan orang lain, Tuhan berkata, "Jawablah sendiri doamu itu. Tulislah surat, datanglah kunjungi dia, lakukan pelayanan untuk dia," menyuruh kita melakukan hal yang membuat kita menjawab-Nya, "... Tapi, Tuhan, saya tidak bisa melakukan itu, karena saya tidak punya kemampuan untuk itu."

"Pergilah dan tumpangkan tangan atas orang itu, doakan kesehatannya."

"Tapi saya tidak sanggup melakukan itu, Tuhan!"

Tuhan bisa saja berkata, "Taburlah benih untuk doamu itu,

ikutlah bekerja bersama-Ku, maka Aku akan memberikan kuasa kepadamu untuk menjawab doamu sendiri itu." Maka, setiap kali mendoakan orang lain, kita harus menutup doa itu dengan: "Tuhan, inilah saya. Kalau Engkau ingin memakai malaikat, pakailah malaikat. Kalau Engkau ingin memakai saya, inilah saya. Saya akan pergi melakukan perintah-Mu. Saya siap melayani-Mu." Saya siap melayani Yang Maha Mulia.

DOA

Tuhan, saya telah berdosa dalam hal yang satu ini, karena saya telanjur terlalu mudah berkata kepada orang lain, "Saya akan mendoakan Anda," lalu tiga minggu setelah itu sama sekali lupa tentang dia. Tuhan, selamatkan saya dari doa syafaat yang dangkal seperti itu. Tuhan, berikan daftar kepada saya, yang saya mampu doakan. Beri tahukan kepada saya siapa yang tidak perlu saya doakan, yang Engkau kehendaki untuk didoakan oleh orang lain. Tolong saya, Tuhan, untuk tahu dan untuk berdoa secara khusus supaya energi kebaikan mengalir keluar dari diri saya, seperti kuasa mengalir dari-Mu. Tuhan, kuasa-Mu tidak terbatas, sedangkan kemampuan saya terbatas, tetapi semua yang saya miliki saya persembahkan kepada-Mu, karena saya tahu bahwa Engkau akan menggantikan dan memulihkan setiap energi yang keluar dan habis. Terima kasih karena saya bisa berdoa untuk orang lain, dan terima kasih karena berulang kali saya dapat melihat hasil doa itu. Segala kemuliaan saya persembahkan kembali kepada-Mu, dalam nama Yesus. **Amin.**

8

DOA TANPA PENGHALANG

Dari empat pasal terakhir dalam kitab Ayub, kita ingat bahwa selama berbulan-bulan Ayub tidak berhasil menggapai Tuhan dengan doanya. Ayub yakin dia tidak bersalah, maka Tuhanlah yang dianggapnya bersalah karena membiarkan dirinya menderita sampai seperti itu. Sampai pada akhir hidupnya, Ayub tidak pernah mengerti mengapa Tuhan mengizinkan dirinya menderita. Kita tahu hal itu karena Tuhan telah menaruh penjelasannya di bagian awal kitab, tetapi Ayub sendiri tidak tahu.

Maka dari dalam badai Tuhan menjawab Ayub: "Siapakah dia yang menggelapkan keputusan dengan perkataan-perkataan yang tidak berpengetahuan? Bersiaplah engkau sebagai laki-laki! Aku akan menanyai engkau, supaya engkau memberitahu Aku."

Saat itu Ayub telah berbulan-bulan menuntut jawaban dari Tuhan dengan berkata kepada-Nya "Engkau harus menjawab", lalu Tuhan berkata,

"Aku akan berbicara, Aku akan menjawab, tetapi sekarang Aku akan bertanya kepadamu dan kamu harus memberi jawab." "Di manakah engkau, ketika Aku meletakkan dasar bumi? Ceritakanlah, kalau engkau mempunyai pengertian! Siapakah yang telah menetapkan ukurannya? Bukankah engkau mengetahuinya? – Atau siapakah yang telah merentangkan tali pengukur padanya? Atas apakah sendi-sendinya dilantak, dan siapakah yang memasang

batu penjurunya pada waktu bintang-bintang fajar bersorak-sorak bersama-sama, dan semua anak Allah bersorak-sorai? Siapa telah membendung laut dengan pintu, ketika membual ke luar dari dalam rahim? – ketika Aku membuat awan menjadi pakaiannya dan kekelaman menjadi kain bedungnya; ketika Aku menetapkan batasnya, dan memasang palang dan pintu; ketika Aku berfirman: Sampai di sini boleh engkau datang, jangan lewat, di sinilah gelombang-gelombangmu yang congkak akan dihentikan! Pernahkah dalam hidupmu engkau menyuruh datang dini hari atau fajar kautunjukkan tempatnya untuk memegang ujung-ujung bumi, sehingga orang-orang fasik dikebaskan dari padanya? Bumi itu berubah seperti tanah liat yang dimeteraikan, segala sesuatu berwarna seperti kain. Orang-orang fasik dirampas terangnya, dan dipatahkan lengan yang diacungkan. Engkaukah yang turun sampai ke sumber laut, atau berjalan-jalan melalui dasar samudera raya? Apakah pintu gerbang maut tersingkap bagimu, atau pernahkah engkau melihat pintu gerbang kelam pekat? Apakah engkau mengerti luasnya bumi? Nyatakanlah, kalau engkau tahu semuanya itu. Di manakah jalan ke tempat kediaman terang, dan di manakah tempat tinggal kegelapan, sehingga engkau dapat mengantarnya ke daerahnya, dan mengetahui jalan-jalan ke rumahnya? Tentu engkau mengenalnya, karena ketika itu engkau telah lahir, dan jumlah hari-harimu telah banyak!"

Tuhan melanjutkan,

"Apakah si pengecam hendak berbantah dengan Yang Mahakuasa? Hendaklah yang mencela Allah menjawab!"
"Maka jawab Ayub kepada Tuhan: 'Sesungguhnya, aku ini terlalu hina; jawab apakah yang dapat kuberikan kepada-Mu? Mulutku kututup dengan tangan. Satu kali aku

berbicara, tetapi tidak akan kuulangi; bahkan dua kali, tetapi tidak akan kulanjutkan.'"

"Maka dari dalam badai Tuhan menjawab Ayub: 'Bersiaplah engkau sebagai laki-laki; Aku akan menanyai engkau, dan engkau memberi tahu Aku. Apakah engkau hendak meniadakan pengadilan-Ku, mempersalahkan Aku supaya engkau dapat membenarkan dirimu? Apakah lenganmu seperti lengan Allah, dan dapatkah engkau mengguntur seperti Dia? Hiasilah dirimu dengan kemegahan dan keluhuran, kenakanlah keagungan dan semarak! Luapkanlah marahmu yang bergelora; amat-amatilah setiap orang yang congkak dan rendahkanlah dia! Amat-amatilah setiap orang yang congkak, tundukkanlah dia, dan hancurkanlah orang-orang fasik di tempatnya! Pendamlah mereka bersama-sama dalam debu, kurunglah mereka di tempat yang tersembunyi. Maka Aku pun akan memuji engkau, karena tangan kananmu memberi engkau kemenangan.' "

Maka jawab Ayub kepada Tuhan (dalam pasal 42),

"Aku tahu, bahwa Engkau sanggup melakukan segala sesuatu, dan tidak ada rencana-Mu yang gagal. Firman-Mu: Siapakah dia yang menyelubungi keputusan tanpa pengetahuan? Itulah sebabnya, tanpa pengertian aku telah bercerita tentang hal-hal yang sangat ajaib bagiku dan yang tidak kuketahui. Firman-Mu: 'Dengarlah, maka Akulah yang akan berfirman; Aku akan menanyai engkau, supaya engkau memberitahu Aku.' Hanya dari kata orang saja aku mendengar tentang Engkau, tetapi sekarang mataku sendiri memandang Engkau. Oleh sebab itu aku mencabut perkataanku dan dengan menyesal aku duduk dalam debu dan abu."

Lalu Tuhan memberkati Ayub.

MEMPRAKTIKKAN PRINSIP-PRINSIP DOA

Ketika kita tidak mendapat jawaban dari Tuhan, mungkin Tuhan akan berbalik hingga menghadap kita dan berkata, "Aku pun tidak mendapat jawaban darimu, maka berhentilah mengomel supaya Aku bisa memberkati kamu."

Saya sedikit kesulitan menerima judul bagian terakhir ini. Awalnya, saya akan memakai judul "Berdoa tanpa Masalah", tetapi judul seperti itu sepertinya salah. Lalu saya berpikir untuk memakai judul "Berdoa tanpa Kesulitan". Kedua opsi judul itu salah, karena saya tahu di dalam hati bahwa saya tidak dapat menjanjikan kepada Anda di dunia ini bahwa Anda dapat berdoa tanpa masalah atau tanpa kesulitan. Kehidupan Kristen bukanlah kehidupan yang mudah, dan Yesus pun tidak pernah menjanjikan kemudahan itu. Dan, karena doa adalah inti kehidupan Kristen, kadang kehidupan itu akan amat sulit. Pasti akan ada masalah demi masalah, kesulitan demi kesulitan, karena berbagai alasan yang telah saya sebutkan sebelumnya. Tidak ada hal yang layak dikejar dalam kehidupan ini yang mudah. Dalam bidang olahraga saja, bagaimana cara kita mencapai prestasi puncak? Apakah prosesnya mudah? Lalu ketika kita sudah tiba di titik puncak, apakah mudah untuk mempertahankannya? Sulit sekali. Kita harus berjuang keras sekali untuk tiba di puncak, lalu setibanya di titik itu kita tidak bisa asal berkata, "Fiuh, sekarang saya telah mencapai puncak, mudah sekali." Semua atlet harus berjuang untuk mempertahankan prestasi. Saya teringat akan Dr. Alan Redpath saat dia masih bermain rugbi di wilayah Timur Laut. Dia pahlawan rakyat dari kota asal saya. Setiap pagi, dia pergi ke halaman belakang, menekankan bahunya ke permukaan dinding bata, lalu mendorong selama setengah jam. Itulah caranya melatih otot bahu hingga sebesar itu, dan dia tetap melakukan latihan itu bahkan setelah tiba di titik puncak prestasi. Demikianlah, saya tidak dapat memberikan judul "berdoa tanpa masalah" atau "berdoa tanpa kesulitan", karena saya yakin di bumi ini kehidupan akan berjalan berat. Perjalanan menuju titik puncak itu berat, dan bertahan di puncak pun berat. Kelak di surgalah baru segala sesuatunya akan mudah, karena kita akan memandang Tuhan sebagaimana adanya Dia.

Maka, saya perlu memikirkan judul yang lain, dan judulnya menjadi "Doa tanpa Penghalang", karena banyak kesulitan yang kita alami merupakan akibat dari perbuatan kita sendiri, dan tragisnya, bagi kebanyakan dari kita berdoa telah menjadi jauh lebih sulit daripada seharusnya. Kadang, berdoa memang sulit, tetapi kita tidak perlu menjadikannya lebih sulit lagi. Atau, dengan kata lain jika kita balik sudut pandangnya, kita dapat mengurangi kesulitannya.

Kebanyakan buku yang membahas topik doa yang pernah saya temukan mengandung bab yang berisi masalah-masalah dalam hal berdoa. Tak heran, kita merasa kalah sebelum berperang! Itu seperti orang yang duduk dan membaca satu atau dua bab awal dalam buku panduan medis untuk dokter keluarga, lalu menjadi putus asa sehingga memilih untuk diam saja menunggu kematian tiba! Pernahkah Anda melakukan hal semacam itu? Setelah melihat segala gejala yang ada lalu berpikir, "Masalah saya banyak sekali, ada masalah A, masalah B, masalah C..." dan memilih untuk menyerah saja? Karena itulah, saya tidak akan menelusuri masalah-masalah dalam berdoa. Saya hanya akan menulis tentang satu saja penghalang dalam berdoa. Di dalamnya ada lima bagian, tetapi masalah dasarnya hanyalah satu. Semua masalah lainnya berhubungan dengan penghalang ini dengan berbagai cara, maka saya akan menulis tentang satu penghalang itu saja: masalah doa yang tidak dijawab.

Sebelum kita melanjutkan pembahasan, sepertinya saya telanjur menggunakan kata yang salah untuk hal itu, karena banyak orang yang khususnya mereka yang bukan orang percaya, berpikir bahwa doa yang tidak dijawab adalah meminta sesuatu lalu tidak dikabulkan. Sebenarnya, bukan itulah yang saya maksud dengan masalah doa yang tidak dijawab. Masalah doa yang tidak dijawab bagi kebanyakan orang Kristen bukanlah timbul karena permintaan mereka tidak dikabulkan, melainkan karena doa mereka tidak mendapatkan jawaban dalam bentuk apa pun. Itulah masalahnya. Ada banyak jawaban untuk doa kita. Kadang, kita yakin bahwa kita mengingini sesuatu. Kita lalu berdoa memintanya, dan jawaban Tuhan bisa saja, "Jangan, kamu tidak boleh mendapatkan hal itu. Itu tidak baik untukmu," atau, "Tunggu, waktunya belum tiba untuk Aku memberikan hal itu kepadamu." Namun, itu bukan masalah, karena ada jawaban. Masalahnya adalah kadang surga berdinding baja, dan kita merasa Tuhan tidak mendengarkan dan doa kita tidak sampai, dan doa kita menjadi pembicaraan satu arah saja. Itulah yang saya yakin dapat menjadi alasan orang menyerah, karena saya percaya itulah hal yang paling mengecewakan dalam hal berdoa.

Kita rela menerima jawaban "tidak" dari Tuhan, asalkan Dia menjawab. Ingatlah Paulus. Tiga kali dia berkata, "Tuhan, tolong singkirkan kelemahan fisikku ini. Aku tidak tahan lagi menanggungnya. Kalau aku terbebas dari kelemahan fisik ini, tentu aku akan mampu melayani-Mu dengan jauh lebih baik. Aku bisa bepergian ke mana-mana lebih banyak dan lebih baik. Tolong, ambillah duri dalam daging ini dariku." Tiga kali Paulus berdoa demikian. Pada akhirnya, Tuhan menjawab, "Nama-Ku akan lebih dipermuliakan melalui kelemahanmu, dan Aku memberikan kasih karunia kepadamu di dalam kelemahan itu." Paulus bersukacita. Itu bukanlah doa yang tidak dijawab. Doanya dijawab. Memang jawabannya bukan seperti yang dia ingini, tetapi doanya dijawab.

Banyak orang-orang kudus yang hebat telah mengalami masalah doa yang tidak dijawab. Mereka menyebutnya dengan berbagai istilah. Kadang, ada yang menyebutnya "pengalaman kekeringan", seperti di padang gurun, yang tandus dan tidak menghasilkan buah. Ada pula yang menyebutnya "masa kegelapan", dan sebutan itu digunakan oleh banyak orang kudus dalam karya-karya tulisan mereka. Seingat saya, yang pertama adalah Santa Teresia, "malam gelap bagi jiwa". Kegelapan, kekeringan. Ada pula yang menyebutnya "masa kematian", karena kehidupan tampaknya tidak ada lagi dalam doa-doa mereka. Sebagian lainnya menyebutnya "masa yang tawar dan datar", dari kejujuran mereka bahwa berdoa telah menjadi membosankan. Yang jelas, semua sebutan bernada keluhan itu merupakan cerminan dari pengalaman doa yang tidak menerima jawaban. Doa menjadi satu arah saja, bukan lagi sebuah percakapan yang timbal balik. Berapa lama kita dapat mempertahankan pembicaraan jika lawan bicara kita tidak mau membuka mulut? Dengan sesama manusia saja sulit, apalagi dengan Tuhan, akan jauh lebih sulit lagi jika tidak ada jawaban.

Ayub mengalami pengalaman demikian selama berbulan-bulan, sementara dia terus berusaha untuk berbicara dengan Tuhan dan mendapat jawaban. Saya mencari satu ekspresi pencarian itu dan menemukannya pada setiap halaman: jawablah aku, sendengkanlah telinga-Mu, dengarlah doaku, dengarlah seruan tangisku.

Demikian pula, ekspresi yang sama muncul berulang kali dalam kitab Mazmur: Mengapa Engkau menyembunyikan wajah-Mu dariku? Mengapa Engkau tidak mendengarkan aku? Aku menangis, berseru, dan berdoa. Mengapa Engkau tidak mendengar? Daud pun, sang pujangga mazmur dan doa dan pujian, mengalami pengalaman yang sama. Saya yakin segala masalah lainnya terkait dengan masalah yang satu ini. Pikiran kita bisa berkelana ke mana-mana dan gagal kita kendalikan ketika kita merasa tidak didengarkan. Rasa kematian menyelubungi kita, kekecewaan mengendap di hati kita, kita jadi berhenti berdoa, ketika kita merasa apa pun yang kita lakukan doa kita tidak sampai, tidak menembus langit-langit kamar tempat kita berdoa. Saya mencoba bersikap benar-benar praktis dalam hal ini. Saya menulis tentang hal yang benar-benar terutama. Saya sadar saya tidak berwenang untuk membahas lebih jauh lagi daripada ini, tetapi saya sangat ingin menolong orang-orang biasa seperti saya sendiri untuk mengatasi masalah ini. Jika saya dapat menolong Anda mengatasinya, tidak percuma saya membahasnya.

MEMPRAKTIKKAN PRINSIP-PRINSIP DOA

Ada lima penyebab utama di balik masalah doa yang tidak dijawab, dan doa kita terhalang mungkin oleh salah satu atau sebagian dari kelima penyebab tersebut. Anggap saja daftar ini sebagai panduan untuk mengenali kondisi diri sendiri. Jika mobil Anda mogok dan Anda tidak punya koneksi dengan layanan darurat setiap saat, tentu Anda akan memeriksa satu per satu kemungkinan penyebabnya. Bahan bakar, mesin, dan seterusnya... sampai Anda menelusuri kira-kira lima kemungkinan sederhana penyebabnya, maka Anda akan menemukan penyebab sebenarnya. Nah, saya ingin memberikan daftar berisi lima kemungkinan sederhana yang menyebabkan masalah doa tidak dijawab, untuk kita amati. Tiga yang pertama berkaitan dengan gangguan komunikasi pada sisi diri kita sendiri, yaitu sisi manusiawi kita yang hidup di dunia, lalu dua yang berikutnya berkaitan dengan gangguan komunikasi pada sisi surgawi. Mungkin, Anda pernah menghubungi nomor telepon tertentu lalu koneksinya berhasil tersambung, tetapi tidak dapat mendengar suara lawan bicara dan harus menanyakan apakah si lawan bicara itu mendengar suara Anda. Mungkin dia dapat mendengar Anda, lalu berkata, "Ya, saya bisa mendengar suara Anda dengan jelas." Anda lalu berkata, "Coba bicara lagi... Atau, saya akan menelepon lagi saja." Setelah itu, barulah koneksi tersambung ulang dengan baik. Nah, kita perlu memeriksa sisi manakah yang mengalami gangguan komunikasi? Sisi manusiawi kita? Jika ya, kemungkinan gangguannya ada tiga. Atau, sisi surgawi yang terganggu? Jika ya, kemungkinan gangguannya ada dua.

Inilah tiga hal di dunia yang dapat menjadi gangguan komunikasi pada sisi manusiawi kita:

1. Kita tidak berada pada posisi yang benar di hadapan Tuhan.
2. Kita tidak berada pada posisi yang benar dengan sesama manusia.
3. Kita tidak berada pada posisi yang benar dengan diri kita sendiri.

Ketiganya adalah penyebab mendasar terjadinya gangguan komunikasi dari sisi manusiawi di dunia. Mungkin kita tetap bisa berkata-kata dan berdoa, tetapi mengalami gangguan komunikasi dari sisi kita sendiri.

Yang pertama, kita tidak berada pada posisi yang benar di hadapan Tuhan. Hal ini bisa terjadi dalam bentuk dua gangguan. Mungkin, kita sedang berdosa kepada Tuhan, entah dalam sikap hati kita atau dalam perbuatan kita. Berada dalam posisi berdosa terhadap Tuhan dalam hal sikap hati dapat menghalangi kepekaan kita untuk merasakan Dia. Yang saya maksud adalah ketika seseorang sedang memiliki kebencian atau kemarahan terhadap Tuhan, seperti yang Ayub alami. "Tuhan, aku sebenarnya tidak layak menderita seperti ini. Engkau salah. Engkau semestinya tidak mengizinkan hal ini terjadi." Itulah sikap hati kebencian dan kemarahan. Tuhan pun berkata, "Apakah kamu ingin membuktikan bahwa Aku salah supaya kamu bisa membuktikan bahwa dirimu benar? Itukah sikap hati yang benar terhadap-Ku?" Ayub tidak berdosa dalam perbuatannya, tetapi jelas berdosa dalam sikap hatinya. Tuhan harus berurusan dengan dosa itu. Kita bisa saja menumpuk kebencian dan kemarahan terhadap Tuhan karena situasi kehidupan yang kita alami, sehingga kita berhenti menganggap Tuhan sebagai Bapa dan sahabat, lalu memandang-Nya sebagai penguasa yang kejam, meski masih berdoa kepada-Nya. Datang kepada Tuhan seharusnya diiringi dengan sikap hati yang benar: jika bapa jasmani yang jahat saja tahu memberikan yang terbaik bagi anaknya, tentu Bapa surgawi yang sedang saya datangi dalam doa ini jauh lebih ingin memberikan yang terbaik. Apakah kita sedang memendam kebencian dan kemarahan? Apakah kita sedang pahit terhadap Tuhan? Apakah kita datang ke dalam hadirat-Nya dengan perasaan-perasaan negatif? Jika ya, tidak heran komunikasi itu tidak terkoneksi. Tuhan pun harus menangani masalah pada sikap hati Ayub dengan berkata, "Ayub, apakah benar pemikiranmu itu terhadap Aku? Apakah sudah benar bagimu untuk berusaha membuktikan Aku bersalah supaya kamulah yang benar? Lupakah kamu siapa dirimu?" Ayub akhirnya mengaku menyesal telah berkata-kata di luar yang semestinya dan di luar posisinya.

Bentuk gangguan lain yang dapat menjadi penghalang dalam hal posisi kita di hadapan Tuhan adalah perbuatan kita sendiri: kita dengan sadar dan sengaja tetap melakukan sesuatu yang kita tahu Tuhan tidak setujui. Posisi itu tidak benar di hadapan Tuhan, dan menjadi penghalang. Tuhan telah memanggil kita untuk berperang bersamanya melawan kejahatan di dunia, tetapi peperangan itu dimulai di dalam diri kita sendiri. Jika kita bahkan tidak mau ikut berperang sejak mulanya di dalam hidup kita sendiri, Tuhan pun memandang kita sebagai tidak berada di pihak-Nya, maka Dia tidak mendengarkan perkataan kita. Itulah sebabnya, jika kita menyayangi dan mempertahankan hal-hal yang terhadapnya Tuhan tidak berkenan, doa kita terhalang dan tidak sampai kepada-Nya.

Ada orang-orang yang berkata kepada saya, "Saya berdoa tetapi tidak pernah mendapat jawaban yang langsung, tidak pernah ada pemikiran yang timbul setelah saya berdoa." Kepada mereka saya biasanya berkata, "Bolehkah saya menyarankan agar Anda mengucapkan doa yang pasti dijawab dalam waktu tidak sampai dua menit saja? Doanya sangat disukai Tuhan, Dia pasti menjawab. Ucapkan saja seperti ini: 'Tuhan, tunjukkan kepada saya hal apa di dalam hidup saya yang tidak Engkau sukai.'" Nah, bagi kita yang mengalami masalah doa tidak dijawab, doa yang demikian bisa dicoba. Pasti kita akan takjub betapa cepatnya Tuhan menjawab, karena Dia ingin kita berada di posisi yang benar di hadapan-Nya. Nah, itulah gangguan pertama dari sisi manusiawi kita di dunia. Posisi kita tidak benar di hadapan Tuhan, entah karena sikap hati kita atau perbuatan kita. Sikap hati kita yang salah merusak kepekaan kita terhadap Tuhan; perbuatan kita yang salah merusak perasaan Tuhan terhadap kita. Yang mana pun yang kita pertahankan, itu merupakan posisi yang salah di hadapan Tuhan dan membuat doa kita tidak sampai kepada-Nya.

Selanjutnya, gangguan kedua adalah posisi kita tidak benar dengan sesama manusia. Gangguan demikian sangat umum terjadi, dan membuat doa kita tidak sampai. Saya ingat pernah mendengarkan wejangan seorang uskup gereja Kristen Pakistan. Dia bercerita bahwa pada suatu hari dia terlibat dalam proyek penerjemahan Alkitab ke dalam bahasa Tibet. "Saya mulai menerjemahkan di ruang kerja, dan saya berdoa, 'Tuhan berikan kefasihan kepada saya, tolonglah saya untuk menerjemahkan Alkitab ke dalam bahasa Tibet. Belum ada Alkitab dalam bahasa Tibet...'" Dia tidak mendapat jawaban apa pun, surga terasa sebagai dinding baja yang tebal, dan doanya terasa tidak sampai. Dia tidak mendapat inspirasi untuk menerjemahkan, tidak sanggup melanjutkan pekerjaan itu, tetapi terus saja berusaha keras melanjutkan sampai akhirnya setelah satu jam, berkata, "Tuhan, apa masalahnya?" Tuhan pun menjawab, "Mengapa kamu membentak istrimu saat sarapan tadi pagi ketika roti panggang buatannya gosong?" Masalahnya sangat sederhana. Dia bercerita bahwa setelah dia mendatangi istrinya kembali di dapur dan membereskan perbuatannya itu, doanya lancar dan pekerjaan penerjemahannya pun lancar. Hal yang demikian itu memang alkitabiah. Petrus, sang rasul yang hidup sebagai suami juga, berkata dalam suratnya, "Hai, suami-suami, jika kamu tidak memperlakukan istrimu dengan benar, doamu tidak akan didengar." Jangankan dijawab, didengar saja tidak! Masalah itu sangat nyata dalam keseharian kita.

Salah posisi dengan orang lain bisa terjadi dalam bentuk dua gangguan. Satu, kita tidak mengampuni orang lain atas perbuatan mereka terhadap diri kita. Satu-satunya syarat yang ada dalam doa Bapa Kami adalah: ampunilah kami seperti kami mengampuni orang yang bersalah kepada kami. Dengan kata lain, pengampunan haruslah merupakan siklus yang utuh, dan untuk mengalami pengampunan, tangan kita tidak boleh terangkat kepada Tuhan saja, tetapi harus pula terulur kepada sesama kita. Satu-satunya perintah yang perlu kita lakukan dalam doa Bapa Kami adalah mengampuni orang yang telah berbuat salah kepada kita. Hal itu demikian pentingnya, sehingga ketika selesai mengajarkan doa itu (yang merupakan versi singkat dari sebuah doa Yahudi) Yesus mengulanginya kembali setelah doanya selesai. "Karena jika kamu tidak mengampuni sesamamu, Bapa-mu juga tidak mengampunimu." Kita sendirilah yang menghambat aliran pengampunan itu. Prinsipnya sangat jelas dan banyak orang sudah memahaminya. Pertanyaannya, apakah mereka semua mempraktikkannya?

Lalu, ada pula bentuk gangguan lain dalam hal salah posisi dengan sesama manusia. Ketika orang lain tidak dapat mengampuni kita, doa kita akan terhalang pula. Saya tahu doa menjadi terhalang ketika saya tidak mengampuni orang lain, tetapi dahulu saya berpikir hanya itulah tanggung jawab saya. Saya polos saja berpikir demikian, karena saya membaca salah satu ayat dalam Roma pasal 12, *"Sedapat-dapatnya, kalau hal itu bergantung padamu, hiduplah dalam damai dengan semua orang!"* Menurut pengertian saya, itu artinya saya harus memastikan tidak punya ganjalan hati apa pun terhadap orang lain. Namun, saya juga membaca Matius pasal 5, yang berkata, *"Sebab itu, jika engkau mempersembahkan persembahanmu di atas mezbah dan engkau teringat akan sesuatu yang ada dalam hati saudaramu terhadap engkau . .."* Yang disebut di situ bukanlah jika ada sesuatu di dalam hati kita terhadap orang lain, melainkan jika ada sesuatu di dalam hati orang lain terhadap kita. Sadarkah Anda bahwa sikap hati seseorang terhadap diri kita dapat menjadi penghalang doa, baik kita bersalah maupun tidak bersalah, baik kita menyakitinya secara sengaja maupun tidak sengaja? Sadarkah Anda bahwa hal itu juga dapat menghalangi doa Anda, selain sikap hati Anda sendiri terhadap orang lain? Kita perlu membereskan penghalang itu. Di sisi lain, bagaimana jika dengan segala upaya terbaik dan ketulusan kita untuk kembali berdamai dengan seseorang, orang itu tetap menolak mengampuni kita dan menolak berdamai dengan kita? Nah, jika dari Anda telah melakukan yang terbaik sebagai bagian Anda, Tuhan akan menolong Anda dan memulihkan Anda, termasuk menyingkirkan penghalang itu. Perintah Firman-Nya adalah "sedapat-dapatnya jika hal itu bergantung padamu", dan keluasan hati Tuhan untuk mengampuni serta memulihkan orang yang bertobat jauh lebih besar serta lebih berkuasa daripada kemampuan manusia untuk mempertahankan sikap hati yang menghalangi doa Anda.

Bentuk gangguan ketiga dari sisi manusiawi kita di dunia adalah posisi kita salah dengan diri kita sendiri. Gangguan yang demikian ini tidak biasa, tetapi Tuhan telah menunjukkan kebenaran yang sangat jelas dan sederhana kepada saya: berlutut untuk berdoa saja tidak akan mengubah diri kita. Saya akan jelaskan maksudnya. Saya menyadari bahwa kebanyakan masalah dalam berdoa adalah masalah yang dialami pula setiap saat ketika tidak sedang berdoa. Masalah itu ada dalam kehidupan dan diri kita sendiri, bukan masalah rohani, melainkan masalah umum saja. Izinkan saya memberikan gambarannya. Jika saya kelelahan secara fisik ketika berdiri, tentu kelelahan fisik itu membebani saya pula ketika saya berlutut untuk berdoa. Pada saat saya benar-benar sangat kelelahan selama seminggu, saya meminta istri saya untuk berdoa bagi saya setiap pagi, karena saya sungguh-sungguh letih. Saya letih bukan hanya oleh hal-hal biasa dalam keseharian saya, melainkan sampai dalam kehidupan doa saya pula, dan saya tidak sanggup berdoa bagi diri saya sendiri. Puji Tuhan, karena istri saya lalu berdoa bagi saya dan membacakan Alkitab untuk saya. Kita tidak mungkin mengalami perubahan mendadak begitu saja hanya karena berlutut untuk berdoa.

Ada pula aspek lainnya. Jika sepanjang hidup kita tidak pernah berlatih berkonsentrasi, hanya mencari hiburan yang menyenangkan diri tanpa pernah mendidik diri sendiri, melihat-lihat berita, menonton televisi, tidak pernah berusaha duduk membaca dan mempelajari apa pun, bagaimana mungkin kita bisa langsung sukses belajar Alkitab saat bersaat teduh? Kita tidak akan langsung berubah dari orang yang pikirannya melayang-layang tanpa fokus, yang pikirannya bergantung pada hiburan dan kepuasan dari luar, menjadi orang yang bisa berkonsentrasi dalam kehidupan doa.

Contoh lainnya, jika kita secara emosional frustrasi sepanjang hidup kita, kita tidak mungkin bisa tenang secara emosional saat berdoa. Hal yang demikian sering kali terjadi, misalnya ketika pemuda-pemudi lajang yang frustrasi secara emosional karena tak kunjung menikah, lalu perasaan frustrasi itu merembes ke dalam kehidupan doa mereka, sehingga mereka kesulitan untuk mengasihi Tuhan karena mata air kasih di hati mereka buntu oleh frustrasi itu. Hanya ketika mereka berdamai dengan kondisi lajang itu serta menerimanya sebagai karunia dari Tuhanlah mereka akan belajar untuk hidup dengan kasih lagi dalam kondisi itu, sehingga mereka akan berdoa dengan kasih lagi.

Jika kita mengalami masalah dalam berdoa, mungkin kita harus bertanya: adakah masalah-masalah umum yang sedang terjadi di dalam kehidupan kita? Apakah kita memang kesulitan berkonsentrasi pada hal apa pun, apalagi Alkitab? Apakah masalah saya ketika berdoa itu adalah kondisi saya pula di saat tidak sedang berdoa? Jika ya, dan saya mengatasinya di luar konteks berdoa, masalah saya ketika berdoa pun akan teratasi. Dengan kata lain, kehidupan kita akan berdampak pada doa-doa kita. Jika kita terbiasa mengalami stimulasi mental, jika kondisi fisik kita cukup rileks, jika pikiran kita biasa berkonsentrasi pada hal-hal lain, dan jika kita tenang secara emosional dalam hal-hal lain, kita pun dapat menjadi orang yang tenang dan penuh kasih dalam kehidupan doa kita.

Sebaliknya, prinsip yang sama juga berlaku bahwa doa berdampak pada keseluruhan hidup kita. Jika kehidupan doa kita terpisah dan disimpan rapat-rapat dalam wadah yang "kedap udara" tanpa terkait dengan seluruh hidup kita, dan kita tidak berdoa tentang hidup kita pula, ada sesuatu yang salah. Namun, jika kita menyadari masalah-masalah kehidupan kita yang nyata alih-alih menganggapnya masalah rohani saja, kita jadi bisa

Doa tanpa Penghalang

berdoa tentang masalah-masalah hidup itu.

Apakah pikiran yang selalu mengembara adalah masalahnya? Cara terbaik untuk mengatasinya adalah dengan mengejar pikiran kita dan menangkapnya. Coba bayangkan seorang ibu rumah tangga yang ingin bersaat teduh setelah sarapan, setelah suaminya berangkat untuk bekerja. Ada urusan cucian yang perlu diselesaikan, sehingga pikirannya tak dapat berhenti memikirkan apakah noda di kemeja putih itu akan bisa hilang dan mengapa pula cuciannya banyak sekali... Lalu, pikiran-pikiran lain mulai bermunculan, dan dia jadi berusaha memerangi pikiran-pikiran itu dan menghentikannya. Ini bagaikan orang yang sedang mendengarkan khotbah tetapi tiba-tiba berpikir, "Apakah saya lupa mematikan kompor tadi?" Mudah sekali. Semua itu memang pikiran yang mengembara karena itulah kehidupan nyata kita. Pikiran kita mengembara ke mana, itulah kepedulian terbesar kita yang nyata. Nah, kejar saja pikiran itu, tangkap, doakan, dan katakan, "Baik, Tuhan. Saya akan berdoa tentang cucian. Tolonglah saya untuk tidak merasa berdosa karena berpikir tentang cucian, tetapi bawalah saya untuk mendoakannya, termasuk soal noda di kemeja putih itu." Dengan demikian, doa kita akan berdampak pada kehidupan kita, dan kehidupan kita akan berdampak pada doa kita. Itulah memperbaiki posisi dengan diri sendiri. Tuhan menerima kita sebagaimana adanya diri kita, lalu membenarkan kita. Apakah kita sendiri tidak bisa menerima diri kita sebagaimana adanya, lalu mengizinkan doa dan kehidupan kita menyatu? Itulah yang saya maksud memperbaiki posisi dengan diri sendiri.

Berikutnya, dua penghalang yang merupakan gangguan dari sisi surgawi pun dapat merusak komunikasi. Posisi kita mungkin sudah benar di hadapan Tuhan, benar dengan sesama, dan benar dengan diri sendiri; tetapi doa kita tetap saja tidak sampai. Kemungkinan penyebab lainnya apa saja? Gangguan keempat, dan ini terjadi di alam surgawi, Iblis sedang memerangi kita. Perhatikan bahwa saya baru menyebut Iblis pada gangguan yang keempat. Memang mudah saja untuk mempersalahkan Iblis untuk ketiga gangguan awal tadi, padahal dia tidak bersalah untuk banyak sekali hal yang kita tuduhkan. Banyak hal yang menahan kita dalam kehidupan rohani bukanlah bersumber dari Iblis, melainkan karena posisi yang salah di hadapan Tuhan, dengan sesama, atau dengan diri sendiri.

Jika kita telah memastikan bahwa ketiganya bukan merupakan masalah kita, tantang saja Tuhan. Jangan terus-menerus memaksakan diri berintrospeksi untuk mencari-cari masalah pada diri sendiri. Katakan kepada Tuhan, "Tuhan, saya menantang Engkau. Jika salah satu dari tiga masalah itu ada pada saya, tunjukkan. Beri tahukan saja langsung kepada saya. Kalau Engkau tidak memberi tahu saya langsung, saya akan memeriksa kemungkinannya satu per satu saja. Saya menantang Engkau untuk menyatakannya sekarang juga." Tuhan suka menjawab doa-doa yang spontan dan berani semacam itu. Jangan terus-menerus memeriksa diri saja. "Oh, jangan-jangan masalahnya ada pada diri saya sendiri..." Katakan saja, "Tuhan, saya akan memeriksa kemungkinannya satu per satu. Tolong buatlah saya berhenti kalau itulah masalahnya. Apakah posisi saya salah di hadapan-Mu? Apakah posisi saya salah dengan orang lain? Apakah posisi saya salah dengan diri sendiri?" Jika Tuhan tidak menghentikan doa itu, lanjutkan dengan kemungkinan keempat, dan tanyakan, "Apakah Iblis sedang berusaha melemahkan saya?" Iblis gemetar ketika melihat orang kudus yang terlemah sekalipun berlutut untuk berdoa, maka dia sangat mungkin sengaja berusaha melemahkan kita agar tidak berdoa. Tahukah Anda bahwa Iblis mempunyai banyak sekali pasukan malaikat jahat yang siap menjalankan perintahnya? Kita menyebut mereka roh-roh jahat, tetapi maknanya sebenarnya berbeda. Mereka bukanlah roh-roh kecil seperti tuyul yang berlarian ke sana kemari. Mereka adalah makhluk-makhluk cerdas, roh, malaikat jahat, yang menghalangi doa manusia. Tahukah Anda bahwa mereka pun memiliki struktur pasukan yang amat rapi? Tahukah Anda bahwa Iblis memiliki

Doa tanpa Penghalang

kantor khusus urusan luar negeri, dan ada malaikat jahat yang dia tugaskan untuk menguasai setiap negara? Alkitab pun menunjukkannya dengan jelas. Itulah sebabnya, Iblis memiliki duta besar di Inggris, dan di Indonesia, yang tugasnya adalah merusak bangsa tempatnya bertugas.

Bacalah kitab Daniel, maka Anda akan menemukan semua itu. Anda akan melihat bahwa saat Daniel berdoa ada dua malaikat yang berperang atas doanya: yang satu adalah malaikat Tuhan, dan yang lainnya adalah malaikat Iblis. Doa Daniel juga tidak dijawab sampai beberapa lama, sampai malaikat baik itu menaklukkan si malaikat jahat, kemudian barulah doa itu tembus kepada Tuhan. Doa kita mungkin tidak sampai karena peperangan cenderung merusak jalur komunikasi dan memecah-belah. Peperangan rohani di alam surgawi terjadi setiap saat, maka doa kita pun bisa saja tidak tembus melewati garis depan medan perang.

Sampai peperangan itu selesai, doa kita tidak akan tembus, maka jawabannya pun tidak akan datang. Bagaimana cara mengatasinya? Doakan hal itu. Jika Anda merasa Iblis sedang menghalangi komunikasi Anda dalam doa, berdoalah melawan Iblis dalam nama Yesus. Lawanlah dia, maka dia akan lari. Gunakan darah Yesus, gunakan nama Yesus, gunakan segala senjata dan perlengkapan dari selengkap senjata Yesus. Yang jelas, berperanglah melawan Iblis. Kita tahu bahwa Ayub pada awalnya mengalami masalah karena Iblislah yang menyebabkannya. Demikianlah, itu adalah empat kemungkinan penghalang yang membuat doa kita tidak dijawab, atau yang lebih tepat, doa kita tidak ditangkap karena tidak sampai. Itu bagaikan mengirim surat atau email tetapi tidak sampai.

Kemungkinan terakhir adalah: mungkin Tuhan sengaja tidak menjawab. Jika doa terhalang oleh Iblis, sebenarnya pun itu artinya karena Iblis dan Tuhan sekaligus, karena Iblis hanya bisa bergerak atas seizin Tuhan, seperti yang kita lihat dalam kitab Ayub. Lalu, mengapa pula Tuhan tidak menjawab? Di titik ini, saya ingin menyajikan kebenaran yang sangat positif dan mendalam, dan saya tidak tahu apakah Anda siap menerimanya atau tidak. Mengapa Tuhan tidak mau menjawab doa kita ketika posisi kita benar di hadapan-Nya, benar dengan sesama, benar dengan diri sendiri, dan saya melawan Iblis? Siapkah Anda jika saya beri tahukan alasannya? Karena Tuhan ingin kita naik tingkat dalam sekolah doa, dan inilah kesimpulan yang sangat positif dalam masalah doa kita: Tuhan sedang berkata, "Aku ingin kamu belajar, Aku ingin kamu berusaha ekstra lagi." Pernahkah Anda melihat ayah atau ibu yang mengajari anaknya berjalan? Pada awalnya, si ayah atau ibu itu tentu tetap berada di dekat sang anak, tetapi kemudian dia akan menjauh dari anak itu. Mengapa? Karena sebagai orang tua, dia ingin anaknya berjalan lebih jauh. Kadang, saya yakin Tuhan sedang sedikit menjauh dari orang kudus-Nya dan berkata, "Ayo, berusahalah ekstra lagi. Aku ingin kamu bertumbuh, Aku ingin kamu menjadi lebih dewasa. Berdoalah dan memohon lagi... Aku akan tetap di posisi yang jauh ini karena Aku ingin kami bertumbuh hingga naik tingkat dalam sekolah doa. Aku ingin kamu menjadi pendoa yang lebih kuat lagi." Banyak orang kudus dapat bersaksi bahwa di ujung padang gurun yang tandus itu ada tanah perjanjian yang penuh susu dan madu.

Saya percaya, ada saatnya Tuhan berkata, "Aku telah memberkati kamu. Kini Aku akan sedikit menahan diri dan tidak langsung menjawab, karena Aku ingin kamu mengasihi-Ku karena diri-Ku. Aku ingin kamu mencari-Ku, baik ketika kamu bisa merasakan Aku ada maupun tidak. Aku ingin kamu belajar."

Itu merupakan pembelajaran yang sulit dan mendalam. Itu bagaikan naik tingkat dari SD ke SMP, dan tentu kita masing-masing tidak suka menjalani hari-hari pertama di sekolah yang baru. Akar kita dicabut, teman-teman lama tidak ada lagi, kita merasa asing dan sendirian. Namun, naik tingkat ke sekolah yang baru adalah keharusan jika kita ingin terus belajar dan bertumbuh. Tuhan pun ingin kita naik tingkat dari SD ke SMP dalam hal doa, maka Dia ingin kita belajar mencari Dia lebih sungguh-sungguh lagi. Itulah penyebab yang kelima. Jika Anda telah memeriksa keempat kemungkinan penyebab sebelumnya dan semuanya bukan merupakan masalah Anda, katakan saja, "Tuhan, bersama-Mu saya akan berjalan terus melewati masa yang gelap, kering, dan membosankan ini, karena saya tahu Engkau sedang mengajarkan sesuatu yang berharga kepada saya."

* * * * *

Kita telah membahas segala penghalang doa, tetapi kini kita tiba pada kesimpulan yang optimistis: dua gagasan sederhana yang perlu senantiasa kita ingat jika kita ingin "lulus" dari "sekolah doa". Pertama: ***kita bisa berhasil dalam berdoa.*** Banyak orang gagal berdoa karena sudah merasa akan gagal. Mereka merasa tidak akan berhasil. Sebaliknya, kita perlu berpegang teguh pada kebenaran ini dalam pikiran kita: Roh Kudus Tuhan itu ingin menolong kita untuk berhasil. Mulailah dengan berpikir: saya *bisa* berhasil, saya tidak harus gagal, saya bisa berhasil dalam berdoa. Lalu, yang kedua: ***kita akan berhasil.*** Kita bukan hanya *bisa* berhasil; kita sungguh *akan* berhasil. Itu berarti kita punya tekad. Roh Kudus tidak akan pernah mengambil alih tanggung jawab Anda dalam hal berdoa, dengan menggantikan Anda berdoa. Berbicara dalam bahasa roh pun berarti kita sendirilah yang berbicara dan menggerakkan bibir. Roh Kudus tidak melakukannya menggantikan kita, dan orang-orang yang telah menerima karunia itu tentu tahu hal itu. Alkitab berkata bahwa Roh Kudus ***menolong kita dalam kelemahan kita.*** Dia menolong kita melakukannya untuk diri kita, bukan Dia menggantikan kita melakukannya. Dengan Penolong yang luar biasa seperti Roh Kudus sendiri, jika kita yakin akan berhasil kita pasti bisa berhasil.

Kita patut bersyukur bahwa suatu hari kelak dalam kemuliaan kita tidak akan membutuhkan bantuan itu lagi, tetapi saat ini, kita masih membutuhkannya. Jangan mulai berdoa sambil berkata, "Saya tahu saya akan gagal, saya terlalu sering gagal di masa lalu..." Katakan saja, "Saya melupakan apa yang telah lalu. Saya bertekun untuk maju meraih hal-hal yang tersedia di hadapan saya. Saya menetapkan langkah ke depan ke arah garis akhir, ke arah tujuan, ke arah panggilan yang mulia itu, dan ke arah upah surgawi. Saya akan giat melakukannya, sampai tiba di titik puncak dan tetap bertahan di puncak." Maka, kita akan mendapati bahwa Roh Kudus menolong kita dalam seluruh prosesnya, karena Dia adalah pelatih dan penolong yang terbaik.

www.ingramcontent.com/pod-product-compliance
Lightning Source LLC
Chambersburg PA
CBHW050355120526
44590CB00015B/1706